青年学者文库

西式民主的再分配危机与经济不平等的发展

郇 雷 著

天津出版传媒集团

天津人民出版社

图书在版编目（ＣＩＰ）数据

西式民主的再分配危机与经济不平等的发展 / 郇雷
著. -- 天津：天津人民出版社，2022.5
（青年学者文库）
ISBN 978-7-201-18353-4

Ⅰ.①西… Ⅱ.①郇… Ⅲ.①民主—研究—西方国家
Ⅳ.①D082

中国版本图书馆 CIP 数据核字(2022)第 061260 号

西式民主的再分配危机与经济不平等的发展
XISHI MINZHU DE ZAIFENPEI WEIJI YU JINGJI BUPINGDENG DE FAZHAN

出　　版	天津人民出版社
出 版 人	刘　庆
地　　址	天津市和平区西康路35号康岳大厦
邮政编码	300051
邮购电话	（022）23332469
电子信箱	reader@tjrmcbs.com
责任编辑	王佳欢
装帧设计	明轩文化·王　烨
印　　刷	天津新华印务有限公司
经　　销	新华书店
开　　本	710毫米×1000毫米　1/16
印　　张	17
插　　页	2
字　　数	210千字
版次印次	2022年5月第1版　2022年5月第1次印刷
定　　价	78.00元

目录
CONTENTS

导　论:民主的再分配功能何以失灵

　　1863 年 11 月 19 日，时任美国总统亚布拉罕·林肯来到位于宾夕法尼亚葛底斯堡的国家公墓,发表了为后人所称颂的著名演讲。在演讲的结尾处,他说:

　　　　我们今天在这里所说的话，全世界不大会注意，也不会长久地记住,但勇士们在这里所做过的事,全世界却永远不会忘记。毋宁说,倒是我们这些还活着的人，应该在这里把自己奉献于勇士们已经如此崇高地向前推进但尚未完成的事业。倒是我们应该在这里把自己奉献于仍然留在我们面前的伟大任务——我们要从这些光荣的死者身上吸取更多的献身精神,来完成他们已经完全彻底为之献身的事业;我们要在这里下定最大的决心,不让这些死者白白牺牲;我们要使国家在上帝福佑下获得自由的新生,要使这个民有、民治、民享的政府永世长存。①

------

　　① 《葛底斯堡演说》的历史文本有五份不同手稿,其中以亚历山大·比利斯(Alexander Bliss)所珍藏的版本最为可靠。原文参见 Boritt Gabor, *The Gettysburg Gospel:The Lincoln Speech That Nobody Knows*,Simon & Schuster, Appendix B,2008,p.290。

在南北战争重新塑造美国政治的关键时刻，林肯阐明了美国作为一个民主国家的愿景——民有、民治、民享的政府。在这幅理想的民主政治景观中，民主被描绘为人民所有、人民治理并反映人民福祉的良好政治。也就是说，与其他类型的政治体制相比，民主的统治不仅要体现人民的意志，还要是一种依赖人民的治理结构，并在治理结果上增进人民的现实利益。正因为如此，民主才能真正成为一种值得追求的政治生活。

林肯所构想的民主愿景成功地激励了美国公民，然而民主的现实却并不完美。美国的历史见证了公民权的扩大、联邦政府职能的扩展、美国治理结构的变化，以及民主意识形态的发展，在这其中，现实的民主并没有得到各方利益团体的普遍认可。事实上，美国遇到的民主难题并不少见，在这其中最为突出地表现为日益增长的经济不平等使得美国引以为豪的民主政治正在逐步变质为寡头政治。在此，美国经济学家约瑟夫·斯蒂格利茨（Joseph E. Stiglitz）旗帜鲜明地指出，由于金融寡头对美国政治、经济和社会生活的全方位控制，美国的民主正在从林肯所构想的民有、民治、民享的政府演变为1%的富人所有、所治、所享的政府。这位诺贝尔经济学奖获得者解释道：

> 美国上层1%的富人现在每年拿走将近1/4的国民收入……现在代理人与政治完美地结合在一起了。事实上，所有美国参议员和大多数众议员赴任时都属于金字塔尖1%者的跟班，靠塔尖1%者的钱留任，他们明白如果把这1%者服侍好，则能在卸任时得到犒赏。①

在美国，居民收入贫富差距的扩大已经成为近年来政治家、学者、媒体和民众讨论的一项主题。更为重要的是，由贫富分化引发的阶层对立逐渐演化为一场场政治抗争运动，这其中折射出来的是抗议者对自身生存处境和

---

① Stiglitz, Joseph E, Of the 1%, by the 1%, for the 1%, *Vanity Fair*, May, 2011.

民主政治现状的不满。2011年9月，成千上万的社会底层示威者聚集在美国纽约曼哈顿，抗议美国政府的宽松化金融政策及其导致的金融危机。这场运动快速蔓延至全美，示威者们公然打出了"我们是99%"的口号。显然，"我们是99%"的动员口号是针对那些占据社会上层"1%"的人士，将那些占据社会多数财富的所谓精英阶层视为民众的对立面。在"占领华尔街"示威者创立的网站醒目处，他们喊出了 "我们要踢统治阶级的屁股"（We kick the ass of the ruling class）这样带有对抗情绪的语言。除此之外，示威者们还宣称"我们是99%的人，无法再忍受那些1%的贪婪和腐败"①。毫无疑问，在示威者看来，美国的民主制度变了味道，政府制定的政策反映的是上层阶级的利益，而不是占多数的社会底层群众的利益。也就是说，作为由美国宪法所确认的具有公民身份的选民，他们的选票实际已经很难制约那些试图影响政治议程的华尔街精英们。

第一节　民主遭遇经济不平等

在经济不平等加剧的时代，民主不得不在这种严峻的外部环境中谋得生存。这种现象不仅在美国——这个自诩为"民主大本营"的国家——存在，其他发达国家也面临相似的难题。20世纪70年代以后，一股崇尚市场的自由主义经济意识形态迎面袭来，伴随着经济私有化、市场自由化、金融弱管制化世界性浪潮的发展，市场在重新焕发活力的同时，社会阶层贫富状况的急速分化也相伴而生。在考察了20世纪世界经济史的变化之后，英国学者约翰·米尔斯（John Mills）总结说：

---

① "占领华尔街运动"网站：http://www.occupywallst.org/.

西式民主的再分配危机与经济不平等的发展

> 在刚刚逝去的四分之一世纪中，几乎所有的发达国家都存在一种退步现象，即从收入和财富分配方面较低程度的分化状况退步到较高程度的分化状况。而那种较低程度的分化状况是人们在20世纪经过整整四分之三世纪左右的奋斗才得以实现的。①

众所周知，多数经济发达国家都是先发民主国家，这些国家拥有成熟稳定的民主制度和市场机制，自信可以确保民主与市场各行其道。即便如此，越来越多的社会经济数据表明，民主难以承受市场的冲击，这些国家的民主制度正在变得脆弱。长期研究福利国家的丹麦学者戈斯塔·艾斯平-安德森（Gosta Esping-Andersen）对20世纪80年代到90年代后期英国的经济不平等状况进行过计算。他的研究发现，在撒切尔夫人实行经济自由化改革初期的1979年，英国占总人口10%的最富有的人获取了可支配收入总额的21%，经历了20世纪80年代和90年代，这个数字一直在上升，到2002年3月达到了29%。在这一增长中，有一半以上是由1%的高收入群体所造成的——其中绝大多数是由0.5%的高收入群体造成的。1979年到1999年，在个人收入的真实增长总额中，有40%落入了10%的人之手，而财产不平等的上升趋势则更加突出。而社会阶层的另一端，1980年，总人口中最穷的10%占有可支配收入总额的4%。到20世纪90年代末，他们所占的份额进一步下降，占总人口1/3的穷人只占有3%的可支配收入。② 1997年，重新上台执政的英国新工党实行的福利制度改革并没有扭转经济不平等进一步发展的局面。进入21世纪，情况并未得到好转。著名的国际救援组织乐施会（Oxfam In-

---

① ［英］约翰·米尔斯：《一种批判的经济学史》，高湘泽译，商务印书馆，2005年。

② 转引自［英］帕特里克·戴蒙德、安东尼·吉登斯：《新平等主义：英国的经济不平等》，余呈先、温敏编译，《马克思主义与现实》，2007年第4期。

ternational)在一篇题为"两个英国的故事"的报告中指出，英国的经济不平等状况已经到了"令人担忧"的程度。在英国，最富裕的五大家族——杰拉尔德·格罗夫纳（Gerald Cavendish Grosvenor）家族、大卫·鲁本（David Reuben）家族、西蒙·鲁本（Simon Reuben）家族、查尔斯·加多（Charles Cadogan）家族和迈克尔·阿什利（Michael Ashley）家族——控制的财富比英国中下层20%的民众的财富总额还要多出1亿多英镑。而在收入增长速度方面，占人口比重0.1%的富裕阶层是占人口比重90%的绝大多数社会群体的近4倍。①在这种情况下，日益增长的经济不平等状况不可避免地导致英国社会走向撕裂，民主社会的凝聚力也必然走向瓦解。

英国只是众多发达国家社会阶层财富急剧分化的案例中的一个。法国学者托马斯·皮凯蒂（Thomas Piketty）通过长时间波的数据测量发现，经济不平等的扩张就像瘟疫一样不仅在盎格鲁-撒克逊国家盛行，而且也能够在北欧、南欧以及日本这些国家寻找到它的足迹，只是程度不同而已。②越来越多的实证研究文献支持皮凯蒂的结论，表明在经济不平等的恶化方面，多数发达国家都无法做到独善其身。③在这些国家，收入分配领域的严重不公正在动摇公民对于民主机构和民主原则的信念，并成为社会抗议运动的导火索。

而在第三世界国家，近几十年来最大的政治变化无疑是民主化转型浪潮的到来。根据美国政治学家塞缪尔·亨廷顿（Samuel Huntington）对民主化"第三波"浪潮的界定，以1974年葡萄牙发生康乃馨革命推翻独裁政权和1975

---

① See Oxfam International, A Tale of Two Britains, 参见乐施会官方网站, https://www.oxfam.org/。

② 参见[法]托马斯·皮凯蒂：《21世纪资本论》，巴曙松等译，中信出版社，2014年，第241~267页。

③ 相关文献有：Sweeding Timothy, Public Policy, Economic Inequality and Poverty: The United States in Comparative Perspective, *Social Science Quarterly*, Vol.86, No.1, 2005, pp.955–983. Timothy Smeeding, Poor People in Rich Nations: The United States in Comparative Perspective, *Journal of Economic Perspectives*, Vol.20, No.1, 2006, pp.69–90.

年西班牙国王胡安·卡洛斯决定开启国内民主化进程为开端,此后一大批亚洲、拉美、北非以及东欧国家像多米诺骨牌一样,开始出现从威权政体向民主政体转型的进程。①根据拉里·戴蒙德(Larry Diamond)的计算,在过去的 20 年间,民主国家在全球所占的比例从 1973 年的略多于 1/4 上升为 1980 年的 1/3。1992 年,这一比例约为 1/2,到了 2000 年则达到了 3/5,民主国家的数量共为 115 个。2006 年,第三波中的民主国家扩张到顶峰,121 个民主国家接近世界全部国家总数的 63%。②

对于那些刚刚完成转型的民主国家而言,经济不平等的持续发展也未能幸免。一位英国的经济史学家弗朗西斯·斯图尔特(Frances Stewart)在一项报告中指出:"1990 到 2010 年间,发展中国家的收入不平等指数上升了 11 个百分点。"③联合国经济及社会理事会(ECOSOC)2014 年提供的一项年度报告表明:"亚洲的不平等现象增加,已经达到与拉丁美洲相近的水平,而拉丁美洲是迄今为止世界上不平等程度最高的区域。1990 年代期间,欧洲国家(包括俄罗斯联邦和东欧转型经济体)不平等现象急剧增加,而北美和大洋洲国家自 1980 年代起,不平等现象显著增加。"④显而易见,这种在财产分配上的贫富鲜明分化的问题不仅仅是一种经济关系的表达,而且越来越具有社会支配和政治统治上的意义。

步履蹒跚的民主化进程与糟糕的社会财富分配关系,使得这些新兴民主国家不得不面临双重难题。一方面,民选政府在政治合法性上是脆弱的,

①　参见[美]塞缪尔·亨廷顿:《第三波:20 世纪后期民主化浪潮》,刘军宁译,上海三联书店,1998 年,第 11~26 页。

②　参见[美]拉里·戴蒙德:《今日之民主第三波》,倪春纳、钟茜韵译,《天津行政学院学报》,2012 年第 5 期。

③　Stewart Frances, Capabilities and Human Development: Beyond the Individual—the Critical Role of Social Institutions and Social Competencies. In K. Malik and M. Kugler, eds., *Human Progress and the Rising South*, New York: United Nations Development Programm, 2013.

④　联合国经济及社会理事会:《2014 年世界经济和社会概览:减少不平等,促进可持续发展概述》。

民主理念无法在短时间内成为民众普遍认可的价值观念，传统政治结构的影响力尚存，再加上伴随民主化而产生的新型政党关系、党政关系、军政关系、族群关系等尚处于政治力量博弈过程中。在这种情况下，民主被视为权宜之计，民主国家容易在政治力量的变化中陷入周期性的政治动荡中难以脱身，从而导致政治僵局或民主崩溃。另一方面，民主转型改变了政府产生的基本方式和政治统治的性质，但是即使是民选政府也要通过政绩良治来彰明其治理的有效性。而社会治理能力和国家建设能力的缺陷恰恰制约着这些民选政府政绩有效性的实现，这客观上又加重了民选政府政治统治的合法性危机。

第二节　民主再分配的政治经济学

从以上分析中，我们可以看出，不管是经济发达的先发民主国家还是经济成长中的民主转型国家，几乎都需要解决社会阶层财产分配关系的严重不公问题。然而我们关心的问题并不是经济不平等产生的原因，而是为什么在民主政治的决策体制和政策环境下会有持续性的经济不平等？或者从抽象意义上说，是探讨民主政治与社会阶层财产分配关系是如何相互影响的？我们注意到，政治与经济的深刻互动是当前世界政治和国内政治的重要特征，是影响我们如何进行政治生活和经济活动的决定性因素。

需要指出的是，社会阶层的贫富差距是经济学、社会学、政治学等多个学科关注的焦点。事实上，进入现代化的学科分类体系以来，经济学几乎垄断了我们对于贫富分化如何产生以及如何认识的基础知识。在经济学的传统解释看来，收入差距的扩大主要源于市场要素的变化、资源禀赋条件的改变、经济全球化的刺激、科技进步引起的总供求变化、世界金融的发展、对外直接投资(FDI)、人力资本的投资回报,以及财政税收政策变革等方面的原因。[①]这种基于市场机制形成的逻辑分析存在两个显著缺陷:一是分析主要侧重于经济活动中的生产或交易环节,相对缺少分析再分配领域对于收入差距的重要影响。而这里所说的再分配领域不仅仅局限于经济活动,更是政治活动的重要内容,体现着政治领域内的权力关系。二是由于经济学分析建立在个人主义的契约自由假设之上,因此缺乏对于那些外在于经济活动之外的强制性结构要素的分析,也即缺少作为权力因素的有关社会整体性安排的政治制度的分析。

我们在分析民主政治与社会财富分配的关系时,主张一种比较政治经济学的分析视角。我们首先强调作为政治制度的权力因素的重要作用。由于我们关心的是为何在实行民主制度的政治体系内出现了经济不平等日益升级的现象这一问题,所以所谓的政治制度的权力因素限定在民主制度的范围内。显而易见,这种分析带有明显的政治学色彩。我们注意到,现代社会的收入差距问题,越来越多地与个人能力和市场机制之外的公共因素密切相关。一个人处于什么样的财富分配地位,越来越取决于他/她在再分配领域中的权力关系。简言之,国家运用再分配政策手段调节社会财富在社会阶层中的分布状况,已经成为国家的一项基本职能,这些再分配手段包括:①公共财政中的税收政策、转移支付、公共开支、财政补贴等内容;②社会建设领域

---

① 代表性文献有:Gregory Mankiw, *Spreading the Wealth Around:Reflections Inspired by Joe the Plumber*, NBER Working Papers from National Bureau of Economic Research, Inc. No.15846;Facundo Alvaredo, Anthony B. Atkinson, Thomas Piketty and Emmanuel Saez, The Top 1 Percent in International and Historical Perspective, *The Journal of Economic Perspectives*, Vol.27, No.3, 2013, pp.3-20;Nathan J. Kelly, The Rise of the Super-Rich:Power Resources, Taxes, Financial Markets, and the Dynamics of the Top 1 Percent, 1949 to 2008, *American Sociological Review*, Vol.77, No.5, 2012, pp.679-699;Steven N. Durlauf, A theory of persistent income inequality, *Journal of Economic Growth*, Vol.1, Iss.1, 1996, pp.75-93;Pandej Chintrakarn, Dierk Herzer and Peter Nunnenkamp, FDI and Income Inequality:Evience From A Panel of U.S. States, *Economic Inquiry*, Vol.50, Iss.3, 2012, pp.788-801。

中的最低工资制、就业制度、教育体制、养老金制度、医疗保障、社会福利制度等；③存在于各行各业中的政治准入门槛制、关于行业垄断，以及政治寻租的相关规制；④规定行政、立法、司法之间相互关系及其互动规则的制度，在民主国家主要包括选举与投票规则、立法游说制度、选举政治献金制度等；⑤在有些国家甚至还包括移民政策等。这些公权力范围内的相关问题，纯经济学的分析视阈很少涉及。正因为如此，一个由著名政治学者西达·斯考切波（Theda Skocpol）、劳伦斯·雅各布斯（Lawrence Jacobs）、拉里·巴特尔斯（Larry Bartels）等人组成的"不平等与美国民主"工作小组（Task Force in Inequality and American Democracy）直言不讳地指出："我们对不断变化的经济不平等，与政治行为、统治机构和公共政策的变化间的联系所知甚少。"①

在再分配的政治学分析方面，一种流行的理论观点认为，民主制度有助于缓解社会阶层间的经济不平等状况。这种分析以民主社会中选民的理性投票为逻辑起点，强调随着公民政治权利的不断扩展，越来越多的中下层社会成员被纳入选举投票的公民范围。基于这种变化，在一种多数决策的民主决策体制下，选民依据理性判断必然在面临再分配政策方案时，倾向于实行那种促进社会财富从上层向中下层转移的再分配政策。②该理论的重要之处在于，它向我们展示了民主政治是如何对由市场机制提供的初次分配所造成的经济状况差异进行调节或补偿的，从而达到保护社会免遭因贫富冲突陷入阶层对立的境地。从这个意义上说，这种流行的民主观点，实际上承认民主政治是祛除经济不平等恶性发展之社会痼疾的良药妙药。

---

① Task Force on Inequality and American Democracy, American Democracy in an Age of Rising Inequality, *Perspective on Politics*, Vol.2, No.4, 2004, pp.651-666.

② 相关文献有：Meltzer Allan and Scott F. Richard, A Rational Theory of the Size of Government, *Journal of Political Economy*, Vol.89, No.5, 1981, pp.914-927; Jess Benhabib and Adam Przeworshi, The Political Economy of Redistribution under Democracy, *Economic Theory*, Vol.29. No.2, 2006; Cheol-Sung Lee, Income Inequality, Democracy, and Public Sector Size, *American Sociological Review*, Vol.70, No. 1, 2005。

西式民主的再分配危机与经济不平等的发展

　　按照既有民主理论的以上逻辑，民主制度的实行对于社会阶层的形成与分布而言其潜在的影响，即有利于稳定的中产阶级社会的存续。公共选择理论假设在一种两党制的选举环境下，同时假设选民的偏好呈正态分布，即多数选民支持非极端化的中间观点或政策。公共选择学派认为这种状况是民主社会的常态，此时参与竞选的政党为了迎合选民需求，进而赢得多数选票支持，其合乎理性的策略便是提供一套可供多数选民接受和支持的中间化的政策方案。这种多数选民的集体偏好对于选举政治议程的控制，被公共选择学派称之为中间人投票定理。①受中间人投票定理的逻辑支配，传统的民主再分配理论倾向于支持以下结论——民主社会的财富调节政策客观上具有"损有余而补不足"的激励导向，从而促使形成一种中产阶级化的再分配政治结果。

　　社会阶层构成与政治统治的关系历来是政治学研究的核心问题。早在柏拉图、亚里士多德、波利比阿等古典政治学家那里，中产阶级为主体的混合政体结合了君主制、贵族共和制和平民/民主政体的美德，成为古典政治学所推崇的优良政体的典型。在混合政体中，既存在政治权力的平衡与制约，又保障任何一项政治原则与价值不至于走向极端与偏颇，所以混合政体能够最大限度地减少社会阶层冲突。近代启蒙运动以来，直接参与的城邦式民主制被改造为适合现代民族国家规模的、以投票选举为基础的代议制民主制。在古典时代，混合政体所享有的美誉也被代议制民主所"掠夺"，在与其他政体类型的相互比较中成为最佳政体的代名词。中产阶级是民主政治的稳定器，民主政治是中产阶级的助产士，中产阶级与民主政治的这种"亲密关系"在传统的民主再分配理论那里被增添了新注脚。

　　然而已经有大量的经验数据并不支持传统的民主再分配理论，中产阶

---

　　①　参见［美］丹尼斯·C.缪勒:《公共选择理论》,杨春学等译,中国社会科学出版社,1999年,第224~225页。

级与民主政治的积极正向关系也并没有得到数据印证。虽然许多发达经济体的民主制度系统完善，且运转顺畅，但是依然无法阻止经济不平等状况的日益恶化，而且在那些已经实现了民主转型而迈入民主国家行列的社会里，社会阶层间的经济不平等也并未表现出比非民主政体时期有明显的改观。不管是在先发民主国家还是在民主转型国家，都普遍存在这样一种状况：一方面，对于那些长期处于弱势地位的社会群体而言，虽然公民选举权利得到了宪法保障和其他社会群体的广泛认同，但是其社会经济地位并没有随之产生明显改变；另一方面，在当前多数民主社会，社会阶层收入差距的扩大并不仅仅表现在上层社会与低层社会之间，而且同样表现在上层社会与中产阶层之间。对于自身社会经济地位不满的人群中，既有那些处于生活窘境中的低层民众，也不乏那些被认为生活体面的中产阶层。中产阶层正在成为社会抗争运动的生力军，在他们看来，他们向上流动的机会正在变得稀缺。另外，由于社会财富向极少数富裕阶层集聚趋势的加强，那些处境相对优渥的一般富人阶层也发现他们与那些极富精英的收入差距在拉大。

第三节　民主制度的"非中性"

　　我们在本书中利用的大量经验数据质疑了传统民主再分配理论的可靠性，但是传统民主再分配理论的逻辑漏洞或内在缺陷在哪里呢？找出这些漏洞，弥补这些缺陷是我们建构一种新的民主再分配理论的基础和前提。我们坚持一种所谓民主政治的"制度非中性"观点，作为理论批判和建构的方法论。所谓制度非中性，是指"同一制度对不同人意味着不同的事情，在同一制度下不同的人或人群所获得的往往是各异的东西，而那些已经从既定制度中，或可能从未来某种制度安排中获益的个人或集团，无疑会竭力去维护或争取之"。①这一概念揭示了不同个人或集团在既定制度环境下的利益占有的非均衡性,也表明制度设计及其运行具有隐蔽的价值偏向性。我们认为,这种制度的非中性是普遍存在的,不只存在于政治领域,也同样存在于生活领域。而传统的民主再分配理论,将不同社会阶层围绕再分配政策展开的投票竞争视为一种稀释了的、调和式的选举活动,实际上忽视了不同社会阶层影响和控制政治议程的资源不平衡性、能力和集体行动的差别。民主政治虽然从宪法法理上赋予了公民平等的投票参与权——传统的民主再分配理论就是以这种"一人一票制"的平等权利为逻辑起点,但是不同社会阶层基于利益而展开的政治斗争充斥于票决选举的整个过程,以及选举之外的其他政治领域,在这些领域中所谓的公民平等权利荡然无存。

民主理论专家罗伯特·帕特南(Robert D. Putnam)提醒我们,"谁在统治"和"统治得怎么样"是政治学的两个基本问题。②政治系统论的倡导者戴维·伊斯顿(David Easton)也认为,政治系统的一般特征在于对社会价值进行权威性分配,并用强制力保障其实施的行为或互动行为。③而在政治系统的强制性结构中,衡量社会成员权力地位的标准在于政治影响力,政治影响力是观察社会成员权力地位的重要标尺。而政治的现实,正如罗伯特·A.达尔(Robert A Dahl)所言:"所有政治体系普遍公认的特征之一是,政治影响力的分配是不公平的。"而这种政治影响力的差异主要体现为三个方面:一是政治资源分配的差别,二是个人使用政治资源的技能和效率的差别,三是个人为政治目的使用资源于不同方面的差别。④遵循达尔的逻辑,在民主制度所

---

① "制度非中性"概念最早由张宇燕从制度经济学视角分析利益集团与政治控制之间的关系时提出。参见张宇燕:《利益集团与制度非中性》,《改革》,1994年第2期。

② 参见[美]罗伯特·D.帕特南:《使民主运转起来》,王列、赖海榕译,江西人民出版社,2011年,第71页。

③ 参见[美]戴维·伊斯顿:《政治生活的系统分析》,王浦劬译,华夏出版社,1999年。

④ 参见[美]罗伯特·A.达尔:《现代政治分析》,王沪宁、陈峰译,上海译文出版社,1987年,第47~48页。

提供的规则面前，不同个人或群体受到以上三种差别的影响必然表现为政治影响力的差异。传统的民主再分配理论在很大程度上就是否认了社会成员的这种差异，忽视了隐藏在民主规则背后的政治权力不平等。在这一方面,正如舒姆彼得所观察到的:

在一个社会中,各种集团各有不同的利益,那么,应以谁的利益为主? 政治斗争就是说服某些集团,使他们相信他们所认为的利益并不真正比其他利益重要。也可以说,政治斗争多少可以看成是粗暴地使用权力来压服一个集团,使它的利益服从另一集团的利益。不言而喻,政治还包括讨价还价,搞妥协。不过,这并不是真是未受过专门训练的普通人在那里动脑筋,企图从某一纠缠不清的社会政策问题的杂乱价值中推论出一个真正的"公众利益"来。①

第四节　马克思主义的批判性观点

从民主政治的制度非中性观点出发,我们还原了一种马克思主义意义上的民主政治阶级观,目的在于揭示上层精英相对于底层民众在再分配政治议程上的控制力。我们发现,在多元政治模式下,政治权力虽然具有弥散性, 但是民主规则并未明显限制住由少数精英组成的优势利益集团在政治控制力上的优势地位。这些少数极富集团控制着大量的政治资源,相对于"群龙无首"的底层群众更善于利用民主政治规则,将经济领域内部的不平等转化为政治领域的不平等,又反过来巩固自身的社会经济地位。正是在这

---

① 转引自[美]罗杰·希尔斯曼:《美国是如何治理的》,曹大鹏译,商务印书馆,1988 年,第34~35 页。

种政治—经济优势地位的相互转换中,社会财富继续向上层集聚,而民主投票规则却难以限制这种循环的再生产。

我们采用一种政治经济学的研究视角。正如上文所言,纯经济学解释无法提供关于民主社会经济不平等之发展的理解,必须要从民主制度的非中性出发探讨再分配政策背后的阶层权力关系。但是我们也意识到,权力分析也必须要增添政治与经济互动的研究视角。因此,尤其对于再分配政策而言,既是政治权力决定经济地位的过程,也是经济地位影响政治权力的过程。

从词源学上看,在希腊语中,"经济"(econom)一词由"家务"(eco)和"规则"(nom)两部分构成,是"家政管理"的意思。这与城邦社会的现状相符合,因为在雅典时期,社会财富主要由具有德性的少数人掌管,整个城邦的经济活动犹如在家庭内部展开一样,不需要关注普遍的经济利益。而且在雅典哲学家那里,财富的增长并不能增进德性,反而会招致贪婪、嫉妒、贪图享乐等恶劣品质。所以"经济"是一种无涉公共领域的"家政学"或"算计学"。

随着现代国家的产生和资本主义生产方式的扩展,国家权力与营利活动的关系逐步密切。这种趋势在重商主义时期的英国最为明显:迫切需要筹集资金来摆脱财政危机的王室发现,可以通过资助支持或特许授权等方式参与到资本家的生产活动中,并以此获取报酬,以减轻向社会征集税收的压力;而那些在全球范围内寻找市场与利润的资本家在外国同行的竞争中,同样需要来自国内王室的军事支持与政治授权。这样,所谓的"经济"就有了公共属性和政治特性,不再是纯粹私人领域的概念,从而演化为近代意义上的"政治经济学"概念。自近代以来,在古典经济学家那里,政治经济学就成为一门研究国家如何管理经济的学问。①如政治经济学的重要奠基人亚当·斯

---

① See Barry Clark,*Political Economy:A Comparative Approach*,New York:Praeger,1991;James Caporaso and David P. Levine,*Theories of Political Economy*,Cambridge:Cambridge University Press, 1992;Phillip Anthony O'Hara(ed.),*Encyclopedia of Political Economy*,London:Routledge,1999.

密在《国富论》中强调，政治经济学就是"政治家或立法家的一门科学"，政治经济学的双重目标是"为人民提供充足的收入和生计……以及给国家和社会提供充分的收入，使公务得以进行"。①除了亚当·斯密之外，大卫·李嘉图（David Ricardo）、约翰·密尔（John Mill）等人也在此意义上界定政治经济学。当然，这一时期的政治经济学被称之为古典政治经济学，它已经关注到了国家在经济发展、社会财富增长中的重要作用，这使得它与传统政治学对于国家问题的重视达成了共识。

但是从 19 世纪末 20 世纪初期开始，经济学和政治学的研究侧重点发生了偏离，经济学侧重于对微观的市场行为的研究，而政治学则走向了旧制度主义的国家研究和政府研究，国家与市场的分野成为当时社会科学强调学科化、专业化的重要特征。这种研究路径的转向与资本主义的发展变化密不可分。在古典政治经济学那里，主要强调国家制度与政治为经济发展提供稳定可靠的内外部条件，因此它们也需要从经济发展与财富增长的角度关心国家制度问题，这在某种程度上代表了资本主义创始阶段的政治需求。而到了 19 世纪末 20 世纪初，资本主义的市场机制逐步完善、政治制度逐步稳固、价值观念深入社会，这就使得经济发展和财富增长被化约为市场问题，从而刺激了市场经济学研究的兴起。随着历史的发展，经济学与政治学的疏离并没有维系太长的时间。

从 20 世纪五六十年代开始，在对二战前资本主义危机的反思中，凯恩斯主义应运而生，纯粹市场经济学的研究缺陷开始显现，这使得政治经济学开始重新审视国家制度和政府问题。但是这一时期的政治经济学的一个非常重要的特征就是经济学研究方法对于政治领域的广泛关注，一切政治领域的问题转化为经济学的问题，此时政治学研究转向了行为主义政治学和

---

① 转引自［英］约翰·伊特韦尔：《新帕尔格雷夫经济学大辞典》，陈岱孙译，经济科学出版社，1996 年，第 969 页。

政治系统理论。公共选择理论在这一时期成为主流的政治经济学话语。对于这一趋势,20世纪80年代兴起的"回归国家学派"和新制度主义研究提出了不满,这些学者认为,国家和制度是一种具有强制性、自主性、历史性结构色彩的结构要素,因此国家和制度不能像公共选择理论和行为主义政治学设想的那样被计量化和数理化约。正如阿萨·林德贝克(Assar Lindbeck)所批评的:"传统经济学家没有充分研究在经济上和政治上实力雄厚和在组织上完善的阶级和压力集团的活动。他们也没有研究这些集团在牺牲没有特权的少数派集团的利益的情况下,对立法和国家行政机关所发生的专谋私利的影响。"①受此冲击,政治经济学迎来了政治学与经济学相复合的第二次契机,这也就是当前兴起的新政治经济学(New Political Economy)。戴维·伊斯顿在谈到这种变化时强调:"无论在国内政治还是在国际政治研究中,此时都形成了我们今天所熟谙的新的政治经济学,它再次集中关注隐匿于经济政策背后的政治活动,关切经济关系对于政治权力的归属和运用之影响。"②在这里,一方面,新政治经济学已经明显区别于以往的政治经济学,政治或经济已经不再是被决定的内容,而是两个相互影响的分析要素。另一方面,新政治经济学受到市场经济学、行为主义科学的熏陶,在研究逻辑上吸收了逻辑推理和实证检验的重要性,也由于"回归国家学派"和新制度主义的反思性发展,更加强调国家制度、历史传统、价值观念对于政治经济变化的深刻影响。

以上的篇幅简要介绍了政治经济学的理论演化。巧合的是,从20世纪80年代起,新自由主义开始取代此前的凯恩斯主义,对资本主义国家的政治经济关系进行调整,此时新的政治经济学研究方式也正开始兴起。根据我们搜集到的数据来看(这些数据将在第三章呈现),新自由主义的兴起又与资本主义国家经济不平等的发展、社会阶层再分配的向上集中高度融合,因此

---

① [瑞]阿萨·林德贝克:《新左派政治经济学》,张自庄、赵人伟译,商务印书馆,2013年,第30页。

② [美]戴维·伊斯顿:《政治生活的系统分析》,王浦劬译,华夏出版社,1999年。

从政治经济学的研究范式来思考民主制度与再分配的关系就水到渠成了。我们这里讲的"政治经济学"主要包括两层含义:一是作为一种交叉学科,政治经济学坚持政治学、社会学、经济学融合互动的分析视角;二是作为一种研究方法,政治经济学的特征在于运用经济学方法分析政治现象和政治经济互动过程。政治经济学的优势就在于其研究范围的包容性与广泛性。这种特征一直内在于政治经济学的演化脉络里。比如,在政治经济学之父威廉·配第(William Petty)看来,"所有的政府事务及与君主荣誉、百姓幸福和国家昌盛有关的事项都可以用算术的一般法则来证实……这种方法,就是一种极其普通的科学原理解释纷繁错综的世界情形"①。经过长期的学科发展,政治经济学逐渐演化为一种为理解人类行为、公共政治甚至是价值观念提供独特分析工具的现代化科学,特别是在投票、选举、政党制度、政治决策、政策效果、制度绩效等研究领域,政治经济学展现了强大的理论分析能力和现实解释能力。

另外,必须要把权力因素纳入关于政治经济关系的思考中。也就是说,政治与经济并不是孤立存在的,也不是机械联系的,而是通过一定的权力机制连接起来。在政治与经济的互动中,对权力因素的分析使得政治经济学具有批判性,从而揭示出特定政治经济制度的本质。这种批判性的观点,又以马克思主义的分析最为深刻和显著。恩格斯就指出,缺乏私有制批判的分配研究不过是私有经济学的表现,而谈不上对公共问题的分析。他强调,任何关于分配问题的研究,其基础在于对私有制的认识和批判。"国民经济学的产生是商业扩展的自然结果,随着它的出现,一个成熟的允许欺诈的体系、一门完整的发财致富的科学代替了简单的不科学的生意经。"②因为资本主

---

① [英]威廉·配第:《政治算术》,马妍译,中国社会科学出版社,2010年,第1页。

② 《马克思恩格斯文集》(第一卷),人民出版社,2009年,第56页。

义的经济学家主要关心的是私人资本的增长，不关心资本增长背后的权力机制和不平等性。因此，虽然资本主义的国民经济学被冠之以"国民"的名号，但却是私有制的，实际上与公共性的"国民"并没有真正的瓜葛。恩格斯还指出："国民财富这个用语是由于自由主义经济学家努力进行概括才产生的。只要私有制存在一天，这个用语便没有任何意义。英国人的'国民财富'很多，他们却是世界上最穷的民族。"①因此，对于社会分配问题的研究绝不能停留在国民经济学的水平上。

马克思主义的一个基本观点就是经济基础与上层建筑的互动关系。社会分配实质上是由人们在生产过程中结成的生产关系及其由这种生产关系所决定的政治关系来实现的。马克思在《哥达纲领批判》中系统研究了资本主义的分配问题，提出了社会主义的分配正义观。他认为："消费资料的任何一种分配，都不过是生产资料条件本身分配的结果；而生产条件的分配，则表现生产方式本身的性质。例如，资本主义生产方式的基础是：生产的物质条件以资本和地产的形式掌握在非劳动者手中，而人民大众所有的只是生产的人身条件，即劳动力。"②观察社会分配，既要从这个社会所规定的国家与法的关系上来理解，更要看到现实的物质生产过程。"社会结构和国家总是从一定的个人的生活过程中产生的。但是，这里所说的个人不是他们自己或别人想象中的那种个人，而是现实中的个人，也就是说，这些个人是从事活动的，进行物质生产的，因而是在一定的物质的、不受他们任意支配的界限、前提和条件下活动着的。"③因此，社会分配既是一个经济问题，也是一个政治问题，既存在所有制的决定性，这种决定性又受到政治权力关系的巩固。当然，政治权力关系也不是消极地、被动地、完全地反映经济所有制的全部

---

① 《马克思恩格斯文集》(第一卷)，人民出版社，2009年，第60页。
② 《马克思恩格斯文集》(第三卷)，人民出版社，2009年，第436页。
③ 《马克思恩格斯文集》(第一卷)，人民出版社，2009年，第524页。

情况，它试图影响甚至是调整经济所有制的结果。所以经济与政治之间的复杂关系是经济社会运行的一种基本规律，而传统的经济学对于社会分配问题的研究却忽视了这一点。林德贝克就指出："新左派批评了传统经济学家忽视的经济因素和政治因素之间的相互作用问题。特别是，据说传统经济学家回避了经济中的权力分配问题及其对国内外政策的影响。特别是传统经济学家还被指责说，他们倾向于暗示社会中存在着某种'社会平衡'和'和谐'，从而掩盖了个人之间，集团之间和阶级之间的冲突和权力斗争这种现象。"[①]

　　马克思主义的分析方法为我们理解西方国家为何在自由民主体制下产生了日益严重的经济不平等现象提供了理论基础。资本主义国家的经济不平等首先是由私有制决定的，经济不平等的增长如果长期得不到制度性的补偿或调整，那么就会带来社会结构的破坏性变迁和阶层矛盾的升级对立，从而对民主制度的运行带来坏的"社会资本"。这样，就形成了资本主义国家经济不平等与民主制度的一种互动逻辑：在一种不被约束的自由化的经济环境里，人们在市场中的地位取决于其实现资本繁殖能力的差异，虽然自由民主体制赋予了选民通过普选权来限制资本拉大贫富分化的机会，但是这种机会也是受到限制的，尤其是在新自由主义盛行的当下，作为抑制资本自由化繁殖的机制——政府决策、劳工力量、人民权力、社会运动等——都被削弱了，都被看作不正当的或不适宜的。在这种情况下，西方国家自由民主体制的再分配能力就受到资本主导的政治经济结构的决定性影响。以此来观察 2008 年金融危机之后的资本主义国家，就会发现危机的持续深化不仅没有冲破资本的权力结构，而且使得资本的自由化得到了新自由主义意识形态化的论证，相反自由民主体制在这场危机中深受其害，丧失了调整社会阶层利益冲突的功能和话语优势地位，而不得不自受其辱，转向保守主义的

---

　　① ［瑞典］阿萨·林德贝克：《新左派政治经济学》，张自庄、赵人伟译，商务印书馆，2013 年，第 29 页。

港湾寻求庇护。

第五节　本书的基本结构

我们的研究既是历史的,也是现实的。经济不平等现象并不是我们时代的专利,但是在我们时代成为话题。在现代社会以前,经济不平等没有受到系统的关注和认真的对待,这是因为宗教的、伦理的、封建的、等级的政治都把经济不平等视为一种司空见惯的事情。随着现代大众民主时代的到来,社会阶层所面临的经济不平等影响了选民的投票决定,这样经济不平等就具有了政治属性,强调执政合法性与治理绩效的政府就不得不认真对待和应对经济不平等现象。那么西方资本主义国家的民主投票机制与社会阶层的收入分配之间到底存在什么样的关系? 民主投票是有效抑制了经济不平等的增长,促进了社会阶层结构的扁平化,还是在经济不平等面前显得无能为力,这种无力感又如何解释呢?

第一章主要回顾 20 世纪 70 年代以来,世界政治潮流中出现的民主化浪潮,以及民主是如何在这场浪潮中被局限地定义为投票。民主化浪潮一直延续到资本主义 2008 年金融危机之前,这段时间被认为是资本主义民主化的黄金时期,西式民主的"普世价值"得到广泛推销,似乎西式民主能够应对发展中国家存在的一切难题。受民主化浪潮的影响,"民主"的概念和标准也被偷换了,这主要是投票逻辑的兴起,并且把普选制视为民主的唯一标准,以此来衡量非西方世界的政治制度。在金融危机之后,民主化浪潮戛然而止,西方资本主义国家面临越来越复杂严峻的治理危机,民主的声誉受到玷污,相应地学术界开始反思选举民主制的问题,对民主制度的投票逻辑进行了重新认识。

投票是民主的表现形式,但是投票是现实政治中的情况却是复杂的。第二章主要分析几种流行的投票规则及其代表性困境。投票规则决定了选举制度,选举制度又决定了民主政府的组成与公共行为。投票虽然是民主的,但是投票规则却有可能是不民主的。不管是从公共选择理论的数理算计来看,还是从现实政治中投票规则的缺陷来看,投票规则都是不完备的。选票与选举目标之间经常性地存在着分离,无法真正体现选举人的意志。也就是说,希冀一张选票能够完整体现选民意志是不可靠的,而且选举民主所依赖的聚合式民意存在着严重的代表性困境。在此,选举民主与人民主权之间的裂缝出现了。

第三章主要分析近年来西方资本主义国家经济不平等的增长状况,以及在这一方面民主理论所面临的危机。从时间上看,从 20 世纪 70 年代末到 80 年代初,经济不平等的增长在世界范围内出现,成为困扰包括资本主义自由民主制国家在内的诸多国家的难题。各种类型的数据源——来自国际组织、经济机构、数据公司和学者研究——都证明了经济不平等的增长已经成为事实。为此,我们对十个国家(美国、英国、德国、法国、印度、土耳其、南非、巴西、墨西哥、智利)进行了数据研究。这些研究表明,经济不平等不管是在资本主义发达国家还是在转型经济体中,都呈现出逐渐增长和持续恶化的趋势。这种情况的出现有力地质疑了西方国家长期流行的关于自由民主制度的经典假设,即以投票选举为基础的自由民主制度倾向于实行自上而下的再分配政策,能够有效应对社会财富的阶层分化,改善和优化社会阶层结构。在经济不平等日益严重的情况下,这种经典假设已经站不住脚了,这也表明自由民主制度在应对经济不平等面前出现了失灵。

从经济不平等的增长这一经验现实出发,第四章开始探讨民主制度与收入水平的复杂关系。以往的民主巩固学派提供的解释,试图证明民主制度安排由于改善了政府质量,从而能够促进总的社会收入水平的增长。但是根据我们对十国研究的证据表明，民主巩固学派的研究没有考虑社会收入水平增长的阶层差异，也就是说，忽视了民主制度的分配性功能。以分配民主的视角观察，新自由主义的意识形态既造成经济要素的自由流动，以及建立在所谓自由秩序上的社会收入整体水平的增长，但是也导致了极富群体对社会总收入的寡头式垄断和中下层社会阶层的相对贫困。这种社会阶层收入的分化表明了民主政体与收入水平之间的复杂关系与现实映照。在社会利益分化不断生成的情况下，自由民主制的广泛共识遭到瓦解，继而产生了政治经济精英阶层与社会普通大众的政治对立，即资本化的自由民主与民粹主义思潮的对立。

我们在第四章还重点关注民粹主义政治及其所体现的自由民主体制的危机。可以说，民粹主义之所以成为当前西方政治世界的一个顽疾，之所以冲击了自由民主体制的秩序，是与自由民主体制无力应对经济不平等的增长紧密相关的。因此，民粹主义的产生和演化，具有很强的社会经济根源，是西方自由民主体系失效后产生的应变性结果。当前，西方国家民粹主义的涌现是自由民主制度民粹化的表现，是一种以反思、批判自由民主制度为基本内涵的政治思潮，客观上成为自由民主制度衰落的例证。另一方面，西方自由民主制度又受到民粹主义政治的重新塑造，以适应调整了的国家与社会关系。因此，未来西方民主国家政治发展的趋势在很大程度上取决于民粹主义政治与自由民主制度的相互较量与相互影响。

在第五章，我们重点思考民主与资本之间的关系。在资本主义民主制度下，民主促进还是降低了经济不平等，从根本上看取决于资本与民主的关系。资本主义的生产方式决定了其政治制度，但是政治制度并不是被动地反映经济方式。一般来看，民主制度代表着以选民为代表的劳动者对资本力量的限制，资本力量同样以其强大的增殖逻辑塑造着与劳动者的关系。经济不平等的增长的一个重要原因就是资本运动的结果，资本青睐高收入阶层及其大企业，则把获取剩余价值的触角伸向了中产阶级。所以相对于资本而言，劳动力在社会分配中的位置下降了。另外，资本也在谨慎地处理与民主的关系，总是希望把民主限制在免于阻碍资本增殖的范围内。

从历史上看，资本与民主呈现出三种关系模式：一是和谐论，即强调资本的发展与民主的进步是同步的，资本力量为民主制度准备条件，"没有资产阶级，就没有民主"；二是条件论，强调资本促进还是反对民主取决于资本与民主相互适应已达成妥协的能力，它受到多重政治经济条件和历史情境的影响，是政治主体行为博弈的结果；三是冲突论，认为资本与民主虽然存在"偶然和谐"，但实质上存在本质矛盾，资本逻辑的扩展与侵蚀是导致民主衰落的根本原因。就当前西方自由民主制国家愈演愈烈的贫富分化和阶层对立来说，资本与民主之间的紧张关系已经昭然若揭了，从本性上看西方自由民主制度依然是资本主导的政治制度。

第六章对本研究进行总结。西方国家社会阶层收入分配状况的恶化表明，一场再分配危机已经在自由民主制社会上演。本章主要是从这种再分配危机出发反思新自由主义民主的本质特征，以及这种分配危机所导致的政治衰败。一方面，新自由主义的兴起是社会再分配危机的价值基础，它体现着资本在再分配问题上的强势地位和影响力；另一方面，新自由主义主导着自由民主制的价值追求和政治过程，使得自由民主制度调节社会阶层利益关系的能力出现了危机，从而丧失了社会再分配的动力。西方自由民主制度实际上就是新自由主义意识形态的具体体现。新自由主义民主本质上是资本主义民主，具有根深蒂固的历史性、阶级性和局限性。具体来说，新自由主义民主是资本主义经济基础的政治反映，维护的是金融资产阶级的利益，它继承了传统自由主义的历史基因，强调个人主义和自由至上，以市场原则和资本逻辑为主旨，热衷于向全世界输出民主，以满足金融资本全球扩张的需要。

第一章 民主化浪潮与投票逻辑的滥觞

　　20世纪后三十年的民主理论研究几乎被民主转型范式所占据，这种情况直到21世纪初才得到扭转。之所以出现这种情况，是因为经验世界所发生的连续性政体更迭现象：被看作稳固统治的权威政体几乎是在一夜之间垮台，继之而起的是一个个民选政府，这种现象首先在南欧发生，然后以一种"多米诺骨牌"效应扩展至东亚、南美和东欧国家。这种现象何以产生？长期以来，流行的西方民主理论主要以欧美的民主政体为研究蓝本，这些国家的民主政体基本上比较稳定。显然，这种成熟的流行理论已经无法解释国际世界群起的政体更迭现象，这使得民主研究者不得不摆脱狭隘的研究视野，将目光放置于政治结构迅速变化的政治转型国家和地区。在这种情况下，民主转型范式应运而生，成为当时一种新的研究趋向。直到今天，民主转型范式依然萦绕在民主研究者的头脑中，甚至成为一种难以摆脱的思维定式和理论偏见，困扰着民主研究者对当下民主问题的重新思考。因此，回顾与检讨盛极一时的民主转型研究的理论谱系依然有其重要意义。与我们的研究相关的是，伴随着民主化浪潮，西方民主理论家悄然完成了对于"民主"概念的改造，把内涵丰富、形态各异的民主局限在票决的范围内，民主被"普世价值"所绑架而丧失了其经典内涵。在今天民主浪潮出现回流、票决民主出现危机的情况下，我们有必要来分析投票作为民主的唯一逻辑是如何被自由民主制度构建起来的。

第一节　"第三波"民主化浪潮的到来

亨廷顿的"第三波"民主化理论广为流传，几乎每一位研究现代全球世界政体转型的学者都从谈论"第三波"开始。"第三波"之所以重要，是因为它以一种形象的描述较为准确地概括了 20 世纪末期存在于诸多国家的政体转型现象，为人们理解和探讨政治结构的深层次变迁之原因、机制与规律提供了经验支撑。亨廷顿指出，如果从较长的历史时间段来看，国家政体的民主转型并不是孤立地发生在某一国家或地区，而是具有波浪形演进的特征。如果把民主转型比作波浪，那么民主转型既有涨潮的时候，也有回潮的时候。涨潮与回潮共同构成了民主化浪潮的一个完整阶段。而"一波民主化是指在一个特定的时间期限内发生的一组由非民主政权向民主政权的转型，并且在这一时间段内，这种转型在数量上明显超过反向转型的数量。一波民主化通常也包括政治体制上的自由化或并未变成完全民主的部分民主化"①。

由上可见，根据亨廷顿的界定，所谓民主化，主要包括三大规定性内涵：一是非民主政权向民主政权的转型，即完全民主体制的建立；二是民主化涨潮的力量超过民主化退潮的力量；三是国家政体结构内部实际民主力量增

---

① ［美］塞缪尔·亨廷顿：《第三波：20 世纪后期的民主化浪潮》，欧阳景根译，中国人民大学出版社，2013 年，第 11 页。

强,虽然这种力量没有完全导致威权政体的覆灭。①可以说,亨廷顿的民主化定义是相对宽泛的,根据这一定义,亨廷顿确定了民主化的三次浪潮:

◆第一波民主化长波:1828—1926 年,根植于美国革命与法国革命,然后在国家层面出现民主制度。

◆第一波回潮:1922—1942 年,开始于 1922 年墨索里尼对意大利民主制的废除。

◆第二波民主化短波:1943—1962 年,开始于第二次世界大战及其之后,土耳其、希腊、阿根廷、哥伦比亚、德国、日本等国民主制度的建立。

◆第二波回潮:1958—1975 年,表现为韩国、菲律宾、印尼、希腊等国威权控制的加强以及拉美国家军人政权的出现。

◆第三波民主化:1974 年—至今

这场民主化的第三波浪潮首先是从葡萄牙开始的,"在 1974 年葡萄牙结束独裁统治的十五年之后,欧洲、亚洲和拉丁美洲大约有三十个国家的民主政权取代了威权政权。在其他国家,在威权体制下也发生了相当可观的自由化运动。还有,在另外一些国家,推动民主的运动获得了力量和合法性"②。1974 年葡萄牙的青年军官们发动"武装部队运动",在几乎没有遇到抵抗的情况下,驱逐了以马塞洛·卡埃塔诺为代表的独裁者政府,结束了葡萄牙长

---

① 一般研究认为,作为国家制度的民主在程度层面有所区别,仅仅是依靠选举产生了民选政府,只能说明这个国家的民主是形式上的和最低限度的民主,而只有国家制度具备了责任性、多元主义、分权和民众的广泛认可这些条件后,民主制度才能算是全面民主(complete democracy)、自由民主(liberal democracy)和充分民主(full democracy)。See Collier David and Steven Levitsky, Democracy with Adjectives:Conceptual Innovation in Comparative Research, World Politics, Vol.49, No.3, 1997; Schedler Andreas and Rodolfo Sarsfield, Democracy with Adjectives, *Afrobarmeter Working Paper*, No.45, 2004.

② [美]塞缪尔·亨廷顿:《第三波:20 世纪后期的民主化浪潮》,欧阳景根译,中国人民大学出版社,2013 年,第 16 页。

达四十二年的独裁统治。由于在运动期间，群众将康乃馨插在士兵的枪管之中，所以这场政变也被称之为"康乃馨革命"。在葡萄牙"康乃馨革命"后不久，一场民主化运动很快在希腊上演。1967年，由乔治·帕帕多普洛斯领导的低阶校尉发动军事政变，建立了军人政权。但是希腊的军人政治统治基础比较薄弱，它一直没有得到海军与空军的支持。而到了1974年，受到土耳其入侵塞浦路斯事件和国内民间社会力量的影响，希腊的军人政权决定将权力转交给一个保守但是支持民主的政权——康斯坦丁·卡拉曼利斯领导的文官政府。从1974年7月21日到12月9日，希腊的政权更迭仅仅用了一百四十二天，这也成为南欧和南美诸国中民主转型速度最快的国家。而西班牙1975年的民主转型则得益于两个重要人物的不同命运和决定。首先是统治西班牙三十六年之久的佛朗哥去世，佛朗哥政权建立了一套相当完整的威权统治秩序。而在佛朗哥去世之后，新国王胡安·卡洛斯与西班牙首相阿道夫·苏亚雷斯合作，决定对内改革和实行民主化。在此之后，西班牙选举出了新的制宪委员会，颁布了新宪法，并在新宪法的授权下举行了议会选举。西班牙的民主转型令人惊讶，因为西班牙的市民社会力量薄弱，公民社会在促进民主化中的作用，并不像葡萄牙和希腊那样明显；另外，西班牙也没有遭遇严重的经济危机和难以解决的外部危机。西班牙的民主转型在很大程度上源于政治精英的协定，这使得西班牙的民主化转型比较平稳。

20世纪70年代末期，民主化"第三波"浪潮席卷到了拉丁美洲各国。在拉美各国中，巴西的社会阶层收入差距最大，社会福利和教育水平最差，国内政党结构不稳固，因此巴西的民主转型注定要经历一个坎坷的历程。1974年3月，埃内斯托·盖泽尔将军就任巴西总统，新的军人政权发现难以维持稳定的统治，开始寻求与社会力量的合作。为此，盖泽尔政府放宽了政治管制，对内实行"缓慢、逐步和稳妥的松动"，主张实行"最大限度的，尽可能的发展与最小限度的，必不可少的治安"。这些政治自由化方案为巴西的民主转型提供了条件,巴西的民主化之路由此开启。1984 年,在军方控制下的间接选举下,产生了以坦克雷多·内维斯为总统的文人政府。由于内维斯的健康原因,权力很快转交给了副总统若泽·萨尔内。[1] 但是在萨尔内政府中军方依然保持强大的影响力,军方人士不仅担任政府要职,而且军队经常跳过民主制度发挥主导作用。[2] 1988 年巴西的新宪法为了解决中央与地方、集权与分权的矛盾,赋予了州和地方政府较大的权力。对加速民主化而言,立法机关权力的显著增强更为重要。根据新宪法,总统的权力受到限制,尤其是在预算领域,除非得到立法机关的支持,否则总统没有任何权力。1990 年 3 月,巴西民主化更进一步,民选总统费尔南多·科洛尔就任,巴西政治正式脱离军人政权的束缚,这标志着巴西民主转型的完结。从 1974 年算起,巴西的民主转型经历了十六个年头,成为拉丁美洲民主化历程最为漫长的国家。

军政关系是拉丁美洲各国迈向民主化过程中必须要加以解决的问题。在 20 世纪 70 年代末,军人政权在拉美各国得到不同程度的瓦解。1979 年,政权多次更迭、军人多次执政的厄瓜多尔出现了军政府向文官政府移交国家权力的民主化转机。玻利维亚、洪都拉斯的文官统治也分别在 1980 年和 1984 年得到确立。在阿根廷,庇隆主义者建立的权威政体至少受到过两次冲击:一次是 1971 年拉努塞将军掌权并试图恢复民主宪政,将胡安·庇隆排除出 1973 年总统候选人行列;另一次则是阿根廷在与英国的马岛战争失败后,庇隆主义者政权的威望被随之而来的国家危机所严重削弱。1983 年 10 月,劳尔·阿方领导的民主势力赢得了选举胜利,使得军政府在阿根廷的统

---

① 也有学者认为萨尔内政府的产生是巴西民主化的开端。参见吴洪英:《巴西现代化进程透视》,时事出版社,2001 年。

② 阿尔弗雷德·斯蒂潘在这一时期出版的著作对解巴西民主转型中的军政关系作了深入研究。See Alfred Stepan, *Rethinking Military Politics: Brazil and the Southern Cone*, Princeton University Press, 1988; Alfred Stepan, *Democratizing Brazil: Problems of Transition and Consolidation*, New York: Oxford University Press, 1989.

治得以结束。唯一让人感到意外的是,得到美国支持的智利将军奥古斯托·皮诺切特于1973年通过政变推翻了左翼民选总统阿连德。皮诺切特在智利的统治直到1990年才宣告结束,在总统选举中获胜的帕特里西奥·埃尔文接替其成为智利总统。

类似的政治转型运动在亚洲范围内得到传播。印度一直被称为"最大的民主国家"。而印度在英迪拉·甘地统治时期,实际上是民主的冰冷期。英迪拉·甘地向印度的贫苦大众承诺要"缓解贫困"从而赢得了相当广泛的支持。她利用这种声望为自己集中权力,进一步破坏了现存制度对权力的限制。她的个人化和民粹主义化的政治手腕,明显削弱了印度的某些民主制度。原来的国大党变成了一个个人工具,这一工具随着她的去世走向缓慢而稳定的衰落过程。政府文职机构被政治化,中央集权也削弱了联邦体制,导致一些不愿意接受丧失自治地位的地区的强烈反对。① 这种情况直到1977年才得到扭转。在这一年印度结束了紧急状态,开始召集选举,甘地也在这次选举中失去了民众的支持。而在中国台湾,20世纪70年代中期之后,市民社会主义的政治反对运动兴起,中产阶级要求更为广泛的政治参与。这种呼声在"美丽岛事件"后传播更为流行。另外,由于国民党统治对本省精英的排斥,使得台湾的民主化同时包含了族群主义的因素,族群主义与民主主义的结合使得国民党当局不得不寻求主动变革。② 菲律宾的民主化始于1986年马科斯的下台,在1972年马科斯实行军管政治以前,菲律宾一直被视为"亚洲民主橱窗"。1981年4月,菲律宾的军事管制取消,但是马科斯依然采取铁腕

---

① 参见[美]阿图尔·科利:《印度民主的成功》,牟效波等译,译林出版社,2013年,第10页。

② 参见王震寰:《台湾的政治转型与反对运动》,《台湾社会研究季刊》,1989年第1期;林佳龙:《威权侍从主义下的台湾反对运动:民进党社会基础的政治解释》,《台湾社会研究季刊》,1989年第1期。

统治。与拉美国家一样,天主教同样在菲律宾的民主转型中起到了催化剂的作用。①马科斯在国内实行裙带资本主义和威权高压政策,再加上菲律宾经济形势的恶化,这些因素导致反对派和民众抛弃了马科斯政权。菲律宾的民主转型为韩国带来了示范效应。韩国在二战后虽然一直将民主体制确立为国家政治的基本架构,但是长期实行"行政上位的行政与政治一体化",总统通过执政党在议会中所占的绝对优势来控制议会,军队长期介入政治和政治中盛行的庇护主义,使得韩国的战后体制具有强烈的威权化特征。②在经历了长时期的"汉江奇迹"之后,威权统治开始衰落,尤其是随着"三金政治"的消退,韩国的民主化出现了拐点。另一方面,基督教的传播、汉城奥运会的召开、中产阶级的壮大等因素推动了韩国的民主转型进程。印度尼西亚的威权治理在很大程度上得益于魅力强人苏哈托,苏哈托在印度尼西亚的经济发展中享有"建设之父"的美誉。而在政治权力结构上,印尼苏哈托政权是一个苏哈托本人、军队和"专业集团"(GOLKAR)三位一体的威权政体,这个体系的核心是苏哈托,军队势力深深影响印尼各个层面的政治经济生活,而专业集团控制着行政大权。然而到了 20 世纪 90 年代,"50 人集团""民主论坛"开始活跃,在亚洲金融危机的冲击下,军人集团与苏哈托政权离心离德,长期隐藏的各种社会矛盾积聚起来,最终导致 1998 年苏哈托政权的垮台。③

在民主化浪潮的冲击下,非洲的民主转型也蹒跚起步。一方面,非洲政治中存在的前民族国家因素——如族群主义与冲突、国家认同的淡漠、暴力的流散、权力的分散化和西方殖民统治的遗产——为非洲的民主转型设置

---

① 菲律宾是东南亚唯一的天主教国家,受宗教文化的影响,西班牙作为菲律宾曾经的殖民宗主国,其民主化转型通过宗教的方式影响了菲律宾国内政治局势的方式。在这一方面,菲律宾的民主转型与拉美各国有相似性。派伊甚至指出菲律宾更像一个南美国家。参见[美]卢西恩·W.派伊:《东南亚政治制度》,刘笑盈等译,广西人民出版社,1993 年,第 31 页。

② 参见金东日:《韩国民主化过程论析》,《南开学报》,2003 年第 5 期。

③ 参见龙异:《菲律宾与印度尼西亚民主转型原因之异同》,《东南亚研究》,2008 年第 2 期。

了诸多障碍。另一方面，在大多数非洲国家，军人干政成为政治常态，这一方面成为社会不稳定与政治动荡的导火索，另一方面意味着军事力量一旦介入并决定民主结果，民主就会中断。正如罗宾·拉什曼所言，军人干政是非洲民主化的悲剧。①除此之外，非洲的民主化也没有得到来自市民社会的支持，而在其他国家和地区民主转型在很大程度上来自市民社会的压力。②在"第三波"来临前，只有博茨瓦纳、冈比亚和尼日利亚可以勉强算作民主国家。1990 年，南非结束种族隔离政策，曼德拉重获自由，政治反对派合法化，南非由此开启了政治和解进程。1993 年末，南非议会就过渡政府和宪法达成协议，种族隔离最后的制度障碍被扫除。1994 年，非洲人国民大会在南非的第一次多种族民主选举中获胜，国家权力的转移得以顺利完成。在南非默许下独立的纳米比亚于 1990 年制定了新宪法，领导独立的政党西南非洲人民组织成为执政党。1991 年，贝宁的民主化迎来了关键一步。在这一年，贝宁举行了自独立以来第一次公平的民主选举，南方支持的尼塞福尔·索格洛击败北方支持的克雷库当选总统，贝宁成为非洲独立后第一个以选举的形式进行权力交接的国家。

当然，最令西方世界感到兴奋的是，20 世纪 80 年代末至 90 年代初，共产主义的东欧和苏联相继发生了向民主政体的更迭。1980 年 8 月，在波兰松动的政治环境下成立起来的团结工会与波兰国内的天主教徒和反共左翼力量联合起来，形成了一股反对政府的对抗性力量。在长期的经济压力与社会抗议的影响下，波兰统一工人党被迫与团结工会于 1989 年 2 月举行圆桌会议，谈判的结果是政府同意团结工会重新登记后合法化，而团结工会也承诺"遵守宪法、不成为政党、不破坏社会安定、不非法接受西方援助"。当然最为

①　See Robin Luchman, The Military, Miniaturization and Democratization in Africa: A Survey of Literature and Issues, *African Studies Review*, Vol.37, No.2, 1994.

②　See Hussein Solomon and Ian Liebenberg(ed.), *Consolidation of Democracy in Africa: a View from the South*, Ashgate Publishing Limited, 2000.

重要的影响是，政府同意吸收"建设性反对派"参政，重新进行议会选举，并且按照三权分立这一西方原则实行总统制和两院制。1989 年 5 月，新议会选举的结果是，波兰统一工人党和团结工会分别以 37%和 35%席位势均力敌，而参议院几乎被团结工会独占。9 月，波兰成立了以团结工会为主体的联合政府。在波兰的民主转型中，团结工会起到了关键作用，"团结工会能够迫使党国体制承认其独立组织的原则和公共空间的边界，市民社会曾经与威权政权共存了相当长的时间，当威权政权发现自己无法控制团结工会的时候，它同意了团结工会的民主化要求"①。在波兰之后，民主化浪潮进一步向匈牙利、捷克斯洛伐克、民主德国、罗马尼亚、保加利亚、南斯拉夫等国蔓延。1991年，这股浪潮渗透到共产主义的核心地带——苏联，俄罗斯联邦总统叶利钦利用苏联"8·19 事件"后造成的权力危机摧毁了苏联的社会主义制度，各加盟共和国纷纷效仿，苏联解体的悲剧最终上演。在苏联解体后诞生的十五个新国家中，有七个通过政体转型成了民主国家。②

　　处在"第三波"前半段的国家，如西班牙、希腊、巴西、韩国等都曾有过不同程度的民主化经历，这些国家的政府基本上都是在第二波民主化回潮时强化了威权统治，这种威权压力到了民主化的"第三波"涨潮时得以缓解。因此，这些国家的民主化转型带来的轰动效应很难与共产主义世界的政治转型相媲美。苏东国家和苏联几乎是在一夜之间实现了政体结构的剧烈变化，并开启了全面的、彻底的经济私有化改革。美国战略学家兹比格涅夫·布热津斯基将民主转型在共产主义世界的短期持续性蔓延现象称作"大溃败"，

---

① Micheal Bernhard, Civil Society and Democratic Transition in East Central Europe, *Political Science Quarterly*, Vol.108, No.2, 1993.

② See Richard Rose, William Mishler, and Christian Haerpfer, *Democracy and its Alternatives: Understanding Post-Communist Societies*, The John Hopkins University Press, 1998.

深刻揭示了这种变化对世界格局走向的剧烈影响。①罗纳德·英格尔哈特和克里斯汀·维尔哲甚至认为,民主化的"第三波"浪潮实际上开始于20世纪80年代末期,而不是亨廷顿所讲的70年代中期。②同样是基于东欧国家和苏联政权变迁的历史性影响,美国前驻俄大使、俄罗斯问题研究专家迈克尔·麦克福尔甚至将20世纪80年代末以来的民主进程称之为民主化的"第四波"浪潮。③福山则更进一步,提出了所谓的"历史终结论",认为西方的自由民主制度是"人类意识形态发展的终点"和"人类最后的一种统治形式",在意识形态和政治理念层面上,西方自由民主制度已经不存在对手。他宣称:"如果我们现在还无法想象出一个完全不同于我们这个现实世界的世界,或者未来世界没有以一种明显的方式体现对当今秩序的彻底改善,我们就应该承认历史本身已经走到了尽头。"④福山的这种乐观主义情绪传染给了大多数自由民主制度的拥护者,使得他们对于自由民主制度潜在的弊端和局限丧失了理性认识。

第二节　"第三波"民主化的回潮

确实如亨廷顿所言,20世纪70年代末以来世界政治的民主化转向令人印象深刻。在这段时期,民主几乎赢得了全部喝彩,基本上所有的国家都以

---

① See Zbigniew Brzeziński, *Grand Failure：The Birth and Death of Communism in the Twentieth Century*. Collier Books. 1990.

② See Ronald Inglehart and Christian Welzel. *Modernization，Cultural Change，and Democracy*，New York：Cambridge University Press，2005.

③ See Micheal McFaul，The Fourth Wave of Democracy and Dictatorship：Noncooperative Transitions in the Postcommunist World，*World Politics*，Vol.54，No.2，2002.

④ ［美］弗朗西斯科·福山：《历史的终结及最后之人》,黄胜强、许铭原译,中国社会科学出版社,2003年,第57~68页。

宣称自身制度的民主来获取执政合法性,更不会公开声明与民主为敌。这种
局面对于民主在全球范围内的扩展十分有利, 但是西方国家简单地将民主
等同于自由民主,忽视了民主实质的复杂性与实现形式的多样性(这个问题
是本书后面所重点讨论的问题)。在这里,我们不妨先看一下"第三波"民主
化的成绩单。如表 1-1 所示,根据亨廷顿的计算,在"第三波"民主化浪潮之
后,民主国家的数量从 1973 年的 30 个增加到 1990 年的 59 个,相应的地,
非民主国家减少了 21 个,虽然所测量的国家总数增加了 8 个,但是民主国
家占比上升到了 1973 年的近一倍, 这一数字基本上接近历史最高峰 1922
年的数据。

表 1-1 现代世界的民主化

年份	民主国家	非民主国家	国家总数	民主国家占国家总量的百分比(%)
1922	29	35	64	45.3
1942	12	49	61	19.7
1962	36	75	111	32.4
1973	30	92	122	24.6
1990	59	71	130	45.4

说明:这里的国家数量没有把人口不足 100 万的国家计算在内。
资料来源:[美]塞缪尔·亨廷顿:《第三波:20 世纪后期的民主化浪潮》,欧阳景根译,
中国人民大学出版社,2013 年,第 20 页。

而从"第三波"民主化的全球地区分布来看,根据拉里·戴蒙德的统计,
"随着民主在各大洲的传播,它发展成一种全球性现象。今天,世界上所有国
家中大约 3/5 是民主国家。不仅西方所有富裕国家是民主国家,而且所有拉
丁美洲和加勒比地区国家中的 90%,以及亚洲和非洲 2/5 或者更多的国家是
民主国家。世界上没有达到民主临界点的唯一地区是中东,而在全球各主要
文化区域,只有阿拉伯世界没有一个民主国家"[1]。对于民主化所取得的历史

---

① [美]拉里·戴蒙德:《民主的精神》,张大军译,群言出版社,2013 年,第 51 页。

性成就,戴蒙德曾经满怀深情地写道:"这股风潮冲击到世界上最封闭、最不可能发生变革、最被人遗忘的地方,如缅甸、蒙古、尼泊尔、扎伊尔,甚至阿尔巴尼亚。从后共产主义的东欧到后官僚威权的拉丁美洲国家,从最贫穷的赤道非洲到新富的、正在工业化的东亚,都踏上通向民主的征程。在人类历史上,从没有这么多独立国家在期盼、建设和实践着民主政治。在人类历史上,为民主而进行民众斗争的意识从来没有越过国界传播地如此之快,如此之广。"①面对高奏凯歌的民主化浪潮,马歇尔和格尔甚至还套用了马克思和恩格斯在《共产党宣言》中评价资本主义的产生对人类生产力发展的卓越贡献的著名论述,来渲染"第三波"民主化的强劲势头。他们指出:"民主在最近几十年间的扩展速度要远远快于民主自希腊发轫以来两千五百年多年的速度。"②

如果说 20 世纪 70 年代到 90 年代是民主化浪潮的黄金期的话,那么 20 世纪 90 年代民主化浪潮就进入了一个与前几年汹涌发展的势头相比相对温和的时期。亨廷顿讲的"第三波"到 1990 年为止,而辛道辙(Doh Chull Shin)把这一时间推至 2005 年。他发现,"值得注意的是,在'第三波'兴起的 30 年间,民主国家比例几乎翻了一番,从 27% 上升到 64%。民主化进展主要发生在头 20 年里(1975—1995),此时民主国家比例从 27% 上升到 61%。在最近 10 年,民主化进展缓慢,只上升了 3 个百分点(61%~64%)。然而就在同一时期,自由民主国家数量稳步上升,比率从 40% 上升到 46%。这一数据在一定程度上说明,'第三波'的头 20 年主要是选举民主时代,而后 10 年则是自由民主的发展时代"③。戴蒙德也捕捉到了民主化浪潮进入 20 世纪 90 年

---

① 　[美]拉里·戴蒙德:《民主政治的三个悖论》,载刘军宁编《民主与民主化》,商务印书馆,1999年版,第121~122页。

② 　Marshall Monty and Ted Robert Gurr, Peace and Conflict, Center for International Development and Conflict Management, University of Maryland, 2005.

③ 　[美]辛道辙:《民主化:全球公民社会的视角》,载郭定平主编《文化与民主》,上海人民出版社,2010年,第42页。

代以后所发生的这种变化。在总结民主化浪潮的经验性趋势的基础上,戴蒙德详细考察了民主转型从 1972—1995 年之间的变化趋势。如表 1-2 所示。

表 1-2　1972—1995 年世界各国的民主状况

年份	民主国家数	部分自由国家数	不自由国家数	国家总数
1972	42(29.0%)	36(24.8%)	67(46.2%)	145(100%)
1980	52(33.9%)	52(31.9%)	59(36.2%)	163(100%)
1985	56(33.5%)	56(33.5%)	55(32.9%)	167(100%)
1991	76(41.5%)	65(35.5%)	42(22.9%)	183(100%)
1992	75(40.3%)	73(39.2%)	38(20.4%)	186(100%)
1993	72(37.9%)	63(33.2%)	55(28.9%)	190(100%)
1994	76(39.8%)	61(31.9%)	54(28.3%)	191(100%)
1995	76(39.8%)	62(32.5%)	53(27.7%)	191(100%)

资料来源:Raymond D. Gastil(eds), *Freedom in the World: Political Rights and Civil Liberties*, 1988-1989, New York: Freedom House, 1989; Freedom House 1990-1991, 1991-1992, 1992-1993, 1993-1994, 1994-1995。

　　戴蒙德将政体粗略地划分为民主政体、部分自由政体和不自由政体三种(当然,这种划分存在严重的意识形态色彩)。结合表 1-2 所反映的变化,戴蒙德指出,在"第三波"中,自由在 20 世纪 80 年代后期与 90 年代初期跳跃了最大的一步。1991 年是最关键的一年,因为在这一年,苏共垮台了。1991 年到 1992 年这一段时间,似乎是自由在这个世界上最高水准的标志。此后,西方所谓的自由国家所占的比例略有下降。自 1992 年以来,不自由国家的数量有显著的增加。尽管选举民主的国家在数量上稳步增长,但是所谓自由国家的数量却在 90 年代前半段停滞不前,在自由方面先有所得,后有所失。最为重要的变化是,在 90 年代,选举民主的持续增加和自由民主的停滞,这两种不同现象的齐头并进标志着民主在"第三波"后期变得日益空虚。①

　　亨廷顿曾经提出,民主化的促进或阻碍因素主要包括三个方面:①"第

---

　　①　参见[美]拉里·戴蒙德:《第三波过去了吗?》,载刘军宁主编:《民主与民主化》,商务印书馆,1999 年,第 290~417 页。

三波"的原因可能持续发挥作用、获得力量、遭到削弱,或者被推动民主化的新力量所取代,或得到其补充之程度;②可能造成重大回潮的环境,以及回潮可能的表现形式;③在直到 1990 年尚未实现民主化的那些国家中,可能存在的民主化机遇和障碍。①这三种因素的此消彼长直接关系民主化的历史前景。进入 21 世纪之后,民主转型的全球扩展呈现出了新的趋势和特征。美国遭受到"9·11"事件、第二次伊拉克战争、阿富汗战争等重大国际性事件,首先塑造了 21 世纪初期新的世界格局。对于民主转型而言,一方面,像俄罗斯这样的大国重新审视了民主化进程带给国家的变化,经过普京改革之后走上了重返威权统治的道路,民主在许多获得转型的第三世界步履维艰,西方民主的声望正在因为以美国为首的西方霸权所带给一些发展中的灾难而遭受质疑;另一方面,像萨达姆、卡扎菲、穆巴拉克、查韦斯这些被美国视为威权统治者要么被枭首,要么去世,要么被国内的抗议活动所关押,而一些中东北非的阿拉伯国家,以及乌克兰、泰国、缅甸等国,美国策动的民主化运动成功地推翻了威权统治者的政权,似乎自由民主的春天又一次到来。在民主化这两方力量的较量中,民主该何去何从?

　　依据世界政治格局的新演变和民主所依赖的政治环境的变化,戴蒙德在 2011 年的文章中重新测量了民主化浪潮的新趋势。戴蒙德继续采信"自由之家"提供的数据,根据他的计算,21 世纪的民主化浪潮在 2006 年达到高峰。具体来看,民主国家在全球所占的比例,从 1973 年的略多于 1/4,上升为 1980 年的 1/3,1992 年时约占 1/2,而 2000 年则达到 3/5(共 115 个民主国家)。2006 年,"第三波"中的民主扩张达到顶峰——121 个民主国家,接近全部国家总数的 63%。但是从 2006 年开始,"第三波"民主化迎来了拐点。至少在 2006 年到 2010 年的五年间,全球经历了显著的民主衰退,这被一些统计数

① 参见[美]塞缪尔·亨廷顿:《第三波:20 世纪后期的民主化浪潮》,欧阳景根译,中国人民大学出版社,2013 年,第 268~269 页。

据所证实。首先,在过去的几年中,民主国家的数量下降了。根据计算,选举民主国家的数量从 2006 年顶峰时的 121 个降至 2010 年的 114 个, 这是自 1994 年以来的最低值,也是自 1993 年以来民主国家所占比例(58.5%)的最低值。其次,在过去的五年间,自由的水平也稳步地下降了。从全球范围来看,2006—2010 年是最长的自由衰退周期,这是自冷战终结之后民主化大爆发和"第三波"开始以来的最长周期。根据"自由之家"的政治权利和公民自由排名,在这五年中,每年发生退步的国家都比改善的国家要多。这种衰退在 2007 年到 2010 年间表现得尤为显著,在自由水平方面,每年退步的国家数量是改善的两倍。2007 年最为糟糕,这一年退步的国家数量将近改善的国家数量的四倍。①即使如此,戴蒙德仍然不认可"第三波"民主化已经回潮的观点。在他看来,用"民主衰退"(democracy recession)概念来形容民主近年来不尽如人意的状况比较合适。他进一步指出,2006 年以来,民主衰退的趋势不断得到强化,其具体症候表现为:①民主崩溃的比率较高,且有加速趋势;②一些重要新兴市场国家民主稳定性与民主质量下降;③一些重要国家的威权主义得到强化;④包括美国在内的老牌民主国家绩效欠佳及推进海外民主努力方面的成效不高。②但即便如此,民主制度与独裁制度相比有着更为强劲的适应能力和纠错能力,民主制度的这些素质能够保证民主能够应对困难时期,除非发生 20 世纪 30 年代那种大规模的经济危机。

法国政治学家多米尼克·莫瓦希(Dominique Moisi)在回顾 20 世纪 90 年代以来的民主演化史时,指出民主在近年来的发展只能用"苦涩的胜利"这一表述来描绘。在 1990—2000 年,是凯旋的民主错失良机的十年,一方面是

---

① 参见[美]拉里·戴蒙德:《今日之民主第三波》,倪春纳、钟茜韵译,《天津行政学院学报》,2012 年第 5 期。

② See Larry Diamond, Facing up to the Democratic Recession, *Journal of Democracy*, Vol.26, No. 1, 2015, pp.141–155.

苏联的解体和欧洲的统一,造成了对民主转型有利的全球局面;另一方面,全球化的高歌猛进,导致以美国为首的西方国家将历史的接力火炬交给了以中国和印度为首的东方。而在 2000—2010 年,是民主面临恐怖文化威胁的十年。一方面,是恐怖主义在美国和欧洲滋生蔓延,西方价值观遭受到严重挑战,导致政治恐惧成为民众的集体情绪,这削弱了民主被广泛认可的价值;另一方面,恐惧文化缩小了民主制度与非民主制度之间先前存在的质的差别。①民主化的这种不温不火的状态使人感到忧虑,因为这将意味着那种将民主视为"唯一政治规则"(the only game in the town)的信念的坚定性必然遭受质疑,从而增加了民主化逆向发展的风险。

　　民主化反向运动的显著性导致民主经验研究的方向发生了某种偏移,即有的学者发现与研究特定国家为什么会出现民主转型相比,民主政体为什么在有的国家发生崩溃更加重要。因为民主的正向转型和逆向运动从经验上看都非常显著,但是民主的崩溃对民主化的破坏作用的重要性要甚于民主化正向转型的价值。为此,查尔斯·蒂利(Charles Tilly)就发出警告:"一旦一个政权进入了民主化和去民主化的不稳定的地带,大体上来说,离开民主的运动(伴随着更少大众参与并且处于更大的精英影响下)比走向民主的运动发生得更加迅速。"②作为长期关注民主运行的"民主促进派"专家,戴蒙德系统考察了自"第三波"以来的民主失败现象。根据统计,如表 1-3 所示,在 1974—2006 年间,有 20 个国家在民主政体与非民主政体之间钟摆摇动,其中 8 个国家经历了民主失败以后又重新回到了民主国家的行列,而剩余的 12 个国家则到 2006 年为止也没有回归民主体制。戴蒙德还发现,在 1999年以前,民主失败的发生还相对较少,而此之后,民主失败不仅大面积爆发,

---

　　① 参见[法]多米尼克·莫瓦希:《民主的苦涩胜利》,载[俄]弗拉基斯拉夫·伊诺泽姆采夫主编:《民主与现代化》,徐向梅等译,中央编译出版社,2011 年,第 82~93 页。

　　② [美]查尔斯·蒂利:《民主》,魏洪钟译,上海人民出版社,2009 年,第 43 页。

而且这些民主失败的国家无一回到民主体制。[①]

表 1-3 "第三波"中的民主失败(1974—2006 年)

失败模式	失败的数量	占所有第三波民主国家的比例	失败国家和年份(以及恢复年份)
失败后又回归民主体制	8	5.7	印度,1975(1977) 土耳其,1980(1983) 加纳,1981(2000) 尼日利亚,1983(1999) 泰国,1991(1993) 秘鲁,1992(2001) 莱索托,1994(2002) 赞比亚,1996(2001)
失败后截至 2007 年没有回归民主体制	12	8.5	黎巴嫩,1975 斐济,1987 苏丹,1989 冈比亚,1994 巴基斯坦,1999 吉尔吉斯斯坦,2000 俄罗斯,2000 尼泊尔,2002 尼日利亚,2003 委内瑞拉,2005 泰国,2006 所罗门群岛,2006
总计	20	14.2	

相关研究也表明,民主崩溃更容易发生在民主转型的初期。根据伊桑·B.卡普斯坦(Ethan B. Kapstein)和南森·康弗斯(Nathan Converse)对 1964—2004 年民主崩溃事件的统计,在这期间民主崩溃共出现了 54 次,其中有的国家经历过 2 次以上的民主崩溃。"在这些以逆转告终的案例中,民主经历平均的持续时间低于 6 年。对于没有成功进行民主化的国家来说,在头 5 年失败的国家大概占 68%,在头 10 年失败的国家大概占 84%。实际上,1960 年

---

① 参见[美]拉里·戴蒙德:《民主的精神》,张大军译,群言出版社,2013 年,第 60~61 页。

以来的所有新兴民主化国家大概有四分之一在转型的头两年就失败了。"①
国内学者包刚升的统计同样证实了转型初期民主政体的脆弱性。他将1962
年以前就启动转型的国家（许多国家还被认为是老牌民主国家或成熟民主
国家）纳入统计范围后发现，即使在这些民主制度看似比较稳定的18个国
家中，到2009年为止也经历了27次民主政体的崩溃。到目前为止，大国民
主转型的历史表明，一个国家从威权政体向民主政体转型平均要经历1.5~
1.7次的民主崩溃。②由此可见，民主崩溃与民主转型来回往返之间的变奏对
于一些转型社会而言是一个难以绕开的难题，因此民主如何维持和巩固下
来显然比民主的转型任务更加繁重。

当前，越来越多的学者加入了关于民主衰退的讨论。其中有的学者十分
明确地表明，民主体制已经进入到衰败时期。如美国学者乔舒亚·柯兰齐克
（Joshua Kurlantzick）指出民主的衰败并不是孤案个例，而是一种普遍性的全
球现象。他强调，西式民主正在全球范围内遭遇大撤退，西式民主非但不能
解决西方社会所面临的各种社会问题，还将冲突和斗争引入了第三世界国
家。更令人感到意外的是，在西方，中产阶级已经从民主的经典作家所认为
的民主的推动者成为抵制民主的主要力量。因此，在中产阶级看来，民主已
经变质为寡头政治的玩偶和工具。柯兰齐克的依据是各大民主测量机构提
供的分析数据。比如，"自由之家"通过数据说明截至2012年，全球自由程度
已经连续7年下滑；《经济学家》的"民主指数"也说明，2010年全球所有地区
的民主程度平均得分都低于2008年，在被调查的167个国家中，91个国家

---

① 转引自包刚升：《民主崩溃的政治学》，商务印书馆，2014年，第12页。
② 这18个国家是：英国、法国、美国、阿根廷、加拿大、意大利、德国、巴西、日本、波兰、西班牙、
菲律宾、土耳其、印度、巴基斯坦、韩国、印度尼西亚和尼日利亚。参见包刚升：《民主转型的周期律：从
启动、崩溃到巩固》，《二十一世纪》，2012年2月号。

的民主状态出现不同程度的恶化。①托马斯·凯若瑟斯(Thomas Carothers)考察了"第三波"中被卷入民主化浪潮的国家之后的命运,发现实际上只有不到20%的国家渡过了民主转型的危险期,而其他国家则重新回到了威权时代。②除此之外,民主与一系列具有消极意义的动词联系在一起被用来形容近年来民主所遭遇的困境,这些类似的表达包括:民主回落(democratic rollback)、民主垮台(democratic collapse)、民主失败(democratic failure)、民主溃败(democratic meltdown)、民主崩溃(democratic breakdown)、民主毁灭(democratic destruction)、民主缩减(democratic diminution)、民主萎缩(democratic atrophy)、民主腐蚀(democratic erosion)、民主恶化(democratic deterioration)、民主逆流(democratic setback)、民主逆转(democratic reversal)、民主衰落(democratic decline)、民主衰退(democratic recession)、民主回潮(democracy in retreat),等等。③令人感到有趣的是,这种现象让人想起了那些在"威权"一词加上具有积极意义的词语用来形容威权政体的生命力和适应性的做法,这些词语包括"竞争性威权主义""韧性威权主义""选举型威权主义""法治威权主义"等。

查理斯·罗斯(Richard Rose)和辛道辙曾经指出,摆在民主转型国家面前的道路主要有三条:一是民主因为实现善治而达到巩固,二是民主因为无法

---

① See Joshua Kurlantzick, *Democracy in Retreat: The Revolt of the Middle Class and the Worldwide Decline of Representative Government*, New Haven: Yale University Press, 2013.

② See Thomas Carothers, The End of Transition Paradigm, *Journal of Democracy*, Vol.13, No.1, 2002, pp.5–21.

③ 中文文献中关于民主衰退的相关文献参见陈尧:《理解全球民主衰落》,《复旦学报》,2015年第2期;陈尧:《民主衰落研究的兴起》,《江海学刊》,2016年第2期。关于民主的亚类型学及其词语创新的研究参见[美]斯蒂芬·列维托斯基、大卫·科利尔:《"带形容词"的民主:比较研究中的概念创新》,欧阳亮、辛伟刚译,《经济社会体制比较》,2006年第4期。

应对危机而转向威权,三是民主因为无所作为而陷入低水平民主陷阱。[①]前一种情况被看作民主转型的理想状态,但是可遇不可求;后两种状态表明民主已经进入一种衰退状态,即要么回归到转型前的威权状态,要么徘徊于要死不活的低效民主状态。事实上除了那些较为平稳地实现了民主巩固的国家之外,大部分进入民主转型困境的国家都出现了民主质量的下降,反映到政体层面上就出现了大量的不合格的民主体制:有的国家保留了选举制度,但是无法实现公平选举;有的国家选举在政治生活中只是徒具其表,权力运行的机制依然是威权主义的;有的国家民主机制是在威权政治的监督下或指导下才能进行:有的国家干脆就毫无政治秩序可言,但是表面上的民主制度却保存完好。

根据贝塔斯曼基金会提供的数据(该基金会两年发布一次民主指数),如表1-4所示,从2006年至2014年,“有缺陷的民主”和“严重缺陷的民主”占比加在一起几乎是“巩固的民主”的3倍,而还有为数不少的国家属于“温和威权”和“高度威权”的行列。[②]

表1-4 近年来全球不同类型政体的比例变化

	2006年	2008年	2010年	2012年	2014年
巩固的民主	17%	18%	18%	18%	16%
有缺陷的民主	37%	34%	29%	30%	32%
严重缺陷的民主	4%	8%	13%	10%	11%
温和威权	13%	10%	17%	16%	16%
高度威权	29%	30%	23%	26%	25%

资料来源:根据贝塔斯曼基金会公布的政体类型比例进行整理。

在《经济学人》2015年度的民主指数报告中,全球民主质量令人焦虑。报

[①] See Richard Rose, Doh Chull Shin, Democratization Backwards: The Problem of Third–Wave Democracies, *British Journal of Political Science*, Vol.31, No.2, 2001.

[②] 参见陈尧:《理解全球民主衰落》,《复旦学报》,2015年第2期。

告指出,在战争、恐怖主义、难民危机等的冲击下,全球民主在 2015 年正经历着一系列严峻挑战。在 167 个国家或地区中,与 2014 年相比,61 个国家或地区的民主评分得到了改善,56 个国家出现恶化,50 个与上年度持平。从数量上看,相比上一年度,"完全民主国家"由 24 个降为 20 个,"有瑕疵的民主国家"由 52 个上升为 59 个,"混合政体或独裁政体国家"的数量则变化不大。[①]

当然,也有学者认为没有必要为民主转型出现的波动(他们不承认所谓的民主衰落)感到担忧,因为从长时间段来看,民主依然会有美好的明天。如果将近年出现的民主衰落置于整个"第三波"以来的时段中可以发现,民主发展呈现出较稳定的态势,暂时性的民主回落没有改变全球民主深化发展的长期趋势,作为一种潮流的民主逆转(democratic reverse wave)并未出现。[②]斯蒂文·列维茨基(Steven Levistsky)和卢·威(Lucan A.Way)认为,所谓的民主衰退只是一个"神话",在经验世界中缺乏足够的证据支撑。[③]但是综合来看,民主转型的困境确实在许多发展中国家表现明显,甚至是资深的民主国家也遭遇了民主举步维艰的困局,再加上近年来"阿拉伯之冬"和乌克兰危机的现实性冲击,可以说民主在当下正在遭受自"第三波"以来前所未有的考验。因此,在"第三波"民主化所带来的繁荣表象背后,民主将继续迎来怎样的前景? 这一问题值得叩问每一位关心民主和被民主所影响的公民。

---

① 参见赵卫涛:《"民主指数"背后的傲慢与偏见》,《红旗文稿》,2016 年第 20 期。

② See Wolfgang Merkel, Revisiting the Democratic Rollback Hypothesis, *Contemporary Politics*, Vol.16, No.1, 2010, pp.17–31.

③ See Steven Levistsky, Lucan A.Way, The Myth of Democratic Recession, *Journal of Democracy*, Vol.26, No.1, 2015, pp.45–58.

第三节　投票逻辑的构建与批判

现代社会的人几乎不假思索地接受一种观点：民主就是选举，选举就是投票。这种观点将民主的逻辑简化为投票的逻辑，民主制度确立为关于投票的制度。如果放到民主发展的理论脉络里看，这种观点是经不起推敲的。它之所以成为当前许多人头脑中的金科玉律，原因在于当今世界还处在资本主义占主导的时期，投票的逻辑随着资本主义的兴起而深入人心，并且在民主化浪潮中被普世价值化。在18世纪末以降的欧洲，基于资本主义生产关系和资产阶级革命的现代民主迅猛发展，致使欧洲人将现代民主意识形态化，以为只有欧美式的民主才具有普世性，才是唯一正确或正宗的民主，并且顺带衍生出一种罔顾事实、非常片面的自由民主观。

从民主的原初意义上讲，民主即人民的统治。谁是人民？如何统治？这是两个基本问题。前者主要解决的是民主权的主体问题，后者主要解决的是民主权的行使问题。在这两个问题上，古典的民主与资产阶级的民主都有不同的理解。古典的民主主要将民主权的主体视为具有公民权的、有德性的社会成员，这主要是一个由政治伦理界定的群体；资产阶级的民主权一开始严格限制了范围，在洛克时代被确定为具有一定财产资格的白人男性，因此主要是一个由经济地位决定的（也包含着种族和性别因素）的社会群体。后来在工人阶级追求政治解放的过程中，资产阶级被迫扩大了民主权的范围，财产资格、性别和种族因素被突破，广大社会成员成为具有民主权的主体。在民主权的主体层面逐步扩大的同时，民主权的行使方式却在缩减。在古典的民主制那里，民主权的行使是多种方式的，包括辩论、呼喊、抽签、举手、鼓掌、选举等多种方式，投票虽然也被运用，但绝不是最主要的方式。甚至古典民主制还十分担忧投票选举带来的问题。西方政治学的鼻祖亚里士多德就很不赞成投票选举的方式来决定公共事务。他说:"拈阄(抽签)素来被认为属于平民性质,选举法则属于寡头性质。"①在亚里士多德看来,如果经常用投票选举的方式来决定众人之事,那么这个政体就会逐渐堕落为寡头政体,成为与普通公民无关的恶的政体。这种观点在历经数千年后,得到了法国思想家孟德斯鸠的呼应。孟德斯鸠亦如是说:"用抽签的方式进行选举是属于民主政治的性质。用选择的方式进行选举是属于贵族政治的性质。"②对此,卢梭进一步解释道:"孟德斯鸠说:'以抽签来进行选举,乃是民主制的本性。'我同意这种说法……如果我们能注意到选举首领乃是政府的一种职能,而并不是主权的一种职能,那么我们就可以看出为什么抽签的办法最具有民主制性质,因为在民主制那里,行政机构的行为愈少,则行政机构也就愈好。"③也就是说,即使是在资本主义发展的前期,投票选举也没有被认为是唯一的民主制。相反,与投票相比,抽签一直被视作最能体现民主特性的决策形式和统治方式。抽签是一种随机选择的机制,而"选举往往导致富人和特权阶层享有过多代表权,而穷人和弱势公民则得不到充分代表,抽签从候选人库中随机遴选,每个人都有被选中的平等机会,可以矫正这种民主的缺陷"④。所以在很长一段时间里,抽签作为一种民主机制,受到古希腊民主的厚爱。

马克思主义的观点认为,不管是抽签还是投票,其关键差异并不在于形式,而在于决定这种形式的经济基础。马克思就指出:"选举是一种政治形式,在最小的俄国公社和劳动组合中都有。选举的性质并不取决于这个名

---

① [古希腊]亚里士多德:《政治学》,吴寿彭译,商务印书馆,1996年,第201页。

② [法]孟德斯鸠:《论法的精神》(上),张雁深译,商务印书馆,1982年,第1页。

③ [法]卢梭:《社会契约论》,李平沤译,商务印书馆,1994年,第142页。

④ [美]亚历克斯·扎卡拉斯:《抽签与民主代表:一个温和建议》,欧树军译,《开放时代》,2012年第12期。

称,而是取决于经济基础,取决于选民之间的经济联系。"①恩格斯对古希腊民主晚期向贵族制转变的评价时也指出:"巴赛勒斯一职已经废除;国家首脑人物已由贵族中所选出的执政官来充任。贵族的统治日益加剧,到了公元前600年前后,已经变得令人不能忍受了。"②抽签立足的是一种在经济地位上无关重要的德性相近的候选人之间的选择,每个人都有被选中的机会,未被选中的可能也是平均分布的。而投票则把经济地位纳入关于候选人的抉择之中,因为有权势的经济精英更有能力影响人们的投票选择。这样,选民的投票倾向就不可能是随机分布的了,候选人之间由于运用经济资源实现政治诉求的能力存在差异,便对选民的投票偏好形成了干扰甚至是控制。也就是说,抽签产生的是真正的民主制,而投票选举产生的则是有限民主的精英政治。正如伯纳德·曼宁(Bernard Manin)所言,投票选举本身就具有贵族性和平民性两种属性:一方面,作为投票人,投票的权利是平等,每个人都可以选择他所希望(或不反感)的候选人;另一方面,作为候选人,由于社会资源禀赋及其运用能力的差异,候选人之间又是不平等的,产生的结果必然又不可能是民主的。③

那么投票是如何成为一种主流的民主机制的呢? 王绍光认为,最可能的原因恐怕是,选举比抽签更有利于维护社会精英阶层的利益。这主要体现在三个方面。第一,当政者的候选范围不一样。在抽签制下,所有公民都是候选人,都有可能当选;在选举制下,只有正式候选人才有机会当选,而正式候选人的数目无论多大都只是公民的极小一部分。第二,影响当选的因素不一样。抽签制是完全公平的,选举制下则受到普选的程度、选举制度的设计、选

---

① 《马克思恩格斯文集》(第三卷),人民出版社,2009年,第406页。

② 《马克思恩格斯文集》(第四卷),人民出版社,2009年,第128页。

③ See Bernard Manin, *The Principles of Representative Government*, Cambridge: Cambridge University Press, 1997, p.149.

区的划分、参选人数及各自的支持度,以及候选人占用的资源与竞选策略的影响。第三,当选人的性质不一样。抽签制让所有人都有平等的从政机会,选举制则有利于经济和知识精英,把穷人、"笨人"排斥在外。[①]对此,约翰·麦考米克(John McCormick)也写道:"选举是这样一种官员选拔方式:它直接或间接有利于富人,阻碍公共官职在所有社会经济背景的公民中间更平衡的分布。"[②]也就是说,投票选举是一种倾向于精英统治的政治制度,存在着被资本主义化的可能。

既然投票逻辑内含着被资本主义化的可能,那么大众民主就由此找到了一种可以与资本主义政治融合的机会。在资本主义发展阶段,资本主义时刻受到工人阶级解放运动的压力,迫使资本主义政治的权力进一步下沉。在这种情况下,资本主义政治既要维护整体意义上的资本利益,又不得不向民众开放政治空间以减缓政治压力。显然,投票民主比其他形式的民主更能实现这一点。在投票选举面前,经济地位与经济影响变得重要了。这种投票民主既在形式上满足了公民抽象意义上的选举权,又把公民通过选举来剥夺资本财产的可能性大大降低了。以此,资本主义政治找到了一种可以接受的民主制度形式。再加上二战后,作为资本主义大本营的美国将选举民主"普世价值化",对民主进行了长期有效的"意识形态投资",把以投票为基础的选举型民主改造为干涉他国内战、促进他国政权更迭的制度工具。民主的投票逻辑也就随着"第三波"的扩展,不仅被持续不断地生产出来,而且传播开来,貌似一种政治常识。经过这些卓有成效的改造,民主的丰富内涵既在国内政治框架内,又在国际政治制度范围内被限制住了。

联系古典民主制与资本主义民主制,一个令人吊诡的现象出现了:民主

---

① 参见王绍光:《民主四讲》,生活·读书·新知三联书店,2008 年,第 53~54 页。

② John McCormick, Contain the Wealthy and Patrol the Magistrates: Restoring Elite Accountability to Popular Government, *American Political Science Review*, Vol.100, No.2, 2006, p.148.

主体范围的扩大是以民主质量的下降为前提的。而且随着民主被限定在投票选举制的程度上,我们关于民主的想象力也正在枯竭。近年来,资本主义民主制存在的问题也引起了民主理论家对投票选举的民主制的反思。其中一个显著的例证就是,抽签重新回到了学术研究者的视野(如图1-1所示)。

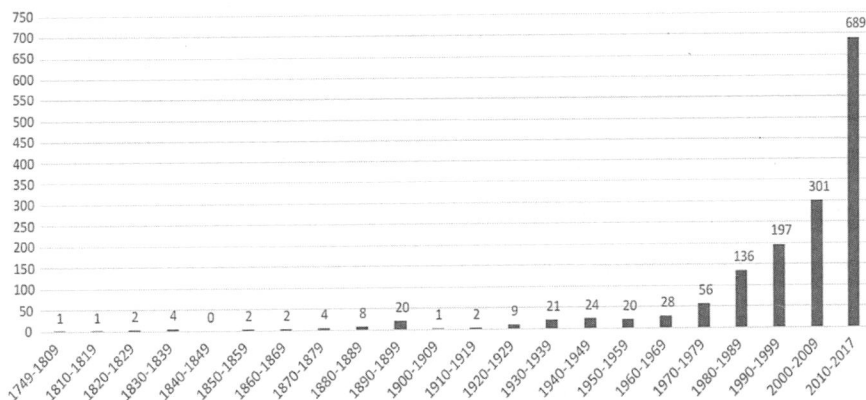

图1-1　与抽签(Sortition)相关的学术出版物数量(1749—2017年)

资料来源:转引自王绍光:《抽签与民主:释放对民主理念实现方式的想象力》,《经济导刊》,2019年第2期。

　　另一个研究趋势是随着现代代议制民主出现的危机,人们开始追溯民主制的历史,通过还原民主的本初内涵来批驳关于现代民主的错误观念。曼宁在其著作的开篇之处,就旗帜鲜明地指出:"当代民主制度源自一种政府组织形式,而这种组织形式的奠基者意在用它来与民主制分庭抗礼。"[1]比利时学者达维德·范雷布鲁克(David Van Reybrouck)也谈到了他在大学读书期间听到维尔丹(Verdin)教授在讲述古希腊民主时的情景,在那一次授课中他才第一次弄清楚了现代的选举民主并不民主这一事实。他告诉我们,"那些将选举等同于民主的人都错了,相反,选举是反民主的,它创造了一个与选

---

① Bernard Manin, *The Principles of Representative Government*, Cambridge: Cambridge University Press, 1997, p.1.

民脱节、不受选民信任的'贵族阶层'"①。这些研究者毫无例外地强调了现代民主有悖于民主这一事实,并且给出了历史追溯性解释。

这种学术研究的新趋势表明,人们已经对投票选举型民主表现出来的状况感到不满意了。投票选举型民主越来越发展为有权势的少数人的游戏,民主选举也逐渐成为一种营销技术。美国明尼苏达州民主农民劳动党中央委员会主席肯·马丁(Ken Martin)就坦言:"通常来讲,在美国是由那些收入水平较高、教育程度良好的人来决定最终的选举结果……例如你说你最关心的是环境问题,我们就会告诉你我们的党派、我们的候选人在这个问题上将如何代表你的利益,如何比其他党派做得更好,等等。我们将这称为'说服投票者'。现在,我们大约雇佣了十个人,他们会一户一户地去敲门,与选民们沟通,去努力说服他们。所以,我们党的核心任务,就是帮助我们党的候选人在竞选中取得优势。"②普沃斯基直接就指出:"个人投票行为是政党活动的一个结果。"③民主从古典形态到现代资本主义化的转变,使得政治生活的意义也随之发生了变化。"投票也就完成了自身的工具化进程,成为政治体系当中重要的政治实现工具,普通民众越来越执着于投票活动而放弃对于社会改革的密切关注,政治家也从具体的经济目标和远大的社会理想中脱离出来,把投票的胜利视为政治活动的主要方面,甚至是决定自身政治生命的唯一途径,投票因而日益成为民主制度的重要组成部分。"④而所谓的选举民主的政治过程,不过表明"现代代议制民主与其说是通过选民投票决定候

① [比利时]达维德·范雷布鲁克:《反对选举》,甘欢译,社会科学文献出版社,2018年,第60~81页。

② 赵忆宁:《探访美国政党政治——美国两党精英访谈》,中国人民大学出版社,2014年,第180~181页。

③ [美]亚当·普热沃尔斯基:《资本主义与社会民主》,丁韶彬译,中国人民大学出版社,2012年,第110页。

④ 廖维晓、王琦:《民主技术的演进——从辩论、投票、选举、媒介到网络》,《社会主义研究》,2011年第2期。

选人,不如说是一些'凯撒式'的政治精英通过'蛊惑煽动'来招募追随者"①。所以当前把选举民主视为唯一的民主制度,无疑是一种错误的认知和出于意识形态需要的理论渲染。

① 王绍光:《民主四讲》,生活·读书·新知三联书店,2008年,第68页。

第二章　投票机制及其代表性困境

　　投票制度是现代民主政治的最基本要素之一，它决定着政府如何形成、议会如何组织，以及公共领域如何决策、社会权威性资源如何分配等重要问题。投票制度与选举制度、政党制度、决策体系直接相连，其中的复杂烦琐性已经成为"民主工程学"的基本内容。因此，选民的选票在民主政治中到底有没有起到作用？为什么民主政府经常作出一些与众多选民意志相左的公共决策？为什么有些具有强烈诉求的选民偏好被忽略掉了？对于这些问题的思考，就是投票制度的代表性所要回答的核心问题。我们认为，投票选举的代表性受到选举制度、选民理性和投票行为的三重约束。在这一部分，我们将分别探讨选举制度的差异、选民理性的限制和投票行为模式对投票机制代表性的影响。

　　首先，关于选举制度，我们先回到一个一般的、抽象的、数理的逻辑问题，即民主投票在多大程度上能够反映选民的意志？当前，民主国家的投票制度主要分为多数制、比例制和混合制三种制度，这三种制度的投票规则存在较大的差异，但是都面临着政党与候选人的分离、选票与议席的分离、政府有效性与议会代表性的分离这三种情况。

其次,投票机制无时无刻都面临着选民理性的考验。公共选择理论已经详细分析了各种情况的投票悖论,表明聚合式投票并不能形成选民意志的"帕累托最优",否定了选票的理性算计与民主投票的偏好表达性功能。

最后,选民在表达意志时,多重社会因素的干扰直接影响着选民的收入水平和宏观经济状况能否在投票行为中得到充分体现。我们发现,伴随着经济不平等的发展,阶级投票和经济投票在选民投票行为的构成中却逐渐式微,限制了选民改善收入状况的诉求在政党政治中的有效传递,使得投票行为和社会阶层再分配之间的关联性进一步降低。

这些都指向了一个共同的结果:所谓自由民主的投票机制存在着严重的代表性困境。以投票选举作为民主的核心,最多只是为民选政府的存在及其政策寻求某种论证,但是选民如果寄希望于通过选票来改变社会收入状况,那就类似于在沙滩上盖一座大厦一样缺乏根基。

第一节　多数制、比例制和混合制的比较分析

在公共领域,世界上到底存在多少种投票制度? 这是一个十分复杂的问题。一般而言,投票制度涉及三个基本性因素:一是选举公式,即选票如何换算成席位? 如何计算和确定选票的权力配置? 二是选区划分,即按照什么样的原则来划分具体进行投票的选区? 每个选区的规模如何确定? 每个选区的当选名额如何来确定? 三是选票类型,即是"类别选票"(categorical ballots)还是"排序选票"(ordinal ballots)前者是选民对候选人进行排他式的投票,后者则是对候选人进行由强到弱的偏好排序。[1]从理论上,这三种要素的排列

---

[1]　See Douglas W. Rae, *The Political Consequences of Electoral Laws*, New Haven: Yale University Press, 1973.

组合可以形成足够多的投票制度。目前,对于各种投票制度的划分,学术界也没有统一的共识。我们暂且不考虑各种细致入微的划分方法和烦琐精致的改良版本,主要考察多数制、比例制和混合制这三种大的投票制度(实际上许多具体的投票制度都是这三种投票制度的子类型)。

如图 2-1 所示,世界各国的投票制度可以划分为多数制、比例制和混合制三种,其中实行多数制的国家占据多数,如英国、法国、美国、印度、加拿大、澳大利亚等;实行比例制的国家也不在少数,如比利时、韩国、丹麦、以色列、意大利等;而混合制是近年来一些国家投票制度改革的方向,它混合了多数制和比例制的成分,体现着对原有投票制度的改良,比如日本、德国、爱尔兰等。当然,这些投票制度的划分也不是绝对的,有时候同样是多数制国家之间,其计票方式、当选门槛和选举公式的差异甚至比比例制国家的差异还要大。当然,对于许多国家而言,不同层级和范围的选举适用于不同的投票制度,因此也存在一个国家多种投票制度并存的情况。①

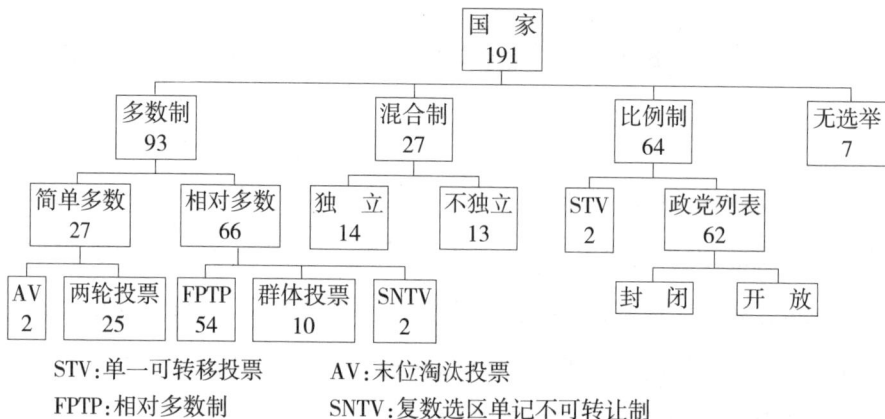

STV:单一可转移投票　　　　AV:末位淘汰投票
FPTP:相对多数制　　　　　　SNTV:复数选区单记不可转让制
图 2-1　世界各国各种投票制度及其数量分布
资料来源:王绍光:《民主四讲》,生活·读书·新知三联书店 2008 年,第 156 页。

① 巴西就有三种不同的选举制度。总统选举、州长选举以及至少拥有 20 万人口城市的市长选举,均是由选举的绝对多数票决出。参议员选举和人口不足 20 万城市的市长选举,则实行简单多数制。联邦与州的议员选举以及地方议会议员的选举实行公开名单的比例代表制。参见巴西综合性信息网站:lanic.utexas.edu/la/brazil。

多数制,也称多数决,就是多数当选的投票规则,又包括简单多数和相对多数两种。从表面上看,多数制符合少数服从多数的基本原则,因此被很多人看作民主的决策方式。但是实际上,多数决定的理想状态很少出现,经常出现的则是少数人决定的现象。比如,在两位候选人的极端情况下,候选人 A 获得 51% 的选票,而候选人 B 获得 49% 的选票,表面上看候选人 A 具有更高的代表性,但是 A 当选后实际上损害了 49% 的利益。另外,对于候选人 A 而言,51% 的赞成票对 49% 的非赞成票,两相抵消之后实际上是 2% 的人决定了最终的选举结果。这样,就很难说候选人 A 的当选是充分民主的。如果是多位候选人的情况下,都没有超过 50% 的当选门槛,不管是两轮投票还是排名淘汰投票(又称选择投票制)都难以产生令人满意的结果。两轮投票,就是对排名高的两位候选人进行重新投票(排除其他候选人),假设候选人 A 在首次投票中获得 35% 的选票,候选人 B 获得 34% 的选票,候选人 C 获得 31% 的选票,那么根据两轮投票的规则,候选人 C 被排除,那么最后不管是谁当选,也会有很大部分的选民意志得不到体现。

这种情况在 1993 年法国国民议会选举和 2007 年法国总统选举中就曾出现过。如果进行排名淘汰投票,选民对候选人进行排序,在第一顺位无法当选的情况下,末位被淘汰的候选人将其选票上第二位候选人的票数分给其他候选人,以此类推,直至确定出当选者,这样也存在一些第一顺位排名并不占优势的候选人因此而受益的情况。[1]比如美国长期采取的投票制度"是'相对多数票获胜'的办法,也就是说,票数最高的人获胜,不管他得到的票是否超过半数。这种办法明显不够民主……近年来,改革者开始推行排序投票制……在体现民主方面,排序投票制具有明显优势……但有人也指出

---

① See Nils-Christian Bormann & Matt Golder, Democratic Electoral Systems around the World, 1946-2011, *Electoral Studies*, Vol.32, No.2, 2013.

其中缺陷,特别是整个过程相当复杂,对于不太了解内情的选民来说尤其如此"①。在相对多数制之下赢得选票的困难,使得选民的策略行动更加明显,即不会为那些注定落败的政党投票,尽管他们更喜欢那个注定落败的党,而非那些表现出众、地位稳固的竞争者。

比例选举制指的是各候选人及各党派根据所获得选票的数量来按照比例分成的方式分配政治权力,因此它区别于"赢者通吃"的多数制,是一种"赢者有份"的选举制度。正如李帕特指出的:"在许多国家里,引进比例代表制的目的, 是为了能够实现比先前所采用的 数决定制选举方法更大的比例代表性以及更佳的少数代表权。"②当然,许多国家为了避免比例选举制所带的政党数量过于庞杂、政治权威过于分散的现象,设置了进入议会或参与决策的最低获选门槛。比例选举制这种投票规则主要分布在民族成分复杂、亚文化特征显著、区域性政治色彩浓厚的国家,在 20 世纪后被欧洲大陆国家所广泛使用。除了英国、法国、德国在外的几乎所有欧洲国家都采用比例投票制。比例制被认为是比多数制更加接近民主的价值理念,因为比例制国家赋予了少数政党和少数群体影响国家政治的权力, 这些少数派不用担心因为在初选中为获得多数选票而在政治上被忽略不计, 因此少数派选民也不被强行要求改变初选偏好来迁就其他偏好。与多数制倾向于单选区相比,比例投票制只有在复数选区才能使用,即每个选区至少是两个议席。因此,选区如何划分,这对于多数制而言直接决定着哪位候选人或哪个政党会胜出,对于比例制而言则意味着那些小党能否获得代表权。

根据不同的分类方式, 比例制可以被分为多种亚类型。从投票形式上看,主要分为"政党列表"与"单一可转让投票"两种。"政党列表"制就是政党

---

① [美]L.桑迪·梅塞尔:《美国政党与选举》,陆赟译,译林出版社,2017 年,第 20~22 页。

② [美]阿伦·李帕特:《选举制度与政党制度:1945—1990 年 27 个国家的实证研究》,谢岳译,上海人民出版社,2008 年,第 10 页。

在选举时提供本党的候选人顺序名单,选民就各个政党所提交的名单进行投票,选民实际上不能跨越政党选择候选人,因此具有一定的强制性,但是比较适合规模较大的选区和议席分配较多的选区, 能够提高选举的效率。"单一可转让投票"相对更加复杂,因为选民可以按照自己的偏好对候选人进行排序,而不受"政党列表"的限制,通过一定的计票方式确定当选门槛与选票比例后,按照当选比例再来分配议席。这样虽然减少了废票,提高了选票与议席之间的比例关系,但是操作极为复杂,效率比较低,不利于较快地产生选举结果。从计票方式上看,一般要根据议会的规模和选区的数量来确定选区规模,还要确定有效门槛。一般而言,在满足有效门槛的前提下,选票才能转化为议席,而每个选区的议席数量(即选区规模)则是由议会规模除以选区的数量来确定的。根据这些数理问题,比例代表制又演化出了多种计算公式:一种是采用最高平均法,这又包括顿特公式和圣拉葛公式,顿特公式为除数 D=S+1,圣拉葛公式为除数 D=2S+1(凡是已当选一席的政党再将总票数处于某一数字 D, 没当选的除以 1, 依次分配剩余席次,S 为已分配到的席次);另一种是最大余数法,这又包括黑尔基数、族普基数、标准的因姆皮利亚里基数和强化的因姆皮利亚里基数,黑尔基数=V/M,族普基数为 M+1 除以得票数,标准的因姆皮利亚里基数为 M+2 除以得票数,强化的因姆皮利亚里基数为 M+2 除以得票数(M 为每一选区应选之名额,V 为总有效票数)。[①]

---

① See John H. Humphreys, *Proportional Representation: A Study in Methods of Election*, London: Kessinger Publishing, 2012; Seats and Votes: Rein Taagepera & Matthew S. Shugart, *The Effects and Determinants of Electoral System*, New Haven: Yale University press, 1989; Andre Blais, The Classification of Electoral System, *European Journal of Political Research*, Vol. 16, 1988; Amel Ahmed, *Democracy and the Politics of Electoral System Choice: Engineering Electoral Dominance*, Cambridge: Cambridge University Press, 2013; Josep. M. Colomer, *The Handbook of Electoral System Choice*, Houndmills: Palgrave Macmillan Press, 2004; Remo Zancella, The Maltese Electoral System and Its Distorting Effects, *Electoral Studies*, No. 9, 1990.

第三种投票制度是混合制，即包含了单选区多数制与比例选举制两种特征的选举制度。混合制的出现与运用被看作近年来许多国家对传统投票选举制度进行改革的产物，自 1990 年以来，混合选举制在很多国家成为潮流，包括德国、日本、匈牙利、立陶宛、格鲁吉亚、委内瑞拉、韩国、菲律宾、玻利维亚、新西兰、墨西哥、突尼斯、喀麦隆等国，这其中既包括在传统的多数制体制下对选举制度进行的提高比例代表性的改革，也包括在传统的比例制体制下对选举制度进行提高政府稳定性的改革，还包括那些还在探索合适选举制度的苏联东欧国家。[1]也就是说，有的混合制是偏向多数制的，有的则偏向比例制。这两种模式以德国和日本的选举制度体现得最为明显。为了可以避免魏玛政党体制的碎片化，并确保代表对其选区负起责任，联邦德国创立了混合投票制度。在选票的一个部分中，国民投票选举一名候选人来代表他们的选区。在每个选区，获得最多选票的候选人将进入议会。在选票的另一部分，选民则是在选举某一个政党。这些第二票将在全国范围内加总，从而确定每个政党的民众选票得票率。政党所得第二票的比例决定了它在联邦议院中的代表总数。每个政党都获得了附加的席位，这样一来，其选区候选人和政党席位相加后所占的议席百分比，就等于其所得第二票的百分比。这些席位按照各州政党准备的名单分配给政党代表。联邦议院的半数议员是以选区代表身份当选的，另一半则是作为政党代表当选的。[2]

而在日本 1993 年"五五体制"终结以后，1994 年开始混合选举制改革。混合选举制主要体现在众议院和参议院层面，两院使用不同的选举规则。其中权力更大的众议院选举规则的改变最大，在 1947 年至 1993 年，日本众议

---

① 参见何俊志：《混合选举制的兴起与当代选举制度的新发展》，《经济社会体制比较》，2007 年第 6 期。

② See Russell Dalton & Willy Jou, Is There a Single German Party System? *German Politics and Society*, Vol.28, 2010; Christopher Anderson & Karsten Zelle, eds., *Stability and Change in German Elections*, Westport, CT: Prager, 1998.

院一直实行单记不可转让制(SNTV),1994 年开始进行新规则的改革。按照新规则,众议院共有 480 个席位,其中 300 个席位按照单一选区制产生,另外 180 个席位按照比例制产生。每位选民要投两张票,一张是投给单一选区的候选人,另一张则是投给比例选区的政党。新规则的关键性后果是消除了党内竞争,同一政党的候选人无须互相竞争议席,而竞争主要发生在政党之间。单一选区制度的实施导致了另外一个严重的后果,就是两党制的发展,诚然比例代表制的存在还是保障了一些小党的生存,但是它们仍然不可避免地从单一选区消失了,在单一选区只有大党才有获胜的真实可能。而且民主党的新政府进一步削弱了比例代表制产生的议席数量,因此两党政治得到进一步巩固。而选民在选举参议院时同样有两张选票,一张选票按照单一不可转让制投给每个候选人,另一张选票依照比例代表制投给政党。不同于众议院的新规则,参议院选举中的候选人不能同时出现在两个名单里面。2011 年选举时,比例代表制层面的选举又由封闭式名单变成了开放式名单,改革的一个政治后果就是再次激活了党内竞争,候选人必须进行党内竞争才能获得足够多的提升自己在党内排名的选票。[①]由此可以看出,混合制选举改革的目的在于改善本国的政党政治结构,德国着重在避免碎片化的前提下增强政党的代表性,而日本则重在形成强势政党主导政局的结构。

投票选举制度是现代代议制民主的基础,原因在于投票制度决定着政治权力的分配、政党政治的结构与状态和公共政策的效果等。基于此,兴起于 20 世纪 60 年代的行为主义科学将选民的投票行为作为重要的研究内容,正是为了迎合这种选举政治的需要。在实际的政治过程中,多数制、比例制与混合制在实现民主代表性方面存在着不同程度的困境,这些困境表明

---

① 参见周杰:《日本选举制度改革探究》,社会科学文献出版社,2012 年;Gary W. Cox & France M Rosenbluth & Micheal F. Thies,Electoral Rules,Career Ambitions,and Party Structure:Comparing Factions in Japan's Upper and Lower Houses,*American Journal of Political Science*,Vol.44,No.1,2000。

现代代议制民主要想顺利运转起来,就很难满足选民的投票偏好,从而使得选民意志与最终的政治结果之间存在不可克服的抵牾。三种选举制度主要在三个层面存在优势或劣势:

(一)有效政党的数量

法国学者莫里斯·迪韦尔热(Maurice Duverger)曾经提出过著名的选举制度决定政党制度的法则,他强调相对多数制容易导致产生两党制结构,而比例代表制则容易形成多党制政党结果,两轮绝对多数选举制则容易出现政党联盟的现象。[①]也就是说,多数制、比例制与混合制三种制度的差异表现在是否鼓励有效政党方面。有效政党,即在政党权力竞争中具有实质性竞争能力的政党,而非在政治上无关紧要的政党。一般而言,有效政党数计算公式为

$$N = 1/\sum Si^2$$

其中:N 为有效政党数,Si 为第 i 个政党拥有席位的比例。[②]

根据表 2-1 所示,相对多数制产生的有效政党最少,绝对多数制次之,混合选举制居中,而比例代表制最容易产生数量足够多的有效政党。

---

① See Maurice Duverger, *Political Parties: Their Organization and Activity in the Modern State*, London: Methuen, 1964. 后来,"迪韦尔热法则"受到许多研究者的关注,他们从多个方面证伪或证实了该法则的经验性结论,并对该法则进行了发展。其中以威廉姆·莱利(William Riker)和乔万尼·萨托利(Giovanni Sartori)的研究最为著名。See William Riker, Two-Party System and Duverger's Law: An Essay on the History of Political Science, *American Political Science Review*, Vol.76, 1982; Giovanni Sartori, The Influence of Electoral Systems: Faulty Laws or Faulty Method? in Grofman Bernard and Arend Lijphart (eds.), *Electoral Laws and Their Political Consequences*, New York: Agathon Press, Inc, 1986, pp.43–68.

② See Laakso, Markku and Rein Taagepera, Effective number of parties: A Measure with Application to West Europe, *Comparative Political Studies*, Vol.12, No.1. 1979.

表 2-1　不同选举制度导致有效政党数量的对比

	相对多数制	绝对多数制	混合选举制	比例代表制
李帕特(1994)	2	2.8		3.70(顿特式) 3.29(德鲁普式) 3.46(黑尔式)
诺里斯(1997)		3.1	3.9	4
诺里斯(2004)	2.42		3.54	4.45

资料来源:周健勇:《日本混合选举制改革以来的政党体制变迁及其可能走向》,《中共浙江省委党校学报》,2016 年第 4 期。

这是因为,相对多数制的选举规则实际上强化了传统政党的势力,新兴政党、弱小政党很难在这种选举规则下获得政治权力。在现实选举中,相对多数制很容易导致少数派当选这种情况, 因为候选人不需要获得超过半数的选票。随着选民意志的分裂,也几乎不可能出现候选人在初次选举时就会出现过半数的情况。那么在这种情况下,如何划分选区和候选人如何配置就显得尤为重要了。美国政坛出现的著名的"格里蝾螈"选区划分,以及法国第五共和国时期戴高乐了防止法国共产党在大城市当选而人为分割选区的例子表明, 相对多数制由于将选票与候选人及其背后的政党明确联系在一起,很容易出现强势政党操纵选举的情况。日本学者渡边靖就指出,美国的选举制度"由于采用了小选区制度,两大政党意外的候选人要想获取最多票数简直比登天还难。特别是在总统选举中,因为采用的方式是各州(内布拉斯加州和缅因州除外)胜出者取得所有分配到该州的总统选举人的票,所以自 1852 年以来,从来没有民主党、共和党之外的第三大党派的人当选总统"[1]。因此, 这对于一些希望挑战目前政党格局和那些不满于现状的少数群体而言,相对多数制就是一个坚固的保护机制来维系传统的政党结构。

相对多数制牺牲民主代表性的另一个表现是, 由于许多选民在初选时

----

[1]　[日]渡边靖:《逆说美国的民主》,米彦军译,新星出版社,2019 年,第 72 页。

所支持的候选人一旦落败,他们的选票就显得不重要了,也就存在大量的无效选票的现象。这种情况无疑会打击选民的投票激情。在总统选举中,实行相对多数制的美国,选民的投票率一直低下,可以从这方面得到解释。[①]与相对多数制相比,绝对多数设置的当选门槛很高,在候选人无法达到有效门槛的情况下,不得不通过两轮投票、可替代投票制或者单记可让渡投票制来确定最后的当选者或议席,这就使得一些有影响力的小党、潜在党具有了影响选举结果的可能性。这种投票选举制度照顾到了选民的有限替代方案,在一定程度上减少了废票和无效民意的比重。但是它在民主代表性方面也具有缺点,即在两轮投票制下,最终结果可能是依靠政党之间的讨价还价而不是真实的民意来作出的。相比较而言,比例制最能体现民主代表性,它使得小党具备了生存的空间,使得议席的分配更加多元,适合那些文化异质性高的社会。许多研究也表明,中下层选民、有选举资格的外来人、女性、少数族裔等少数群体在比例制国家投票率最高,更能够发出自己的声音。[②]但是比例制也存在一些代表性难题,选民很容易在一些议题上支持自己所熟悉的小党,而对相关的其他选民的偏好缺乏去沟通的动机,这就使得一些政党很难去吸引其他政党阵营里的选民。比例代表制容易产生铁杆选民,一些选民之所以选择无条件地支持他所忠诚的政党,可能是因为利益偏好以外的其他因素,如情感认同与投票惯性等,因此这些铁杆选民很难做到对选举的认真思考。另外,比例代表制的计票方式和投票程序很复杂,这超出了很多选民能够把握的范围。

---

① "国际民主与选举援助研究所"整理了自 1945 年以来举行过两次以上选举的国家选民参加投票的情况,按照平均投票率,美国在 140 个被调查的国家中排在 114 位,可以说是一个投票率很低的国家。完整数据参见:https://www.Idea,int/vt/survey/Voter-turnout-POP2-2.cfm。

② See Yash Ghai, *Public Participation and Minorities*, London: Minority Rights Group International, 2003; Maria Spirova & Boyka Stefanova, The European Dimension of Minority Political Representation Bulgaria and Romania Compared, *East European Politics and Societies*, Vol.26, No.1, 2012.

(二)选票与席位的非比例性程度

把选票换算为议席数量,要经过一个十分复杂的选举公式。由于投票制度的复杂设计,很容易出现选票与席位不相匹配的情况。也就是说,较少数量的选票可能会取得较多数量的席位, 相反在选举中获得较多数量的选票的政党可能在议会里分得较少的议会席位。比如,在 1996 年的印度大选中,印度国大党获得了 30% 的选票,而印度人民党只获得了 26% 的选票,但是人民党在议会中的席位要比国大党多几乎 50%。

我们一般用非比例性指数（degree of disproportionality）来衡量选票与席位的非对称性。

$$非比例性指数=\sqrt{1/2\sum\left(Vi-Si\right)^2}$$

其中:Vi 为政党 i 的得票率,Si 为政党 i 的议席率。指数越高,得票率与议席率之间的非比例程度越高;指数越低,得票率与议席率之间的非比例程度就越低。[1]

选票与议席的非比例性现象是选举政治中不可避免的。那么是大党还是小党在这种非比例性分配中获益呢？根据比较研究,已经发现,在不同的选举制度中非比例性程度是不同的。总体而言,相对多数制非比例性程度更高,也就意味着选票与议席之间的分离程度越严重,获得选票与获得议席之间存在不成比例配置的情况,而在实行比例制的国家的议会选举中,选票与

---

① "非比例性指数"是衡量席位率与得票率差距程度的量化分析工具,此处采用的是"最小平方指数"。See Michael Gallagher, Proportionality, Disproportionality and Electoral Systems, *Electoral Studies*, Vol.10, No.1, 1991, pp.38–40.

议席之间的非比例性程度更低,议会政党的代表性得到更好的体现。①通过表 2-2,我们也可以看出,不同选举制度的选举公式与非比例性程度具有高度相关性。在阿伦·李帕特(Arend Lijjphart,又译为"利普哈特")所观察的 69个选举制样本中,相对多数制非比例性程度最高,而比例制选举制的非比例性程度要低许多。而且投票选举制度的选举公式、非比例性程度和有效政党数量三者之间存在强相关性。非比例性程度高的选举制度,能够进入议会的有效政党数量更低;反之,非比例性程度低的选举制度,一些小党进入议会获得议席的可能性更高。这就是说,虽然有时候一些大党在选票与议席匹配中也受损失,但是影响最大的是那些影响力不足的小党。因此,相对多数制非比例性程度高,对小党不利,而对保持具有惯性的两党制结构有利,小党很难挑战他们的地位;而在比例制国家,非比例性程度越低,有效政党数量就越多,政党结构就越可能出现变化。

表 2-2　69 个选举制中选举公式对于比例性偏差度和政党制度的影响

选举公式	比例性偏差度(%)	有效选举政党数	有效议会政党数	议会过半数的频率	营造的过半数的频率
相对多数决定制(7)	13.56	3.09	2.04	0.93	0.71
其他的多数决定制(5)	10.88	3.58	2.77	0.52	0.52
顿特公式等(32)	5.22	4.35	3.70	0.18	0.14
族普最大余数法等(13)	4.15	3.80	3.29	0.24	0.14
黑尔最大余数法(12)	1.88	3.62	3.46	0.23	0.04
全部(69)	5.69	3.94	3.34	0.30	0.21

资料来源:[美]阿伦·李帕特《选举制度与政党制度:1945—1990 年 27 个国家的实证研究》,谢岳译,上海人民出版社,2008 年,第 95 页。

(三)政府的稳定性程度

有效政党的数量、选票与议席的非比例性程度影响着政府的稳定性程

---

① See Arend Lijjphart, *Patterns of Democracy:Government Forms and Performance in Thirty-Six Countries*, New Heaven:Yale University Press, 1999.

度。在多数制、比例制和混合制国家中,能否形成一个稳定有效的政府或执政联盟,存在着一定的差异。许多学者发现,不同选举制度的民主代表性与政府的稳定之间呈现出负相关性。利普哈特就指出:"一方面,传统看法承认比例代表制和共识民主可以带来更精确的代表性,尤其是为少数派提供了更充分的代表权,更好地保护了他们的利益,并使他们更广泛地参与到决策过程来。另一方面,传统看法坚持认为,相对多数选举制度的典型产物即一党多数政府比其他类型的政府更果断,因而决策的效率更高。……代表性的获得是以政府效能的降低为代价的。"①在权力关系结构上,多数制和比例制的区别在于,多数民主模式产生的是刚性的、权力集中的政党结构,强调政党权力的竞争性、对抗性;而比例代表制产生的则是分享型、更加民主的政党结构,强调政党权力的包容性与协商性。

比较来说,相对多数制虽然牺牲了民主代表性(经常出现少数派当选的情况),少数权利(甚至是多数权利)受到忽视,但是候选人与选民之间的关系比较直接,选民很容易辨识候选人的政策倾向,这有利于帮助选民作出判断。同时,相对多数制之所以侵害了民主,但是还是被采用的一个重要原因,就是容易形成政府,很少会因为政党纠缠而导致政府难产。所以我们看到,在许多国家,国家层面的"大选举"主要采用相对多数制,而在州(省)级、基层层面更多采用比例制,目的就是为了迅速产生政府。而对于比例制而言,选举制度可以确保反映选民的丰富多彩的观点,这样容易培养选民对国家的政治认同,使得国家具有更强的凝聚力。另外,政党都把其他政党视为潜在的组阁对象,政党之间可以通过灵活的策略选择如何形成政党联盟组阁,防止了两党制政党之间可能存在的恶性竞争现象。因此,很多学者认为,比例代表制体现了文化多元主义时代民主的发展趋势,而多数制选民代表的

---

① [美]阿伦·利普哈特:《民主的模式:36 个国家的政府形式和政府绩效》,陈崎译,北京大学出版社,2006 年,第 190 页。

则是文化中心主义的倾向。意大利学者马可·马尔蒂尼埃罗（Marco Martiniello）认为："民主型多元文化主义承认不同文化、族群/种族和宗教群体之间互动、交流和对话的重要性，但在此之上，它也为承认和发展族群/种族、文化或宗教群体内部集体生活留下了一个空间。"①此外，李普塞特也提出，比例代表制具有共识民主模式的特征，它比多数民主模式具有更高的绩效。共识民主不仅尊重和保留了少数权利，而且在选民与政府间建立一种更加亲近的关系。在共识民主模式下，政党与议会之间的权力更加独立、平衡，能够带来更高的投票率，利益集团倾向于相互妥协而非对抗性斗争。"在分裂的社会中，为了维护社会秩序，调和与妥协可能比迅速作出决策重要的多。要实现调和和妥协，就要竭尽全力将各种相互对立的社会集团都纳入决策的过程。"②

但是比例制选举的问题在于容易导致政党制度的碎片化，国家缺乏有权威性的、强势的政党，不利于形成具有行动能力的内阁（或政府）。尤其是在经济社会出现动荡和危机时，极端主义政党容易借助机会进入议会，从而威胁民主的生存。③政府稳定性与民主代表性之间，该如何取舍？这成为许多国家选举制度改革的纠葛。美国学者桑迪·梅塞尔（Sandy Maisel）就曾经指出："比例代表制允许各选区或各州代表参加全国大会，从而更为准确地反映初选投票者的偏好。对于选举体系来说，这当然是一个合乎逻辑的目标。但是采取'胜者独占'的选举体系使得领先的候选人可以更快确立优势，把

---

① ［比利时］马可·马尔蒂尼埃罗：《多元文化与民主：公民身份、多样性与社会公正》，尹明明、王明凤译，社会科学文献出版社，2015 年，第 129 页。

② ［美］阿伦·利普哈特：《民主的模式：36 个国家的政府形式和政府绩效》，陈崎译，北京大学出版社，2006 年，第 191 页。

③ 魏玛时期德国的失败就是因为高度分散的比例代表制，导致没有强势的大党，极端党派出现。See Ferdinand A. Hermens, Democracy or Anarchy? *A Study Proportional Representation*, Notre Dame: University of Notre Dame Press, 1941.

全党团结在他或她的周围,在大选时这或许是一种优势。这同样是初选体系合乎逻辑的目标。一种体系在大选中获胜的可能性更大,另一种体系更为民主,如何在这两种体系之间取得平衡,这是过去数十年导致政党内部的竞选专家和改革者产生重大分歧的难题。"①

在有效政党数量、选票与议席的非比例性程度和政府稳定性方面,混合制较之多数制、比例制的表现都处在居中的地步。从理论上说,混合制既吸收了多数制的权力集中优势,又体现了比例制的民主代表性优势。但是实际上,混合制选举也存在许多问题,并非一个"两全其美"的方案。混合制选举本身就是多数制与比例制改革的产物,理论上的设计并不一定起到取长补短的实际效果。萨托利就认为,战后联邦德国所采的选举制度只是将多数制与比例制混合在一起,但是并没有产生混合性的结果。他认为,德国的选举制度所产生的结果完全符合比例制的特点。他倾向于将德国的选举制度理解为一种比例代表制,或者顶多将其视为一种所谓的"个人化的比例代表制",即在比例代表制的基础上突出候选人个人与选区选民之间的联系。②毕竟,选举制度的设计除了具有"工程学"特征之外,还需要与本国的文化传统、政治体制、民情状况相衔接。所以我们看到,20世纪90年代一些实行过混合制改革的国家开始回归到此前的选举制度上来,比如意大利、俄罗斯、保加利亚等国。

---

① ［美］L.桑迪·梅塞尔:《美国政党与选举》,陆赟译,译林出版社,2017年,第95~96页。

② See Giovanni Sartori, *Comparative Constitutional Engineer? An Inquiry into Structures, Incentives, and Outcomes*, London: Palgave Macmillan, 1997, p.74.

第二节　公共选择与投票悖论

公共选择理论是一个 20 世纪 60 年代成熟起来的西方经济学流派,它以新古典经济学的基本假设(方法论个人主义、经济理性人假设)、原理和方法来分析政治现象。从理论渊源上看,公共选择理论的兴起得益于选举政治的需要,它对选民通过政治选票在政治市场上如何运作及其后果、政府的行为特征等政治问题进行经济学研究,即对非市场的集体选择(即政府选择)进行研究。公共选择理论以现代经济学分析民主立宪制政府的各方面问题,在经济理性人假设下探讨选民、政府官员和政治人物的行为,主要研究集体决策或政治决策的过程和结构,从中探索政治经济问题的深层次原因。将经济学的分析方法运用于政治领域内的相关研究, 可以看作公共选择理论的重要特征。公共选择理论以个人主义方法论为基础,吸收了正统经济学的理性人假设, 即主张行为人的决策选择总是建立在个人利益偏好的成本收益分析之上的。理性人假设在正统经济学分析逻辑中长期占据主流位置,主要被用来解释经济活动中的市场交易和经济决策问题。公共选择理论则把理性人的理论假设扩展到集体性的非市场机制领域, 将来自个人间相互交易的收益概念移植到了政治决策的领域中, 从而为批判正统经济学和构建政治学的新理论提供了空间。

在公共选择理论家看来,政治活动与经济活动并无本质上的区别,都是人类利益交易活动的重要内容, 虽然理性人对其政治利益的偏好判断并不如经济利益那样清晰直观,而传统、宗教、独裁、民主等被政治学家看来是相互对立的政治统治形式只不过是社会选择的不同方式而已。在当代西方社会中,存在着两种社会选择的方法:一种是市场,另一种是投票。市场内部发挥作用的主要是等价交换原则,而在市场之外的投票过程中,遵循的则是另外一些规则,如独裁、全体一致、多数决定等。这些投票规则尤其是多数决定规则如何在政治过程中得到运用就是理性选择分析的重要对象。[1]这样,民主制的公共选择就被化约为公民利益偏好聚合为集体行动的结果。因此,公共选择理论将政治行动者围绕政治决策所展开的行为互动过程就被理解为一种"政治市场"结构。在"政治市场"的交易环境下,行动者遵循利益最大化原则产生交往行为和互动策略,使得政治过程演化为一种讨价还价的妥协机制。

公共选择理论向人们系统展示了制度规则,以及利用规则进行策略选择的重要性,它的核心则是对投票及其决策程序的研究。在一个民主政体中,公民个体会对公共政策的目标或者实现这些目标的最佳途径有着自己的偏好。这种偏好决定了选民投票的倾向性,公共选择理论将这种具有利益倾向性投票的选民称之为经济人。经济人假设是公共选择理论进行投票分析的首要前提。在民主社会,公民投票是公民个人偏好转化为集体性社会选择的主要渠道,而社会对公民偏好进行聚合处理的基本方式是多数决定原则,即获得公民多数选票支持的公共政策往往成为民选政策的施政内容。而公民之所以热衷于投票,主要意图就是通过公共选择过程改善自身的经济处境,使得社会再分配福利最大限度地满足公民需求。需要注意的是,民主社会所普遍实行的多数决定规则并不是让多数人接受所作出决策的规则,而是多数人可以作出让全体人接受的决策。公共选择理论从经济人假设出发,构建了一套理想状态下的民主投票机制的逻辑分析,形成了票决民主的主要思路和立论依据。

当然,公共选择理论后来的发展质疑了理想状态下的民主投票机制,并

---

[1]　参见[美]肯尼斯·阿罗:《社会选择与个人价值》,陈志武、崔之元译,四川人民出版社,1987年,第3页。

阐释了多种形态的投票悖论。据考察，早在 1770 年票决民主还远未盛行的时候，法兰西科学院院士夏尔·德·博尔达（Jean-Charles de Borda）就认为，通过投票选举来决定当选者存在一个很大的漏洞，他指出："当候选对象达到或超过三个时，多数票规则可能使不该当选的候选对象当选。"①博尔达意识到当投票候选人过多时就随时有可能出现投票结果的不可预知性。为此，博尔达选择通过田径赛记分制来回避这种情况，但是这种情况的前提是每位选民忠诚于自己的投票选择。马里耶·孔多塞（Marquis Condorcet）在博尔达计数法的基础上对投票规则进行了改进，他认为在候选人多于三人的情况下，投票可以化解为一系列的配对比较，即转变为多类型的两个候选人之间的投票比较。但是即使是这种配对比较的方法，依然存在循环多数票和投票偏好的非传递性问题。②显然，博尔达和孔多塞已经在数理统计的意义上揭示了投票悖论的存在，但是肯尼斯·约瑟夫·阿罗（Kenneth J.Arrow）第一次将投票悖论模型化。他在其著作《社会选择与个人价值》一书中强调，如果众多的社会成员具有不同的偏好，而社会又有多种备选方案，那么在民主的制度下不可能得到令所有人都满意的结果。③这一结论被称之为"阿罗不可能定理"，也就是说，当选择者面临两个或三个以上独立的备选项时，没有任何方法能够依据某种特定的标准，把选择者个人的偏好序列转变为一种整个群体共同的偏好序列。"孔多塞投票悖论"和"阿罗不可能定理"都已经证明，在公民偏好交叉分布的情况下很难实现最优的公共选择方案。

通过投票悖论可以看出，投票逻辑旨在将体现在选票之中的个体化的公民偏好通过投票的方式转化为作为集体性的公民偏好的过程，在这一过

① 参见［美］查尔斯·罗利：《博尔达，让-夏尔·德》，载［美］皮特·纽曼主编：《新帕尔格雷夫经济学大辞典》，（第一卷），经济科学出版社，1996 年，第 285 页。

② 参见［美］H.莫林、［美］H.P 杨：《孔多塞》，载［美］皮特·纽曼主编：《新帕尔格雷夫经济学大辞典》（第一卷），经济科学出版社，1996 年，第 613~614 页。

③ 参见［美］肯尼斯·约瑟夫·阿罗：《社会选择与个人价值》，丁建峰译，上海人民出版社，2010 年。

程中存在着数理统计无法解决的偏好偏移问题。公共选择理论强调，与私人选择不同，公共选择是通过一定的决策方式将分散的个体理想转化为集体偏好。因此，以偏好聚合逻辑为特征的票决机制时刻都面临着来自对公共偏好的合理性质疑的问题。在集体偏好的聚合中，个人偏好无法实现简单累加，或者说个体理性的集合化，而只能形成集体决策的有限理性。所以印度学者阿马蒂亚·森（Amartya Sen）等人就认为，现代福利经济学的一般研究是不可靠的，因为福利经济学一直希望在追求帕累托最优，即实现社会成员间福利最大化的均衡状态。他指出："帕累托最优仅仅要实现这样一种状态，即任何人都不可能在不使其他人变得更糟的情况下变得更好……以帕累托最优为基础的现代福利经济学，因其过于狭隘的关注焦点使得这个本来极有吸引力的经济学分支却并不适宜于研究不平等问题。"[①]因此，即使是在真空的、抽象的、脱离现实的数理条件下，聚合式民主也是不可能实现的。奥斯特罗姆也指出，投票决策机制存在这一系列难以克服的缺陷，"投票机制无法自动将人们对于各种物品的多样化偏好组织和转化为一个合理的偏好序列；投票是针对一类物品的偏好作出的，而不是针对某一种特定的物品作出；一人一票、票值相等的投票规则无视有强烈偏好的投票者和漠不关心的投票者之间的差异；当投票者发现他们的选票对于最终决策没有实质性影响时，往往会保持'理性无知'的态度，而投票者在有限信息的情况下进行投票也会产生错误的选择；如果某类物品的生产成本是按人口进行平均分配的，那么反对这类物品对于某些团体的超比例供给可能超过其承担的额外税收成本"[②]。

当前，票决民主已经进入算法时代。而实际上，民主却无时无刻不深受

---

① ［印］阿马蒂亚·森、［美］詹姆斯·福斯特：《论经济不平等》，王利文、于占杰译，中国人民大学出版社，2015 年，第 8 页。

② ［美］文森特·奥斯特罗姆：《美国公共行政的思想危机》，毛寿龙译，生活·读书·新知三联书店，1999 年，第 94~95 页。

现实条件的塑造。民主一直是在一定的价值观念、政治制度和现实利益的约束下运行的。因此，如果把票决民主的合法性界定为聚合式偏好的形成机制，那么民主的权威一定会受到质疑。在这种情况下，票决民主不得不从票决结果的合理性上退却一步，把自身的正当性建立在投票方法上。戈登·塔洛克（Gordon Tullock）就认为，既然票决民主的结果与初衷存在严重的背离，那么民主的特性就只能体现在投票这种决策形式上了。"我认为，不管在什么地方，只要一个决策是通过投票作出的，参加投票的人数高于一个最低标准，投票人没受到胁迫，那么，这个地方就实现了民主。"①也就是说，如果承认票决民主的投票方式的话，也必然承认投票悖论的存在。在此意义上，达尔也指出现代选举民主制只能存在于理想状态，而在经验层面上选举民主只能接受某种牺牲。虽然选举民主制无法实现公共偏好的最大化，难以满足选民的集体愿望，但是反过来看，"这些制度已经足以使政府不至于强制推行那些受到多数民众反对，并且会积极运用自己被赋予的权利与机会来加以颠覆的政策"②。所以投票悖论意味着民主无法形成有效的多数决策，它使得民主只能去为那些损害多数偏好的决策出台制造障碍。

如果说形成有效多数决策的票决民主是标准意义上的民主的话，那么只能依靠票决方式而不是票决结果构建起正当性、只能对损害多数偏好的决策起抑制作用的票决民主，只能算得上是最低限度的民主，但这种最低限度的民主是不是成立的呢？布赖恩·卡普兰（Bryan Caplan）认为，即使是这种最低限度的民主仅仅具有数理意义上的价值，如果考虑到公共决策的复杂性，它就只能成为"理性选民的神话"。他指出："在持幼稚的公共利益观的人看来，民主之所以有效，是因为它是按照选民的意愿运转的。而对大多数民

---

① ［美］戈登·塔洛克：《论投票：一个公共选择的分析》，李政军、杨蕾译，西南财经大学出版社，2007年，第14~15页。

② Robert Dahl, *Democracy and Its Critics*, New Haven: Yale University, 1985, p.223.

主怀疑论者来说,民主失灵的原因是因为它没有按照选民的意愿运转。在我看来,民主之所以失灵恰恰是因为它按照选民的意愿行事。"①因为民主投票存在明显的外部性(externality)现象,即投票决策的结果主要是由其他社会成员承担的,这样选民在投票选择时的"理性"恰恰是容易受到情感、偏见与惯常意见的非理性影响而将非理性的代价转嫁给他人。"当人们在感觉良好的错误理念影响下投票时,民主就会不断地出台糟糕的政策。"②所以任何公共选择必然会面临理性限制,基于公共选择形成的公共政策在很多情况下并不是令人满意的。卡普兰甚至认为,与私人选择的理性相比,公共选择领域的个体理性本身就应该受到质疑。民主就是偏好聚合的过程,但是民主社会经常制定事与愿违的政策。在公共政策的形成过程中,通常看到的是,选民缺乏充分了解政治争议的动机,他们的选择往往建立在对现实的根深蒂固且系统习惯的错误认识基础之上。显然,民主"它的作用不仅被公众,而且被绝大多数经济学家所高估"③。

　　卡普兰细致地论证了投票民主的理性缺陷,这些投票缺陷是导致投票民主出现失灵的主要原因。卡普兰强调,投票民主不仅像阿马蒂亚·森指出的那样无法实现一致同意规则下的帕累托最优,即使是在多数决定的投票规则下,票决民主的逻辑也是值得怀疑的。这种现实现象可以由一种三层次的投票理性逻辑假设来得到认证。

　　首先,投票民主受到"理性的无知"(rationality ignorant)的约束。"理性的无知"的基础在于一张选票对于最终的选举结果起到的作用是微乎其微的,因此利己主义者的选民对于政治是漠不关心的,对于选举也是不负责任的。除此之外,选民的所谓理性选择也受到许多社会上业已存在的系统性错误

---

　　①② [美]布赖恩·卡普兰:《理性选民的神话:为何民主制度选择不良政策》,刘艳红译,上海人民出版社,2010年,第3页。

　　③ 同上,第4页。

的影响,这些系统性错误构成了难以克服的社会偏见。卡普兰分析了影响选民投票行为的普遍存在的四种投票偏见:一是反市场偏见(antimarket bias),即质疑市场这只"看不见的手"协调私人利益与公共利益矛盾的能力,天然地倾向于运用政治的、政府的手段干预利益分配关系;二是排外偏见(antiforeign bias),即在民族主义天然情感的影响下排斥外来的观念与事物;三是就业偏见(market-work bias),即在促进或衡量繁荣的因素中,人们更关心自身的就业状况而不是社会生产的情况;四是悲观主义偏见(pessimistic bias),即人们往往消极地看待经济变化,认为经济状况会越来越糟糕,而不是好转。这些偏见是长期的、固定的、由其他意识形态所强化的社会"常识",它们腐蚀着人们的理性选择。①

其次,如果认为选民仅仅在投票时或某些方面受到"理性的无知"的约束,而其他行为选择或在其他时候是理性的,这种判断也是不可靠的。卡普兰从心理实验学的角度观察到,选民不仅受制于"理性的无知",而且也表现出"理性的胡闹"(rationality irrationality),即选民在言论上夸夸其谈,但是在行动上却精打细算,与宣称的言论背道而驰。卡普兰举例说,人们存在观念偏好:一个民族主义者喜欢把外国生产的产品看作价高质次的垃圾,一个外科医生以为其在醉酒时仍能操刀自得。这种不自觉的错误的认知会带来行为上的变化,民族主义者为国内的劣质商品掏更多的钱,而让外科医生毁了自己的前程。卡普兰论述道,理性胡闹的选民相信感觉良好的政策是有效的,但是他们对自己的感觉是盲目的。他们宁愿相信某种让他们感觉良好的错误观念,也不愿意相信一种事与愿违的正确观念。"有多少主战分子会让自己承认战争会阻碍经济繁荣呢?"②

---

① 参见[美]布赖恩·卡普兰:《理性选民的神话:为何民主制度选择不良政策》,刘艳红译,上海人民出版社,2010年,第6~19页。

② [美]布赖恩·卡普兰:《理性选民的神话:为何民主制度选择不良政策》,刘艳红译,上海人民出版社,2010年,第148~169页。

最后，选民的投票决策还会一直面临外部性、信息不对称性、代表性风险的挑战。在民主政治条件下，这种理性限制尤其受到利益集团政治的深刻影响。虽然政府的目的是为广大民众提供公共利益，但是利益集团会因为私利进行游说活动，以推动政府实行符合其私利而牺牲民众利益的错误政治，错误的政策导致低效率现象，低效率的后果则由全社会承担，结论就是民主政体下的政府所提供的公共利益是无法满足民众需求的。"公众的无知的反面是'内部人专长'（insider expertise），当选民酣睡时，特殊利益集团在调整他们的游说战略。正如同选民知之甚少是因为没有回报一样，利益集团知道很多，是因为对他们而言，是有利可图的；这恰好印证了所谓'利益独享，成本分摊'（concentrated benefits, dispersed costs）的老话。"[①]与无组织的、原子化的选民相比，高度组织化的、利益化的利益集团才是投票民主的真正行为者。卡普兰不避讳地说道："选民无知地打开了严重的政府失灵的大门，利益集团——更不用说官僚集团和政客本身——得以长驱直入。"[②]无独有偶，罗伯特·库特纳（Robert Kuttner）也认为："随着投票和直接政治让位于筹款竞选式的财阀政治，民主政治的实质，即投票权，已被逐渐销蚀。……民主的退出与政治被特殊利益资金、金钱指使下的攻击性广告以及民调与目标群体导向的战略等所左右有直接关系……人民由此发现，政治已将自己排除在外。"[③]

需要注意的是，公共选择派对于投票民主之聚合理性的质疑，实际上是在质疑普通选民的政治能力甚至是政治权利，从而为精英民主、利益集团民主（也即少数人的民主）提供辩护。在他们看来，民主不能依赖于对普通选民的信任，而是需要把多数人的民主限制在不损害精英利益的范围内。所以公

---

① ② ［美］布赖恩·卡普兰：《理性选民的神话：为何民主制度选择不良政策》，刘艳红译，上海人民出版社，2010 年，第 116 页。

③ Robert Kuttner, *The Economic Illusion: False Choices Between Prosperity and Social Justice*, Philadelphia: University of Pennsylvania Press, 1984.

共选择派对于投票悖论的分析属于一贯的精英民主的论调，而不是对投票这一局限性的民主制度的深刻反思（如果存在这种深刻反思，那么民主将转向真正的广泛的大众民主）。这种根深蒂固的思维在熊彼特那里得到淋漓尽致地体现。他认为：

> 可是，进一步离开个人关心的家庭和工作场所，进入全国性和国际性事务领域（与个人关心的事情没有什么直接明确的关系），个人意志、对事实的掌握、推断的方法立即不再满足古典学说所需要的条件。最使我吃惊的和在我看来是困难核心的，是现实感的完全丧失。……责任心的减弱和有效意志的缺乏转过来又说明为何普通公民对国内国际政策的无知和缺乏判断力。[1]

这种对于普通民众的质疑已经融入了自由主义民主制度的血液之中，他们从"多数人的暴政"出发，又从心理学上的"乌合之众"[2]和"群氓"[3]概念强化了精英民主对于大众民主的偏见和诋毁，再加上公共选择理论实证科学研究的论证，构成了自由主义精英民主对于普通选民理性的多方位的、相互辅证的批判。但是依然值得肯定的是，公共选择理论对投票悖论的分析反过来证明了，如果仅仅依靠投票来确保公民意志的实现，确实既存在着现实的困难，又是数理实证逻辑所无法支持的。因此，投票悖论表明，民主必须走出投票逻辑的桎梏和限制，政治民主需要更加贴近普通选民的丰富的政治诉求和充分的政治实践。

---

[1] ［美］约瑟夫·熊彼特：《资本主义、社会主义与民主》，吴良健译，商务印书馆，2009年，第384~385页。

[2] ［法］古斯塔夫·勒庞：《乌合之众：大众心理研究》，冯克利译，广西师范大学出版社，2011年。

[3] ［法］塞奇·莫斯科：《群氓的狂欢》，许列民、薛丹云、李继红译，中国法制出版社，2019年。

第三节　阶级投票与经济投票的式微

选民的投票选择在多大程度上会影响自身的经济地位和从政府再分配中获得的福祉？除了投票制度、投票规则、投票理性的作用之外，还与选民在多大程度上从经济维度来决定自己的投票选择有着密不可分的关系。也就是说，投票选择与经济诉求的关联度至少是我们思考投票逻辑的一个重要方面。近年来，投票理论的相关研究已经表明，选民在进行投票时所考虑的因素是复杂的，其中的一个显著趋势是基于经济考虑的阶级性投票已经很难成为最主要的决策考量，相反一些社会文化的、宗教的、种族认同层面的考虑开始占据上风，这也在很大程度上挑战了传统的投票观点，即占社会多数群体的中下层选民可以利用其数量的天然优势来改善其不利的经济地位。

但是至少是在很长一段时间内，阶级投票（class voting）——选民根据自己的阶级地位来选择支持与其意识形态立场相接近的政党及其候选人，并且反对或不赞成那些显然与其阶级地位所秉持的意识形态立场相左的政党——是投票类型学的主流。在一般意义上，阶级归属是决定选民投票倾向的主要因素。这种观点受到了传统政党理论和传统投票理论的支持。因为在传统政党理论看来，政党之间的区别主要是意识形态图谱上左与右的价值优先序的区别，这种意识形态区别又体现在他们所希望吸引选民的系列公共政策承诺上；而在传统投票理论看来，选民作为经济理性的政治主体，主要从物质利益判断政党的竞争承诺，以及判断在未来政治局势中自身的经济利益变化。建立在政党意识形态和选民物质利益关注的稳定性上，选民与其所支持的政党之间的联系也是相对稳定的。

西式民主的再分配危机与经济不平等的发展

　　美国学者保罗·F.拉扎斯菲尔德（Paul F. Lazarsfeld）、伯纳德·贝雷尔森（Bernard Berelson）和黑兹尔·高德特（Hazel Gaudet）在研究 20 世纪 40 年代美国总统选举中就发现了阶级投票的明显痕迹，共和党人和民主党人具有显著的社会差异，"更富有的人、拥有更多财产的人、有商业股份的人通常是共和党人；比较贫困的人、生活水平较低的人、自我认知为工人阶级的人通常投票给民主党。不同的社会属性，会导致不同的投票行为"①。具体来说，"超过三分之一的共和党人和超过四分之一的民主党人提到经济理由是他们改变投票的原因。这些理由可以被粗略划分为两组，大多数是'阶级'性的理由，即他们是站在'穷人'一边还是站在'富人'一边。另外一组则没有表现出明确的阶级特征。选民可以通过很多方法来表达他们的阶级立场。'穷人'的理由可能是支持公共事业振兴署，或者认为威尔基代表大商业集团的利益，或者认为他当选后自己的工资会下降。'富人'的理由可能是威尔基当选后可以重振商业信息，而罗斯福在破坏商业，或者他的失业政策使工人不再能自力更生"②。也就是说，传统投票理论认为，政党认同（party identification）——选民依据其经济社会地位所决定的阶级属性忠诚于认为代表其利益的政党——是解释投票选择的关键性因素。③选举政治提供了不同阶级地位的选民选择所支持政党的机会。政党不仅仅是一个围绕选举而产生并运作的竞选机器，而且政党本身坚持某种意识形态原则和公共政策。在这种情况下，政党的竞选主张和选民的投票决定是可预期的、较为稳定的。比如，在再分配政策领域，不同阶级地位的选民冲突越来越集中地体现在有关国家干预经济的政党性及其范围问题上。左翼政党主张高水平的福利再分配，以及国

　　① ［美］保罗·F.拉扎斯菲尔德、［美］伯纳德·贝雷尔森、［美］黑兹尔·高德特：《人民的选择——选民如何在总统选战中做决定》，唐茜译，中国人民大学出版社，2012 年，第 19 页。

　　② 同上，第 27 页。

　　③ See Bruce Miroff，Raymond Sidelman &Todd Wanstrom，*The Democratic Debate：An Introduction to American Politics*，Boston，New York：Houghton Mifflin Company，2002，3rd edition，p.192.

家对经济的大规模干预；右翼政党则强调自由市场的结果具有福利最大化的特征。

受到阶级投票的影响，公共选择理论认为选民偏好是外生性的且固定不变的，而政党则是回应性的"受动者"，他们通过策略性地选择政治纲领，使自己的政治诉求最大化。因此，在公共选择理论模型中，投票以"议题汇聚"概念为核心。据此，选民选择那些政策倡议与他们自己的偏好最接近的政党，而政党则会制定出能够吸引最大数量选民的纲领。这是一种类似于选举市场（voting market）[①]的结构，选举被视为一种市场机制，公共产品的供给主要就是通过这种选举政治进行分配的。

阶级投票的模型在政党政治的早期，得到了现实政治的广泛经验支持。大众民主在 19 世纪末开始呈现出兴起的态势，从那时候起，起码到 20 世纪七八十年代，大多数的投票选举都遵循阶级投票的模式。根据可观察的证据，那段时间选举竞争中的基本意识形态的分野是明显的，选票结果主要是按照经济维度上的左、右之分形成的。社会主义政党与工会结成紧密同盟，并在其政策纲领中强调工人的利益，特别是降低失业率并保证经济安全。而保守政党则保持与资本所有者的牢固联系，并倾向于创造对企业发展和资本投资更有利的条件。这种稳定的选民–政党联盟被认为是工业化社会中社会分层在选举政治中的反映，体现了政治利益的阶层化分布，以及政党化利益表达机制的特征。

在诸多关于投票行为分析的研究中，经济投票（economic voting）模型继承了阶级投票模型关注社会经济结构塑造、影响投票结果的基本倾向。因此，经济投票模型被看作阶级投票模型的发展。经济投票至少在三个方面扩展和深化了阶级投票的研究：

---

① See Arthur Denzau, Robert Parks., Existence of voting-market equilibria, *Journal of Economic Theory*, Vol.30, No.2, 1983.

一是经济投票是一种回溯型投票(retrospective voting)机制,而阶级投票是一种前瞻型投票(prospective voting)机制。回溯型投票和前瞻型投票代表了两种不同的选举功能。一般而言,阶级投票所强调的稳定的选民——政党联盟,主要是指选民通过对政党及其候选人的竞选承诺进行预估性评价的方式加以甄别,从而选择出与自身利益最为接近的政党及其候选人。政党及其候选人一旦当选,选民就要为当初的选举决定负责。而回溯型投票虽然同样认为,社会经济因素对选民的决定是至关重要的,但是强调选民更多的是通过回顾政党及其候选人的执政履历进行评判,把选票投给那些经济表现良好并且能够增进选民复制的政党及其候选人,而反对那些经济表现糟糕、只会夸夸其谈的政党及其候选人。因此,回溯型投票的关注点并不是未来的政党执政预期,而是过去的政治执政绩效。①美国学者迈克尔·麦克库恩(Michael Mackuen)把选民诉诸未来的预期性投票称为选民的"银行家"心态,而把选民回溯型的奖惩性投票称为"农民"心态,美国选民普遍受到这两种投票心态的影响。②

二是经济投票被认为是一种比阶级投票更具有解释力的投票机制。这主要是因为,前瞻型投票需要十分复杂的理性前提条件:选民对所支持的政党及其候选人未来的执政承诺有着充分的信心、选民依据充分的信息条件来形成投票期待、选举议题充分包含选民偏好、选民能够预估到投票偏好可以汇聚为公共议题偏好,等等。满足这些条件本身就代表着对投票环境和选民诉求表达能力的高度期待。而回溯性投票则不需要考虑如此多的信息条件,它把所有的关注点倾注到可以观察、感知的现任政府的执政表现上。这样,选民考虑的事项既是明确的,又是具有指向性的。回溯型投票加强了政

---

① See M. S. Lewis-Beck, R. Nadeau. Economic Voting Theory, *Electoral Studies*, Vol.19, 2000, pp. 171–182.

② See Michael Mackuen, Peasant or Bankers? The American Electorate and the U.S. Economy, *American Political Science Review*, No.3, 1992.

党承诺与选民偏好之间的联系,降低了选民偏好流失损耗的可能性,同时也降低了选民理性判断的成本。事实也表明,选民在投票时往往并不是充分理性的,他们更关注当下的经济状况和自己当前的福祉,对未来的福祉有所期待但并不强烈。匹兹堡大学乔纳森·沃恩(Jonathan Woon)教授对实验条件选民投票行为的研究表明,在排除了其他干扰性因素的影响后,选票的投票行为更符合回溯型经济投票的假设。①

三是经济投票模型认为,选民所关注的社会经济因素是复杂的、多维度的。根据莫里斯·菲奥里纳(Morris P Fiorina)对美国国会选举的研究发现,选民往往会从个人收入的变化出发来决定自己的投票选择。②然而经济投票的深入研究表明,经济投票的动机并不仅仅是出于"个人经济状况的'钱包投票'(pocketbook voting),在很多时候选民主要从宏观经济状况的变化出发投票(sociotropic voting)"③。比如,在个人主义的自由主义影响下,有的选民会在一定程度上接受个人收入水平的下降,因为他们认为个人而不是政府首先要对自己的福祉负责,所以不会将收入水平的下降迁怒于现任政府,而只有当整体的宏观经济状况出现显著恶化时才会选择支持现任政府的竞争者。④通过多国案例的比较分析,学者们还发现,选民的投票行为受到不同选民群体的特质性因素的影响。在那些包容性公民文化成熟的社会里,选民们会通过明确清晰的责任(clarity of responsibility)来确定经济状况恶化的原

---

① See Jonathan Woon, Democratic Accountability and Retrospective Voting: A Laboratory Experiment, *American Journal of Political Science*, Vol.56, No.4, 2012, p.927.

② See Morris P Fiorina, *Retrospective Voting in American National Elections*, New Heaven: Yale University, 1981.

③ Burton A. Abrams, The influence of state-level economic conditions on presidential elections, *Public Choice*, Vol.35, No.5, 1980.

④ See Stanley Feldman, Economic Self-interest and Political Behavior, *American Journal of Political Science*, No.3, 1982.

因,因此也会对一段时间内不理想的宏观经济状况表现出一定的宽容度。[①]
值得一提的是,不同群体的选民特质决定了在面临同样的宏观经济状况时,
其投票行为也会表现出"分裂投票"(split-ticket voting)的特征。史蒂芬·维斯
福德(Weatherford)的研究显示,社会阶层的差异对于经济衰退的反应是分裂
的,这是造成分裂投票的基础性因素。具体来说,劳工阶层和社会中上阶层
对于宏观经济状况的评价是高度分化的:劳工阶层更不能容忍失业率的提
高和可支配收入的下降,但是对于一定程度的通货膨胀抱有宽容心理;而处
于社会中上层的群体则认为,一定程度的失业率虽然会减轻公共财政的负
担、打击落后的产业部门以促进技术创新,却对政府和工会力量干预经济运
转感到反感。[②]经济投票的系列研究说明,制度背景、公民文化、意识形态、社
会分层等多重因素都会对选民的经济投票行为产生影响。

阶级投票和经济投票的研究都指向一点:社会经济因素在选民投票中
扮演着重要的作用,选民运用自由民主体制所赋予的投票权利来表达经济
诉求和追求利益福祉。确实,就像传统投票理论所指出的那样,根据克里斯
托弗·魏勒岑(Christopher Wlezien)的统计,在一系列所关注的影响投票的因
素中,经济问题在选民眼中的重要性一直高于教育、税收、外交和其他议题,
只有在经济发展长期保持良好态势时,选民的关注焦点才会逐渐向其他议
题倾斜。[③]民主的责任政府意味着,民选政府必须要对选民要求改善收入状
况的呼声作出必要的回应,由此选民也获得了以经济地位的提高为理由变
更所支持的政党及其候选人的正当性。迈克尔·阿尔瓦雷斯(Michael Al-

---

① See Brad T. Gomez, Wilson Matthew, Political Sophistication and Economic Voting in the American Electorate: A Theory of the Heterogeneous Attribution, *American Journal of Political Science*, No.4, 2001.

② See Stephen M. Weatherford, Economic Conditions and Electoral Outcomes: Class Differences in the Political Response to Recession, *American Journal of Political Science*, No.4, 1978.

③ See Christopher Wlezien, On the Salience of Political Issues: The Problem with Most Important Problem, *Electoral Studies*, Vol.24, No.4, 2005.

varez)、乔纳森·纳格勒(Jonathan Nagler)、詹妮弗·维莱特(Jennifer Willette)等人的研究充分说明了这一点。他们发现,在选民关心的诸多事项中,社会经济方面的信息是最被瞩目的,经济状况的"风吹草动"立即会在下一次的选举活动中得到反馈;而在政府的经济绩效之外,选民的诉求表达就会降低,他们甚至会容忍政府在某一些方面的政策失当,只要这种政策失当无损于经济状况的改善。①阶级投票模型强调选民–政党联盟的稳定结构和可预期结果,经济投票模型则强调收入水平、经济状况、社会分层等因素对投票结果的多重影响。

　　然而大量的经验研究表明,至少从 20 世纪 70 年代末开始,选民的政策偏好分布逐渐转变,其中最为关键的变化,就是传统意义上经济维度上左右之间断层的重要性不断下降,阶级投票和经济投票的结论遭遇挑战。在很多国家,由于社会结构与价值观念的变迁,以及政党意识形态的调整,传统的、以阶级为基础的投票行为渐趋衰落。关于投票行为研究的范式,必然需要进行适应性调整。有的学者就此提出,社会阶级分析虽然没有消亡,但是它的政治意义在下降。阶级属性已经不再那么重要,相反地那些非阶级的社会属性——文化观念的、职业化的、族裔化的、少数群体的、个性化的、环境保护的新社会运动议题成为选民关注的焦点。许多学者将这种趋势称之为阶级分析范式的衰落或者阶级政治的式微,他们试图用新的范式来解释选民的投票行为逻辑及其公共后果。②

　　在这一过程中,西方政党政治的内容也在悄然发生变化,一些传统的、有重要影响力的政党及其联盟开始了去意识形态化的变迁, 在公共政策上

---

　　①　See Michael Alvarez,Jonathan Nagler and Jennifer Willette,Measuring the Relative Impact of Issues and the Economy in Democratic Elections,*Electoral Studies*,Vol.19,No.2,2000.

　　②　See Terry Nichols Clark,Seymour Martin Lipset,Michael Rempel,The Declining Political Significance of Social Class,International Sociology,Vol.8,No.3,1993;David Harvie,*The Death of Class*,London:Sage Publications,1996.

讨好奉承中间派选民,政治立场表现出某种趋同的迹象,各党的竞选纲领正在向中间聚合。数据显示,特别是 20 世纪 70 年代以来,中间政府明显越来越多。换言之,保守主义和社会主义政府都在向中间靠拢,而中间派政府则持续稳定。选民已经无法从政党的意识形态立场及其所宣称的公共政策来判断这个政党所代表的阶级属性了,投票给哪个政党已经变得无关紧要了。政党逐渐堕落为一种纯粹为组织和赢得选举而存在的精致化政治机器,而不是代表不同社会阶级利益的政治组织,政党的代表性功能让位于制度性功能。政党逐渐丧失政治性的过程,被许多学者称之为"政党的衰落"或"政党的转型"。①

选民投票动机的变化与政党组织的嬗变使得传统的选民-政党联盟被冲垮。意大利学者萨尔沃·莱奥纳尔迪以 2006 年的意大利大选为例,在北方工业密集的地区,工人阶级的选票主要投给了中右联盟。意大利的左翼从来没有在工人特别是北方工人中取得过多数。这不禁令人产生疑问,为什么中左政党极力诠释工人的需要和期望,却无法在选举时得到他们的支持? 他认为,工人阶级的分化——产业工人阶级在萎缩、白领工人阶级在增长,以及中产阶层的发展——带来社会结构的变化,这些新选民更注重伦理意义上和民粹主义化的议题,而不是阶级化的社会经济议题。这种变化为新保守主义的民粹主义政党的产生提供了可能,基于国家-人种的身份认同逐渐取代传统的阶级认同。即便是这样,莱奥纳尔迪承认阶级投票的式微,但是拒绝承认阶级政治的消亡。他认为,阶级没有消失,但可能被隐埋了。在资本的力量强势主导的社会,工人阶级的投票难以形成有效的集体行动,社会不平等

---

① See Matin P.Wattenberg, *The Decline of American Political Parties 1952–1980*, Massachusetts: Harvard University Press, 1980; Magnus Ryner, US power and the Crisis of Social democracy, *Capital and Class*, No.1, 2007; Thomas Poguntke, Toward a New Party System: the Vanishing Hold of the Catch-all Parties in Germany., *Party Politics*, Vol.20, No.6, 2012; Uwe Jun, Volksparteien under Pressure: Challenge and Adaptation. *German Politics*, Vol.20, No.1, 2011.

进一步加剧。①在其他国家,阶级投票也出现了同样的发展趋势。

从 20 世纪 80 年代以来,英法等国家中政党选举受阶级因素影响的投票倾向明显降低。到 20 世纪 90 年代末,几乎降到最低点。可以说根据经济收入和阶级基础来判断民众投票倾向,已经不太可靠了。例如,当年英国保守党撒切尔夫人执掌时,搞新自由主义政策,对工人阶级这个传统大阶层是不利的,却获得这个阶级广泛支持,也使当时英国左翼性质的一些政党感到困惑。当前,欧洲社会发展也出现了一种悖论性的政治变化,即两大阶级的二元对立的整体性对抗逐渐消失,而其他形式的局部性对抗却越来越复杂化、多样化和扩张化,甚至走向对抗性政治和极化政治,社会撕裂趋势十分明显。阶级投票因素降低,而政策事务投票、人们对社会事务如同性婚姻的看法,才是可能支持党派的依据;经济事务的重要性减弱,非经济事务如种族、环保等的重要性大大增强,具体政策事务投票的影响越来越大。②

2016 年美国总统大选是最近很好诠释选民-政党联盟重组的典型案例。作为曾经民主党核心支持者的"锈带"工人团体转投支持共和党阵营,这主要是因为共和党提出了"把工作带回美国"的就业政策和能够足够吸引具有民粹主义选民情绪的"反非法移民"政策,而且这种新保守主义的策略成功地唤起了中南部白人群体和拉美裔群体的投票热情,成为共和党赢得总统职位和国会两院多数席位的重要因素。③这些案例都说明,当前西方的投票

---

① 参见[意]萨尔沃·莱奥纳尔迪:《论阶级投票的趋势——以意大利的情况为例》,刘光毅、黄河译,《国外理论动态》,2012 年第 3 期。

② 参见赵成斐:《欧洲民粹主义政党发展现状与趋势》,《中国社会科学报》,2018 年 12 月 13 日。

③ 参见强舸:《"奥巴马选民"VS"特朗普选民":关键性选举与美国政党选民联盟重组》,《复旦学报》,2018 年第 1 期。

选举具有很强的策略性和适应性：制定科学的竞选策略以形成有利于自己的选举形势，调试政党纲领和政策以适应变化了的选民结构，并通过这种策略性和适应性方式调控和塑造选民的偏好。

让选民从其关注的物质利益中转移目光，或者用选民的其他社会需求来冲淡和降低选民物质利益的诉求强度，这是诸多西方政党在长期的选举政治环境中习得的生存法则。关于这一点，美国共和党精英直言不讳地指出："共和党人在1992年选举后就已经将他们的竞选的主要观点不再与人们的经济生活紧紧联系在一起，而是与美国人的政治生活、价值观念挂钩。从某种意义上来说，共和党人宣称自己代表的是一种最典型的美国生活方式。不仅如此，共和党人还利用美国有很多的教徒，通过宣称党的理念与基督教义的相通之处，获得了美国民众的认同……因此，美国的选举争论焦点就逐渐从经济利益转移到人的价值观念之上。"①

除了政党的主动性调整之外，有的学者也认为，经济投票的式微是后现代主义价值观时代投票行为逻辑的必然结果。根据政治文化学者罗纳德·英格尔哈特（Ronald Inglehart）的研究，在发达的西方国家，随着选民代际结构的演化和工业化社会向后工业化社会的转型，公民的价值观念序列也会发生显著变化：在工业化社会，传统的选民关注的是经济和人身安全层面的物质主义价值；而在后工业化社会，青年一代选民登上选举舞台，他们更关心自我表现、个性观念、生活质量等后物质主义价值观。②在英格尔哈特研究的基础上，安东尼·希思（Anthony Heath）等人进一步指出，后工业化社会改变的不仅是公民价值观，更为重要的是改变了选民的政治存在方式和集体行

---

① 赵忆宁：《探访美国政党政治——美国两党精英访谈》，中国人民大学出版社，2014年，第159页。

② 参见[美]罗纳德·英格尔哈特：《发达工业社会的文化转型》，张秀琴译，社会科学文献出版社，2013年。

动能力。具体来说,后工业化社会的选民丧失了工业化时期的群体性特征,转变为个体化的、符号化的政治身份。作为群体的选民实际上是一种组织化了"阶级社群"(class communities),他们有组织地形成集体行动,提出群体化的明确政治诉求,对政党形成持续的政治压力。而在后工业化社会,选民成为零散的、飘落的个体公民,不再是"阶级社群"的成员,他们的个性化诉求未经组织就无法形成集体行动,从而也对其阶级属性产生了认同疏离感,政党因此而减轻了回应经济投票的压力。①由此可见,经济投票能否构成主流的投票行为模式成为一个受到质疑的结论,经济投票的弱化在一定程度上限制了选民群体通过选票改善经济条件的机会和能力,投票行为与社会阶层收入再分配的关联度也随之被削弱了。

---

① See Anthony Heath,John Curtice and Gabriella Elgenius,Individualization and the Decline of Class Identity,in M. Wetherell(ed.),*Identity in the 21st Century:Identity Studies in the Social Sciences*,London:Palgrave Macmillan,2009.

第三章　经济不平等时代的民主：
十国的经验分析

　　民主化的第三波浪潮之后，一大批国家纷纷向民主政体转型。但是民主化转型的前景并不美好，很多国家出现了低效度民主的状况，政治发展进入了进退维谷的尴尬境地。传统研究认为，民主政体的巩固可以有效解决许多国家在转型过程中遇到的社会阶层间收入不平等问题，从而促进社会公平分配。然而对于许多民主国家(不管是西方老牌自由民主国家，还是新兴民主转型国家)再分配状况的跟踪研究表明，各国普遍存在着不断升级的经济不平等现象，这显然与传统的民主化理论研究者的结论不相符合。在本章中，我们采用多维指标来测量经济不平等变量，通过对三种类型的十个国家(美国、英国、德国、法国为一组，印度、土耳其、南非为一组，巴西、墨西哥、智利为一组)时间序列数据的分析发现，自 20 世纪 70 年代末、80 年代初新自由主义重新确立了它在资本主义世界的主导地位并试图席卷全球以来，经济不平等现象在发达资本主义现代化国家、现代化转型的新兴民主国家和民主起步早但不成熟的国家都得到了强化。民主不是一个抽象的概念，而是依赖于一定的社会条件、历史传统和制度环境存在和发展的。显然，当今民

主制已经进入了经济不平等时代。经济不平等与民主制形成了一种特殊的
互动关系:一方面,以投票为形式的普选权难以遏制经济不平等的发展,民
主制的绩效合法性受到挑战;另一方面,经济不平等也在瓦解着民主制发展
所必需的社会基础和阶层共识,缺少了平等价值支撑的民主制正在迈向资
本民主而不是社会民主。

第一节　案例选择与问题逻辑

不平等是社会科学研究的传统议题,我们主要关注经济层面的不平等。
经济不平等一般是指社会阶层之间的不平等, 而不是社会成员个体之间的
不平等。因为社会阶层间的不平等具有政治学意义,是被政治制度的再分配
效应决定的,又影响着政治制度的运行与绩效;而个体间的不平等更主要是
社会学和经济学意义上的,与个体间适应社会的能力和利用所占有、配置资
源的能力密切相关。从经验研究的角度看,经济不平等又是一个由多维指标
构成的复杂变量。一般而言, 经济不平等主要通过收入(income)和消费
(consumption)两个指标来衡量。但是在量化研究看来,两大指标各有其特
征:由于短期的经济变化和收入波动对消费影响不大,因此消费指标具有更
强的稳定性,尤其是在那些农业部门占主体的穷国或转型国家,消费指标在
测量该国社会阶层经济不平等时具有更大的优势。[①]而在弗朗索瓦·布吉尼
翁(Francois Bourguignon)和克里斯蒂安·莫里森(Christian Morrison)看来,消
费指标更难定义,数据的准确性较难保障,数据获取的难度也更大,因此收
入指标更能够代表经济不平等的程度, 尤其是在那些经济发达的工业化国

---

① See Angus Stewart Deaton, and Jacques Dreze, Poverty and Inequality in India:A Re-Examina-
tion, *Economic and Political Weekly*, Vol.37, No.36, 2002.

家,经济不平等主要体现在收入层面而不是消费层面。[1]

在数据获取方面,我们主要以世界银行(The World Bank)"贫困与平等数据门户"(Poverty & Equity Data Portal)[2]和"经济不平等"专业数据库——联合国大学(United Nation University)"世界收入不平等数据库"(World Income Inequality Database)[3]作为数据来源,并且以这两大数据库所提供的基尼系数和家庭收入五分位数据为主要测量指标。我们所分析的数据从时间序列上看主要来自两个方面:世界银行提供的经济不平等数据所覆盖的时间为 1979 年至 2017 年的非连续数据,由于统计数据公开性和操作性层面的因素,数据获取能力的差异在不同国家表现得比较突出,其中一些国家(主要是发展中国家)在所考察时间序列的前期有突出的数据缺乏问题。联合国大学所提供的经济不平等数据连续性程度更高,覆盖时间更广,对一些数据资料齐全的国家而言,它可以囊括自 1953 年至 2018 年的数据。第三大数据来源是经济合作与发展组织(OECD),以下简称"经合组织"国家数据库,该数据库提供了关于三十六个市场经济成员经济不平等的多种数据源,我们所考察的十个国家中有八个加入了该组织。[4]此外,还有许多相关领域的研究者经常使用的数据库。由于统计口径、年度和范围内容的差异,我们在案例研究中将这些数据库进行了必要整合。

案例选择是比较历史分析的基础性工作。斯考切波在其关于社会革命的研究中,就指出了比较历史分析的案例选择对于建立因果关系的重要影响,"为了对社会革命做出概括,为了建立起因果关系的解释,人们可以运用

---

[1] See Francois Bourguignon,Christian Morrison,External Trade and Income Distribution,*Development Centre Studies*,Paris:Organisation for Economic Co-operation and Development,1989.

[2] 参见 https://databank.worldbank.org/source/poverty-and-equity#,最终访问时间为 2020 年 2 月 5 日。

[3] 参见 https://www.wider.unu.edu/project/wiid-world-income-inequality-database,最终访问时间为 2020 年 2 月 5 日。

[4] 参见 https://stats.oecd.org/,最终访问时间为 2020 年 2 月 5 日。

比较历史分析,在各国历史轨迹中选取一些片段来作为比较的单位"[1]。同时,案例选择也要注意案例之间的差异性与互补性,不能只观察差异,也不能只强调共通性。林茨和斯泰潘在关于民主巩固的研究中指出:"就现代民主理论,特别是就如何巩固民主这个问题而言,重要的不仅是要对公民社会和政治社会的差异性进行区分,而且要探讨其互补性。"[2]在本研究中,我们以民主投票机制与社会阶层收入分配的关系为主题,试图建立两者之间的逻辑关系。首先,要从经验上观察,民主投票机制与社会阶层收入分配的发展变化,民主投票机制主要表现为普选权的确立与发展,而社会阶层收入分配主要表现为社会阶层经济不平等的发展演化。在经验层面上,两者是可以直接观察的。其次,根据经验观察的结果,在普选权不断巩固的民主国家,出现了经济不平等不同程度的升级,我们需要对这一现象进行理论解释,解释的过程就是建立因果关系的过程。因果关系的建立需要打破既有的理论认识,因为既有的民主理论认为,民主投票的普及有助于改善本国的经济不平等,为选民增加福祉。显然,从我们的经验研究出发,不能支持这一结论,这就说明既有的关于民主投票机制与社会阶层收入分配的关系需要更新。最后,新的因果关系的建立并不是孤立的、机械的,它促使我们深刻思考制度绩效的政治经济学内涵以及隐藏其中的意识形态本质。在本研究中,就是要说明,新自由主义削弱了甚至是否定了民主投票机制所内含的缓解社会阶层收入差距的原始功能,置换了民主制度的内核——把强势的大众民主改造为空壳的精英民主,资本逻辑的主宰导致了民主投票不再成为民众的武器而只是精英统治的外衣。

为此,我们选择了丰富的、历史的案例作为研究的实证资料。这些案例

---

① [美]西达·斯考切波:《国家与社会革命》,何俊志、王学东译,上海人民出版社,2007年,第36~37页。

② [美]胡安·J.林茨、[美]阿尔弗莱德·斯泰潘:《民主转型与巩固的问题:南欧、南美和后共产主义欧洲》,孙龙等译,浙江人民出版社,2008年,第9页。

共包括十个国家历史实体,大体上可以分为三个类型:

一是集传统的自由民主制国家以及发达的资本主义国家两大特征为一体的案例,即类型 I 样本案例,包括英国、美国、法国和德国。这四个样本国家各有其代表性。英国是世界上最早的现代民族国家形态,代议制民主从英国起源并完善,英国也是近代资本主义经济的发源地。如果说英国的民主是精英集团博弈的、代议制的政治产物,属于国家政治的范畴,那么美国的民主更多的是从社会中发展出来的、靠乡镇传统的自治精神和民情传统支持的、由政治惯例经过制宪而逐步确定下来的现代制度。所以美国民主的发展是缓慢的,美国在资本主义国家之中较晚地实现了普选权,就说明了这一点。法国的民主在大革命的破碎中应运而生,新的社会力量被迅速政治化与旧的政治势力纠缠在一起,不断演绎出民主的变奏曲,直到法兰西第五共和国时期才稳固下来。因此,法国的民主是深刻的、有激情的、惊心动魄的社会变革。德国作为资本主义世界的后起之秀,它的民主具有更为明显的民族主义色彩,德国在资本主义民主来临之前就率先开启了福利国家进程,这一点是德国民主的显著特点。因此,德国的社会结构变革明显要早于民主制度的确定,而不是与之同步的或者由后者决定的。另外,从意识形态层面看,英国和美国是新自由主义的策源地,可以说是盎格鲁–撒克逊传统的自由主义模式,而法国和德国的自由主义属于欧陆传统,更加注重对于社会的保护和国家责任。因此,两种不同传统的自由主义使得他们对于国家、政府、市场、福利等因素相互关系的认识和定位存在重大差异。

二是印度、土耳其、南非三国,即类型 II 样本案例。选择这三个国家,并不仅仅是因为它们是具有影响力的地区性大国和对世界政治格局起重要作用的新兴力量,更主要的是三个国家的民主各具特色,具有传统国家迈向民主国家过程中遇到的典型问题。印度的民主是英国殖民主义的产物,它在制度设计中采取了英国的议会民主制,如行政机构对立法机构的负责、公务员中立、国会之上、法治等，也将美国政治制度中的联邦制和权力分立元素加入其中。印度向世界展示了民主在一个低收入的、贫困的、文盲遍地的和族群异常多样的条件下的生存状态。印度的民主推翻了很多规定民主运行前提的流行理论：印度不是工业化的经济发达国家，印度的商人和中产阶级并不完全控制国家的政治，印度绝不是一个同质族群的国家，并且印度可能在"公民文化"的众多特征上排名很落后。[1]从程序意义上看，印度的民主已经得到了周而复始地运行，但是从治理层面，印度的民主却是"糟糕而拙劣的"，它在减少贫困、就业、基础教育、儿童营养、再分配政策等多层面的表现难以令人称道。[2]与印度相比，土耳其的民主化进程显得更加曲折，其间不断出现选举制度、政党制度、国家意识形态、社会政策和宪法秩序的反复，直到现在还存在着伊斯兰复兴主义和民族主义、世俗政治与宗教化政治、议会制与总统制的争论，还需要面对随时可能出现军人政治的挑战。目前，土耳其正在威权体制下推进民主化进程，即土耳其旨在建立以总统制为核心的政治体制框架，完善和强化新权威主义下的宪政体制，应对军人政变和伊斯兰极端势力所造成的政治和社会危机，使土耳其从中东剧变的社会动荡中逐步走向政局稳定。[3]在三个国家中，南非的民主是最年轻的，也承担着最沉重的社会包袱。南非的民主开启于 20 世纪 90 年代种族隔离制度的废除，在那之后统治权不再为白人精英群体单独垄断。南非经历了一个从白人政治统治、种族资本主义的政治-经济制度到一个新的民主资本主义制度的转变。随后，一个由非洲精英控制的民主政治制度被建立起来，但是相应的社会经济的转变并没有出现。即使是在二十年以后的今天，经济不平等仍然说不上是南非民主化的最大难题。因为在南非，不平等已经被全面系统化、种类化

---

① 参见[美]阿图尔·科利：《印度民主的成功》，牟效波译，译林出版社，2013 年，第 2 页。

② See Atul Kohli, *Democracy and Discontent: India's Growing Crisis of Governability*, Cambridge: Cambridge University Press, 1990.

③ 参见李艳枝：《土耳其政治发展道路的反思与启示》，《西亚非洲》，2018 年第 4 期。

了,并且已经把它强加到公共生活中去了。[①]

三是类型Ⅲ案例样本,包括巴西、智利、墨西哥三个拉丁美洲国家。它们在早期殖民主义的影响下迈向现代化和民主化,因此从现代化和民主化的时间起点上来说,拉丁美洲国家要明显早于其他地区的发展中国家。但是在拉丁美洲,现代化和民主化的关系与欧美中心主义的传统现代化理论有很大的差异。我们看到,由于未打破原有的社会结构(或者说拉美国家的社会结构还处在前现代化阶段)和土地制度、经济制度,拉丁美洲的所谓民主政体具有浓厚的前现代"考迪罗主义"色彩,技术官僚与武装势力联合掌握政权,选民权利受到压制。而在经济模式上,近年来推行有利于国外跨国化资本、垄断财团、国内上层经济阶层的经济政策,国家和社会很难从现代化中获得发展进步的资源。这种光怪陆离的、拉美化的政体制度,被阿根廷学者吉列尔莫·奥唐奈(Guillermo A.O'Donnell)称之为"官僚威权主义"。[②]再加上美国保守主义势力对拉美地域左翼力量的持续性打击和对左翼政权的敌视,以及左翼力量的分化、极端化、民粹化趋势,使得拉美地区缺乏现代化来临之前的社会革命和能够有效制约新自由主义的有机力量,拉美国家深陷"现代化的陷阱",难以自拔。在拉丁美洲,关于再分配政治制度初始条件的缺陷、政党制度机制的脆弱性和民众集体行动能力的不足,共同导致了社会分配格局的长期不公。

三种类型的案例样本所呈现出来的不同经验证据,说明民主投票机制与社会阶层收入分配之间的复杂关系,这种关系受到制度的初始条件、社会经济现代化程度、社会结构现代化水平以及国家意识形态的影响,这些综合因素都决定着民主投票对于社会阶层收入分配的影响是间接的。为了更好

---

① See Courtney Jung, *Then I Was Black: South Africa Political Identities in Transition*, New Haven, CT: Yale University Press, 2000.

② 参见[阿根廷]吉列尔莫·奥唐奈:《现代化和官僚威权主义:南美政治研究》,王欢、申明民译,北京大学出版社,2008 年。

地建立因果联系,更深刻地剖析民主制度的社会性本质,我们既需要对不同类型间的案例进行分析,也需要对同一类型内的不同案例进行分析;既需要进行共时性、横切面的案例分析,也需要进行历时性的、纵向的比较历史分析。

从我们的研究看,显然,造成社会阶层收入分配差异的原因来自多方面,我们主要研究民主投票机制是如何影响社会阶层收入分配的。在既有文献研究层面,西方学者早就对民主体制的经济绩效作出了深入研究。如阿玛蒂亚·森(Amartya Sen)认为民选政府更为透明公开,不仅能够及时和充分掌握民众信息,而且能够对民众诉求进行及时回馈和回应,因此民主政府能够实质性地缓解社会贫穷,增强公民的物质福祉。[1]而其他学者则从民主政体的选举机制和选民偏好及互动策略层面,分析了民主政体具有限制富裕阶层规模和改善贫穷阶层经济状况的政策倾向。[2]

另一批学者提出了相反的观点。有学者对民主化转型国家的政治经济学分析表明,民主票决制度对社会阶层收入分配的影响在不同的国家表现出不同的特征。与同时期出现民主转型的东亚国家相比较,拉美各国的收入分配公平度更低。[3]罗伯特·达尔(Robert Alan Dah)则针对美国的政治实践提出了一个重要问题,即"在一个成人几乎均可投票,但知识、财富、社会地位、与官员的接触和其他资源都不平等分配的政治系统中,谁在真正统

---

① See Amartya Sen, *Famines and poverty*, London: Oxford University Press, 1981.

② 参见[美]卡莱斯·鲍什:《民主与再分配》,熊洁译,上海人民出版社,2011 年;[美]迭龙·阿塞莫格鲁、[美]詹姆斯·罗宾逊:《政治发展的经济分析:专制和民主的经济起源》,马春文等译,上海财经大学出版社,2008 年;Michael Comiskey, Electoral Competition and the Growth of Public Spending in 13 Industrial Democracies, *Comparative Political Studies*, Vol.26, No.3, 1993; Jeffrey Timmons, Does Democracy Reduce Economic Inequality? *British Journal of Political Science*, Vol.40, No.4, 2010.

③ 参见[美]斯迪芬·海哥德、[美]罗伯特·R.考夫曼:《民主化转型的政治经济分析》,张大军译,社会科学文献出版社,2008 年;[美]詹姆斯·F.霍利菲尔德、[美]加尔文·吉尔森主编:《通往民主之路——民主转型的政治经济学》,何志平、马卫红译,社会科学文献出版社,2012 年。

治？"①拉里·巴特尔斯(Larry M.Bartels)则对美国近年来的经济不平等状况作了深入考察，从政党政治、阶级政治、公民投票偏好等层面，解释了票决体制下政治制度导致经济不平等分配加剧、社会阶层间收入差距扩大的主要原因。②伊恩·夏皮罗(Ian Shapiro)则将民主与分配的关系视为民主理论研究的新课题，他试图解答"为什么随着普选权的逐步扩大，反而出现了收入分配差距加剧的现象"，其解释维度主要包含三个层面：一是为什么政治家和政治精英不愿意提供更多的惠及底层群众的公共政策；二是为什么底层群众并不期待从民主政体的政策制定中获取更多利益，反而能够忍受不平等的增长；三是不平等的加剧对民主政治的运行带来哪些损害，这些损害本身是否抑制了民主制度的再分配能力。③

从上述论述中，我们可以发现两种截然相反的观点，使得我们对于民主与分配的关系更加茫然不解。这需要我们提供一种综合性的分析框架，重新梳理与认识民主票决机制下政治经济的互动关系。以往学者的研究局限性主要表现在以下三个方面：一是研究建立在一些未经检验的假设之上，这些假设包括民主的政治代表性理论、政府责任性理论、中间人投票定理和阶级投票理论等；二是没有意识到上述理论假设成立是有条件的，也没有考虑到民主政治运行的复杂性，特别是政治系统内部各要素（如政党、公民、阶级等）之间的互动关系对社会阶层收入分配结果的影响；三是没有区分民主的发展程度、制度的可实施性、路径依赖等因素对社会分配结构的影响，而这些因素的重要性远远高于传统研究受理性选择主义影响所形成的选民偏好分析和策略互动分析。

---

① ［美］罗伯特·A.达尔：《谁统治：一个美国城市的民主与权力》，范春辉、张宇译，江苏人民出版社，2011年，第3页。

② 参见［美］拉里·巴特尔斯：《不平等的民主：新镀金时代的政治经济学分析》，方卿译，上海人民出版社，2012年。

③ 参见［美］伊恩·夏皮罗：《民主理论的现状》，王军译，中国人民大学出版社，2013年。

第二节 类型Ⅰ:欧美四国的经济不平等

在第一类型的样本中,我们主要来观察美国、英国、德国、法国四个欧美发达资本主义国家近年来经济不平等的变迁过程。这既包括对每个具体国家的经验证据的整理与分析,又包括四个欧美国家内部经验数据的对比性分析。

我们主要从四个方面来测量经济不平等:一是可支配收入基尼系数(GDI),也就是以家庭为单位的基尼系数,包括收入、自营职业和资本收入以及公共现金转移,扣除家庭缴纳的所得税和社会保障缴款。二是市场收入基尼系数(GMI),也是就税前收入或公共财政转移之前的收入的基尼系数。基尼系数的数值在0~1之间,数字越大代表贫富差距越大。三是帕尔马比值(Palma ratio),是指10%可支配收入最高的人所获得的全部收入除以40%可支配收入最低的人所获得的全部收入的份额,数值越大说明贫富差距越大。四是十分位制比值,我们主要采用P90/P10,即把社会阶层按照收入水平划分为十个十分位数,主要测量第九个十分位数(即收入最高者的10%)的上限值与第一个十分位数的上限值之比,数值越大表明贫富越悬殊。我们采用经合组织数据库提供的数据作为依据,该数据库在2012年对"收入"变量进行了重新定义,因此上述四个指标又分别对应两个子数据:一个是根据2011年之前的"收入"变量测量的,另一个则是根据2012年之后的"收入"变量测量的。

一、类型 I 内部样本国家的具体情况

(一)美国经济不平等的经验发现

在比较政治经济学的讨论中，美国因为是所有西方国家中经济不平等
程度最高的国家而备受关注。在美国，民主制度作为干预手段，一方面受到
市场至上主义思潮的排斥，另一方面民主制度作为公共权力的要素更为偏
袒资本所有者和本来就富裕的社会阶层，尤其是自里根新自由主义改革以
后,美国社会阶层的再分配效应的差异性分布越来越明显。我们首先用上述
这四个指标来观察美国近年来经济不平等的情况,如图 3-1、3-2、3-3 所示：

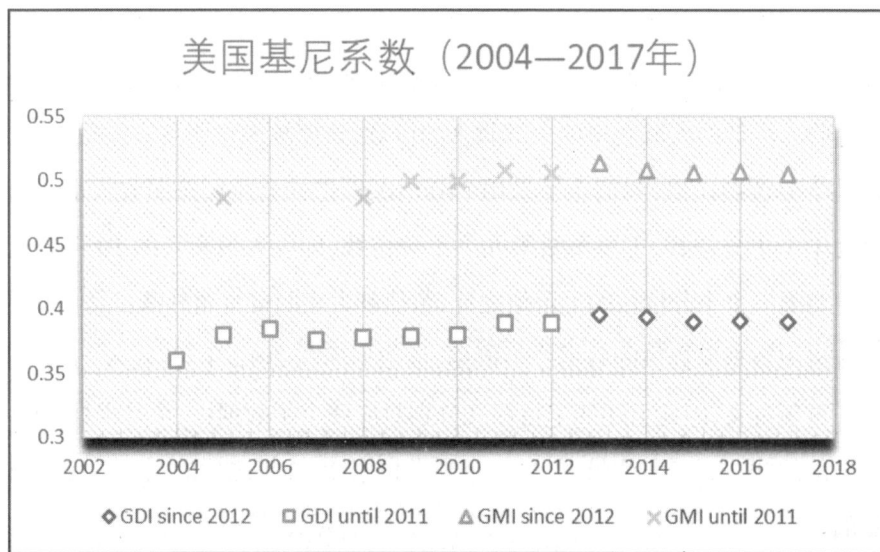

图 3-1　美国基尼系数(2004—2017 年)

资料来源：OECD Dataset：Income Distribution Database.

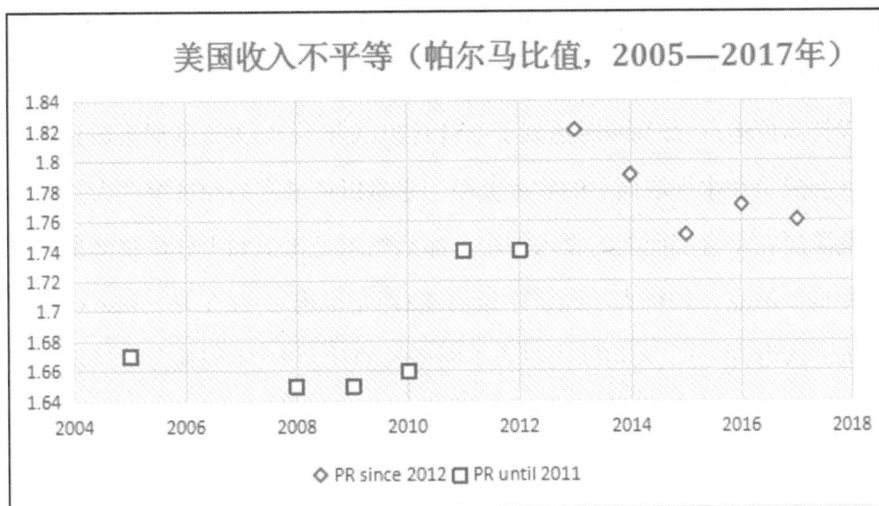

图 3-2 美国收入不平等(帕尔马比值,2005—2017 年)

资料来源:OECD Dataset:Income Distribution Database.

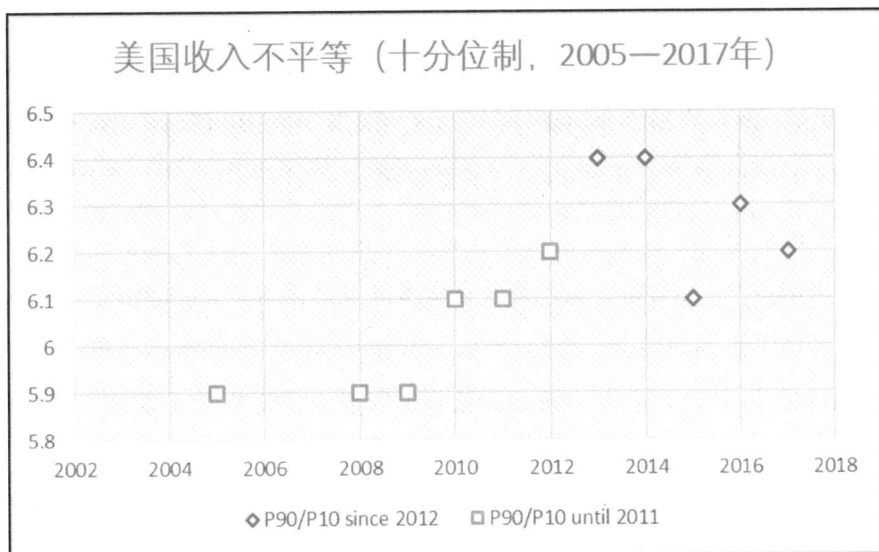

图 3-3 美国收入不平等(十分位制,2005—2017 年)

资料来源:OECD Dataset:Income Distribution Database.

上述三图表明,不管是从哪一个测量指标来看,美国自 2004 年以来经济不平等的增长是显而易见的。2004 年,美国按可支配收入计算的基尼系数是 0.36,之后一路高歌猛进,2019 年超过了 0.39,在此之后再也没有跌破过这一数值。而按市场收入计算的基尼系数,从 2004 年开始就一直在 0.49 以上保持高位运行,最高峰时达到了 0.513(2013 年)。如果说基尼系数只是反映社会成员在水平层面上的收入差距,它难以衡量富裕和贫穷两大悬殊的社会阶层在垂直层面上的收入差距,那么帕尔马比值和十分位制测量可以避免这一缺点。剑桥大学经济学家何塞·加布里埃尔·帕尔马(José Gabriel Palma)认为,在一个人均国民收入不断增长的社会中,不同社会阶层从中获利的能力是不同的。一般而言,中上层尤其是极富群体更有能力和机会从经济增长中获利,中产阶层也会相应地所有收益,而中下阶层的获利能力明显低于人均收入增长的速度。因此,在经济不断增长的社会中,社会阶层的收入差距主要表现在处于 10% 以上的富裕群体与处于 40% 以下的贫困群体之间的差距,帕尔马比值反映的就是这一个差距的水平。[1]从帕尔马比值来看,2008 年,处于 10% 以上的富裕阶层收入是 40% 以下贫困阶层收入的 1.65倍,而这一数字在 2013 年时就达到了 1.82 倍。从 P90/P10 层面看,2005 年数值为 5.9,2013 年就上升为 6.4。这些都说明,美国社会不同阶层之间收入差距的鸿沟在不断扩大。

根据多种衡量标准,美国都是在众多的发达资本主义经济体中具有最严重经济不平等的国家。约翰·米克尔思韦特(John Micklethwait)和阿德里安·伍尔德里奇(Adrian Wooldridge)认为美国是一个天生的"右派国家"(The Right Nation),"过去 30 年间,美国的不平等异乎寻常地增加了,在许多方面,这种不平等回到了'镀金时代'的世界"[2]。经济不平等使得美国成为社会

---

[1] See José Gabriel Palma, National Inequality in the Era of Globalisation: What do Recent Data Tell Us?, in: Jonathan Michie(ed.), *The Handbook of Globalisation*, Second Edition, chapter 7, Edward Elgar Publishing, 2011.

[2] [美]约翰·米克尔思韦特、[美]阿德里安·伍尔德里奇:《右派国家:美国为什么独一无二》,王传兴译,中信出版社,2014 年,第 284 页。

阶层收入差距最大的发达国家之一，而且这种差距随着新自由主义浪潮的狂飙而不断拉大。在 1970 年，美国 0.01% 的最富有的纳税人，收入占全国收入的 0.7%。但是在 1998 年，0.01% 的最富有的纳税人，收入在全国收入中所占的比例超过了 3%。这意味着，最富有的 1.3 万个家庭的收入几乎等于2000万个最贫穷家庭的总收入。1980 年，美国首席执行官的平均薪资是工人平均工资的 40 倍，2003 年这一比例超过 400 倍。如果按照资产而非收入来看，差距还会更大。1% 的最富有家庭控制了美国 38% 的财富，是底层 80% 家庭总数的两倍之多。[1]新自由主义的民主带来它想要达到的社会经济状态，即每个人的经济地位取决于他/她自由利用资本的能力和机会，而这种能力和机会不应该受到公共权力的干扰，所以经济不平等的增长被看作自然诱发的经济秩序，这种经济秩序不应当受到任何指责。在这种情况下，美国的民主体制被动地制约于这种强大的意识形态保守性力量，民主也就不得不在这种社会经济环境中予以适应。正如詹姆斯·斯通（James M. Stone）所言：

> 民主的基本核心要求以健康的多元主义措施作为前提，即一个金钱和权力广泛分布的社会。民主与市场经济并不是一回事，虽然它们可以和谐共存；而且民主并不等同于繁荣。美国非常依赖市场经济及其所带来的繁荣保障……只要我们能保持我们的挑战型和创新型文化。威胁在于，我们可能发现自己生活在一个极少数人和少数机构攫取几乎全部成果，并制定可能为他们的私利服务的所有的社会和经济政策的市场经济中。这只是一种名义上的民主。[2]

---

① See Do You Like Your Class Shaken or Stirred, Sir? *Economics*, September 4, 2003.

② [美]詹姆斯·M. 斯通：《美国社会经济五个基本问题》，忠华译，中信出版集团，2017 年，第 53~54 页。

经济不平等的民主的问题在于破坏了多元主义的社会，而多元主义一直以来被视为民主的正当性基础之一。因此，今天经济不平等时代的美国正在改变200多年前托克维尔关于美国民主的认知，在这个时候，美国民主的魅力可以说是在世界上独领风骚，因为在托克维尔看来，美国的民主塑造了一个不同于欧洲传统等级化的陈旧社会的新世界。而现在，托克维尔所论述的美国式民主正在被新自由主义改造得失掉了平等化的内核。

(二)英国经济不平等的经验发现

再来看作为经济资本主义和政治资本主义双重策源地的英国其经济不平等情况，如图3-4、3-5和3-6所示：

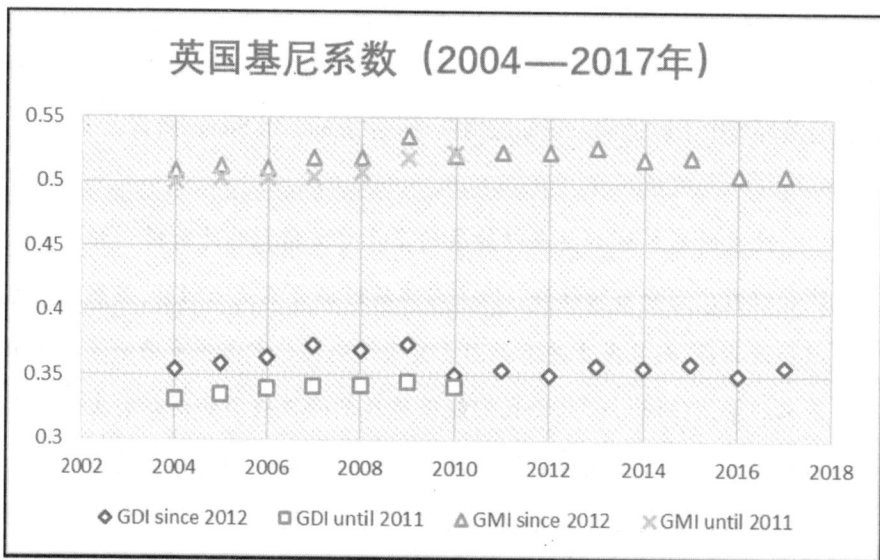

图3-4　英国基尼系数(2004—2017年)
资料来源：OECD Dataset：Income Distribution Database.

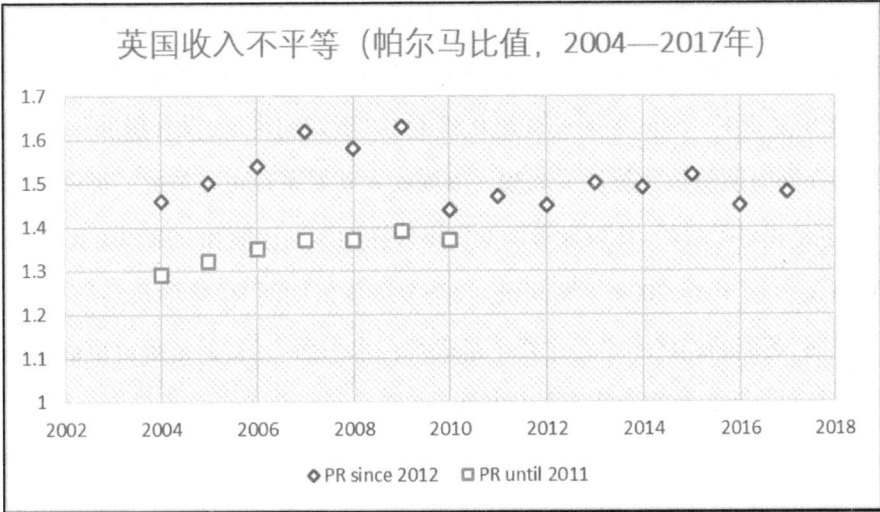

图 3-5　英国收入不平等(帕尔马比值,2004—2017 年)

资料来源:OECD Dataset:Income Distribution Database.

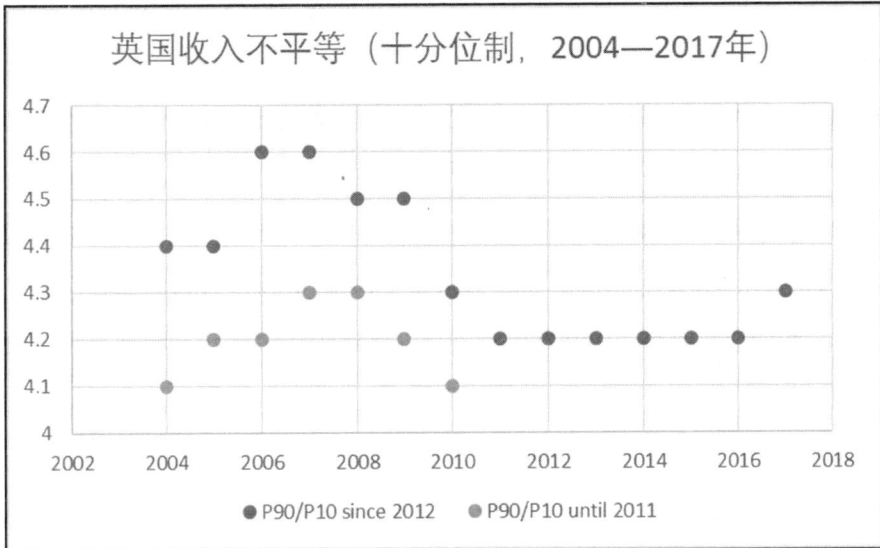

图 3-6　英国收入不平等(十分位制,2004—2017 年)

资料来源:OECD Dataset:Income Distribution Database.

西式民主的再分配危机与经济不平等的发展

上面三图表明,相对于美国而言,英国所面临的经济不平等的增长更加平缓,在一段时间内还出现了下降的趋势。以可支配收入基尼系数为例,在2004年至2017年间,英国一直在0.35至0.376之间徘徊,没有超过0.38,而美国在同时期的数值超过了0.39。市场收入基尼系数也是如此,即使是增长,也是相对平缓的。比较显著的变化出现在帕尔马比值和P90/P10上,两大数据在2007年至2009年期间(也就是金融危机期间)猛然增长到最高峰。这说明,英国的经济不平等主要不是表现在水平面上的,而是垂直层面上富裕群体对贫困群体财富占有的优势上。

根据世界不平等数据库(World Inequality Database)的研究,自20世纪80年代新自由主义隆兴以来,英国社会总体上呈现出经济不平等逐渐上升的趋势,这与其他发达资本主义世界保持着一致性。以收入水平的百分位制来统计,在1980年,收入最高的10%社会群体收入占英国社会总收入的比重达到28.59%,而这一数字到2017年经过长期的缓慢增长在不知不觉中攀升到了35.46%。中间收入水平的40%社会群体所占社会总收入的比重则从1980年的47.92%下降到2017年的43.93%,这表明英国中产阶层的收入水平出现了下降的趋势,从而威胁了中产阶层的稳定性。而处于收入水平最低端的50%的社会群体的收入占比也在萎缩,在1980年占比为23.49%,到2017年就缩小到了20.61%。那些收入水平最顶端1%的极富群体则迎来了收入扩张的变化趋势,在1980年时这部分经济贵族阶层所占社会总收入的6.93%,而到了2017年则几乎翻了一番,达到了12.61%。[①]

但是与大西洋彼岸的美国相比,英国经济不平等的程度不管是在垂直层面还是在水平层面明显都是趋缓的,这在一定程度上与英国所施行的民主福利道路紧密相关。自撒切尔夫人改革以来,"拆散福利国家"(dismantling

---

① 参见 https://wid.world/data/,最终访问时间为2020年3月29日。

welfare state）成为克服公共财政超支、官僚体系衰败和政府沉重负担的主流经济学观点，并且主导了英国政治圈核心人物的一般观点，改变了选举政治的轨迹。[1]撒切尔夫人公开阐述道："我们的教育、住房和健康政策有着共同的主题，那就是选择的延伸、权力的分散和鼓励个人责任。"[2]更为重要的是，撒切尔夫人的保守主义改革将强大的工会力量视为福利国家的帮凶和经济滞涨低迷的敌人，瓦解工会与劳工的有机联系成为撒切尔夫人改革的重要选项。"英国是所有欧洲国家同统合主义趋势决裂最为彻底的国家。在多元主义的英国模式下，不管是雇主还是雇员，其利益组织的结构都相当脆弱，中央协调的程度也非常弱。……在这种分散化的多元主义环境中，他们既无法很快形成有效的政治团体，也无法通过占据优势的年龄结构去控制强有力的工会组织。"[3]保守党政府的改革落到社会政策领域造成了社会利益的分裂，中产阶层和下层百姓在这场改革中并没有获得太多的福祉，反而是那些经济精英借助一系列的私有化政策赚得盆满钵满。这无疑增加了选民对保守党政府改革的不满，最后把选票投给了重新塑造政治纲领的工党。20世纪90年代，布莱尔的工党政府推出了"新工党、新英国"的"第三条道路"，其核心就是把福利国家改造为福利社会，一方面打破工党传统的劳工阶级票仓基础，吸引年轻一代新英国人的关注，把注意力集中在人们普遍关心的社会问题上而不是劳工阶层关注的社会问题上；另一方面则纠偏保守党政府的私有化市场福利制度，强调政府、社会民间机构与公民个人的福利分担，"政府授权而非直接提供福利国家"[4]。"布莱尔主义"的策略就是在新工党

---

① 参见［英］保罗·皮尔逊：《拆散福利国家——里根、撒切尔和紧缩政治学》，舒绍福译，吉林出版集团有限责任公司，2007年。

② Margaret Thatcher, *The Downing Street Years*, London：Harper Collins publishers, 1993, p. 618.

③ 刘骥：《阶级分化与代际分裂——欧洲福利国家养老金政治的比较分析》，北京大学出版社，2008年，第186~187页。

④ Martin Powell and Martin Hewitt, *Welfare State and Welfare Chang*, Buckingham：Open University Press, 2002, p.185.

"工作福利计划"与撒切尔夫人改革之间寻求"共识政策"。而2008年金融危机和2010年工党大选的失败,意味着这种"共识政策"既无法协调伴随经济危机而来的福利萎缩,也无法挽回工党失去大量传统工人阶级的投票支持。在保守党重新夺取政权后,鼓励市场化的、个人主义的福利政策再次成为英国福利制度的模式,并且在此之后增加了脱欧倾向的分离主义选项。而英国工党右派势力的失势,则为以爱德华·米利班德、杰里米·科尔宾为代表的传统派精英改革工党提供了契机。

(三)法国、德国经济不平等的经验发现

接下来,我们将法国和德国在2004年至2016年间经济不平等的情况整合在一起,然后对比起来观察。如图3-7、3-8、3-9和3-10所示:

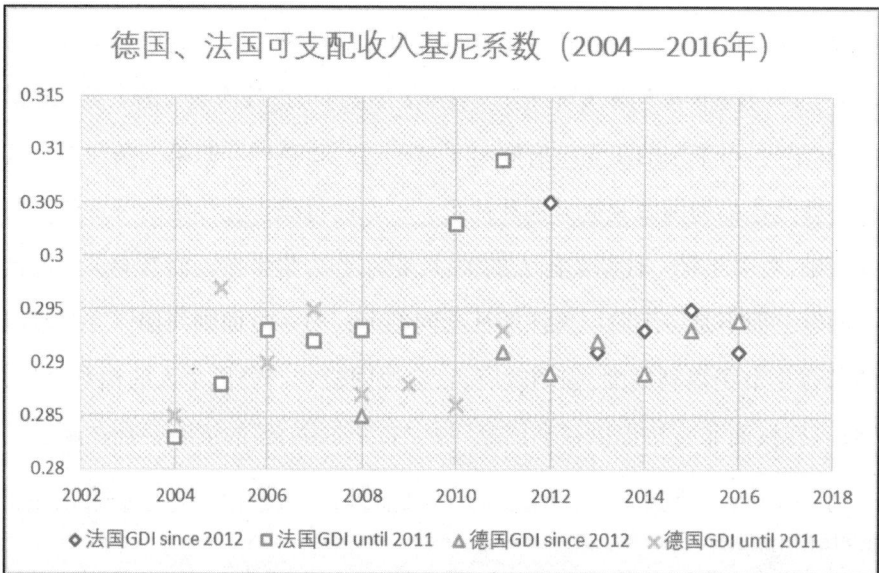

图3-7　德国、法国可支配收入基尼系数(2004—2016年)
资料来源:OECD Dataset:Income Distribution Database.

德国、法国市场收入基尼系数（2004—2016年）

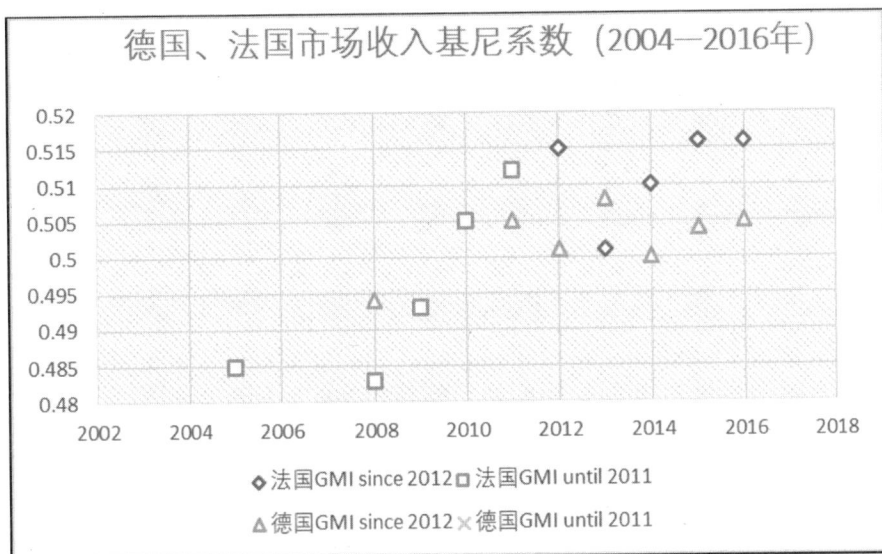

图 3-8　德国、法国市场收入基尼系数(2004—2016 年)

资料来源:OECD Dataset:Income Distribution Database.

德国、法国帕尔马比值变化（2004—2016年）

图 3-9　德国、法国帕尔马比值变化(2004—2016 年)

资料来源:OECD Dataset:Income Distribution Database.

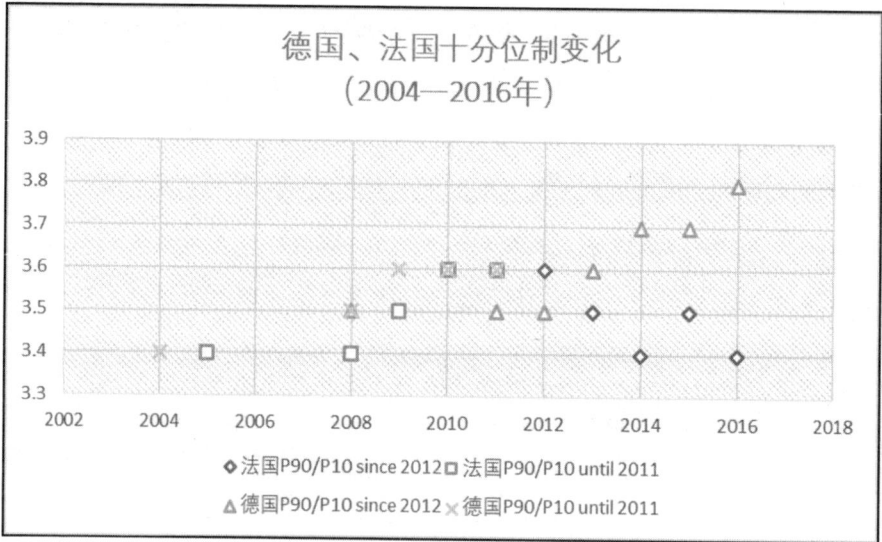

图 3-10　德国、法国十分位制变化（2004—2016 年）
资料来源：OECD Dataset：Income Distribution Database.

通过整合对比，我们就会发现德国在抑制经济不平等方面的成果要优于法国。在可支配收入基尼系数、市场收入基尼系数和帕尔马比值三项指标中，德国的贫富差距程度大都小于同时期的法国。但是从总体的趋势来看，两国都基本上经历了一个不断上升的趋势，只是在个别的年份呈现出微弱的下降。从 2004 年到 2011 年，德国的可支配收入基尼系数从 0.285 上升到 0.293，法国则从 0.283 上升到 0.309；从 2012 年到 2016 年，德国的可支配收入基尼系数从 0.289 上升到 0.294，而在法国则出现了缓慢的下降趋势，从 0.305 下降到 0.295。在市场收入基尼系数方面，德国缺乏从 2004 年到 2010 年的数据，而从 2011 年到 2016 年则出现了先下降再上升再下降的变化；法国的数据变化也不大，从 2012 年到 2016 年基本上维持在 0.515 的水平上。值得注意的现象是，在 P90/P10 比值层面，德国的数据（平均值分别为 3.54 和 3.66）一直高于法国（平均值分别为 3.5 和 3.48），这说明德国的经济不平等同法国相比更多地表现在收入分布区间的两端，而不是收入分布区间的中间位置。

而以社会阶层收入水平的百分制十分位来看，根据世界不平等数据库的统计，德国收入水平最高 10% 的社会群体收入在全国总收入中的占比从 1980 年的 29.23% 上升到 2017 年的 36.76%，而在法国则是从 1980 年的 30.63% 上升到 32.99%；德国收入水平中间 40% 的社会群体收入在全国总收入中的占比从 1980 年的 46.71% 下降到 44.72%，法国与德国同样保持了相对较缓的下降趋势，从 1980 年的 45.95% 下降到 44.61%；而在收入水平最低 50% 社会群体中，德国的数据下降同样更为明显，从 1980 年到 24.06% 到 2017 年的 18.52%，法国则是从 1980 年的 23.42% 下降到 22.40%；对于收入水平最高 1% 的极富群体而言，无论是在法国还是在德国都经历了一个收入占比不断增长的过程，德国是从 1980 年的 10.22% 增长到 12.53%，法国则是从 1980 年的 8.17% 增长到 11.15%。[1]这表明，虽然欧陆传统与英美传统存在着较大差异，但是自 20 世纪 80 年代以来的新自由主义思潮同样在德国和法国的社会阶层的收入差距分布中得到了明显体现，即经济收入呈现出不断集中化的特征，社会阶层的经济分化越来越明显。

二、类型 I 内部样本国家的比较分析

在这一部分中，我们将类型 I 中的四个样本国家放在一起加以观察。我们认为，经济不平等的表现是多维的，既存在于一个样本国家内部的经济社会变迁之中，也体现在国别差异之中。这种国别差异可以帮我们认识经济不平等发展演化的内在机制。如图 3-11、3-12、3-13 和 3-14 所示：

---

① 参见 https://wid.world/data/，最终访问时间为 2020 年 3 月 29 日。

美国、英国、德国、法国可支配收入基尼系数
（2004—2017年）

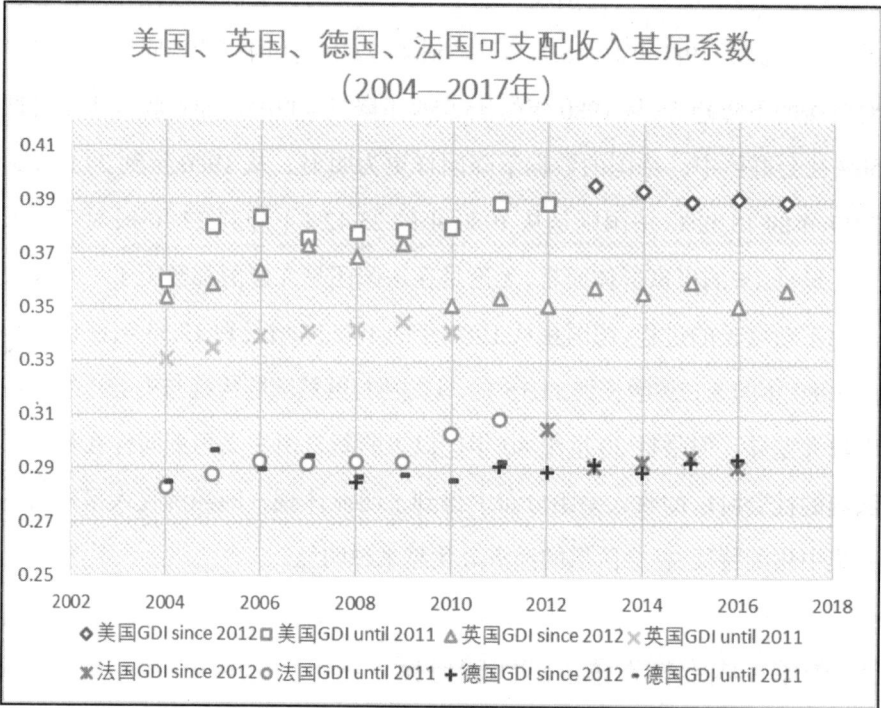

图 3-11　美国、英国、德国、法国可支配收入基尼系数（2004—2017 年）
资料来源：OECD Dataset：Income Distribution Database.

美国、英国、德国、法国市场收入基尼系数
（2004—2017年）

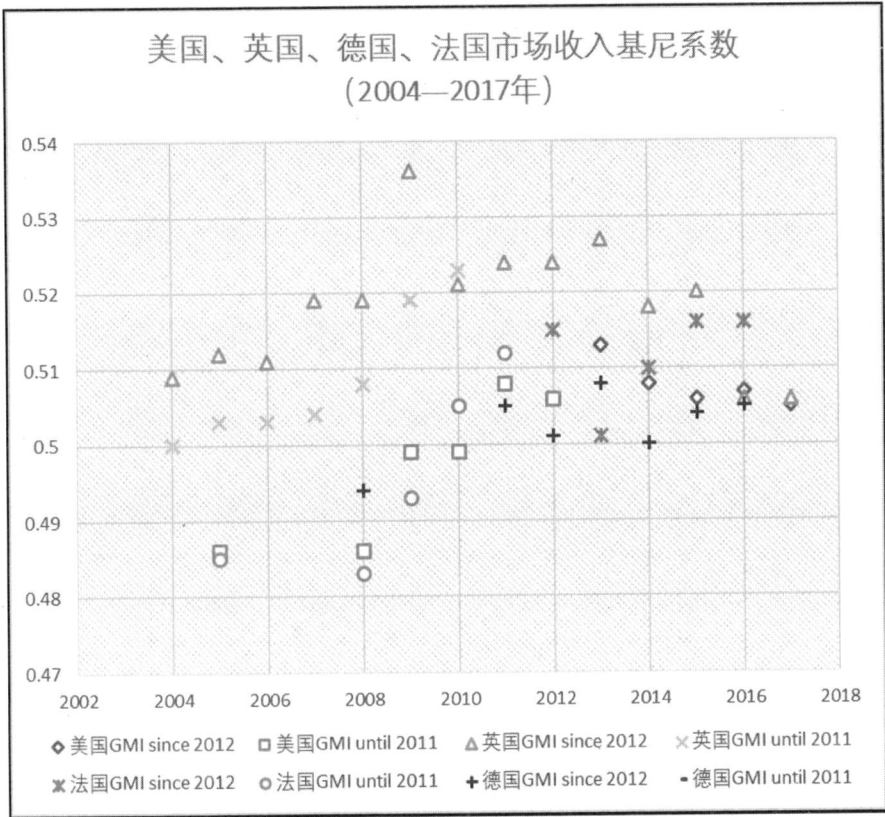

图 3-12　美国、英国、德国、法国市场收入基尼系数（2004—2017 年）

资料来源：OECD Dataset：Income Distribution Database.

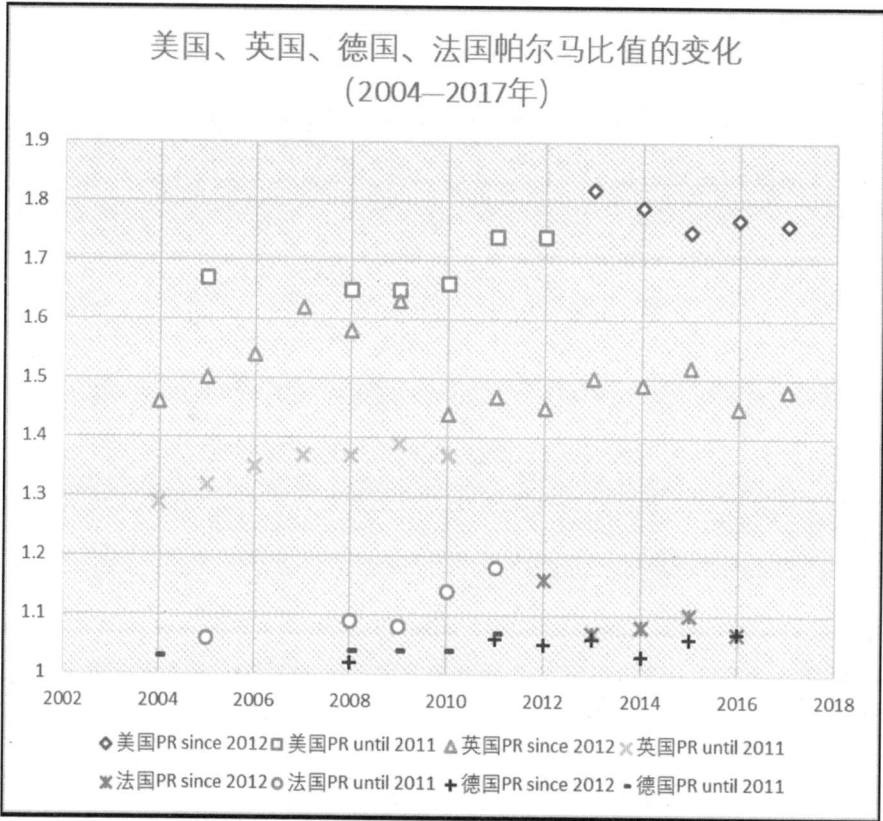

图 3-13　美国、英国、德国、法国帕尔马比值的变化(2004—2017 年)
资料来源：OECD Dataset：Income Distribution Database.

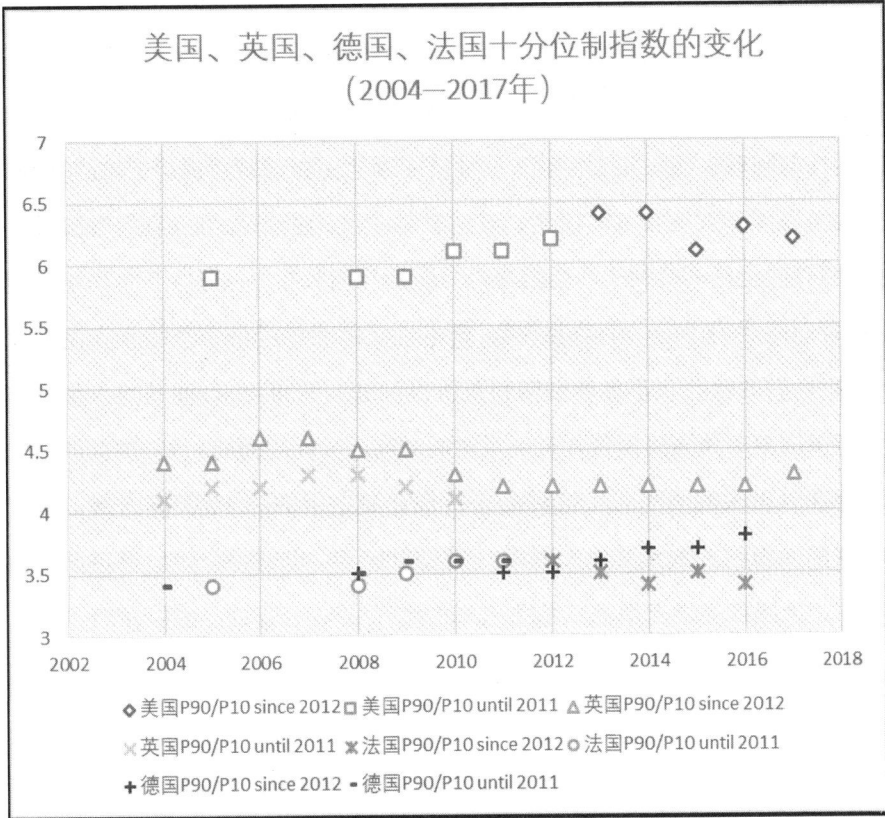

图 3-14　美国、英国、德国、法国十分位制指数的变化（2004—2017 年）
资料来源：OECD Dataset：Income Distribution Database.

从国别比较的以上四图中可以发现两个基本结论：

第一，从横坐标时间维度上看，美国、英国、德国、法国在四个测量维度都表现出相似的发展趋势，即经济不平等的程度随着时间的推移而不断高企。在十年间，四个国家都经历了一波经济不平等升级的过程，这就表明这些国家财富的集中程度越来越高，处于不同社会等级的群体从经济的长期变化中所获得的福利差距正在拉大。这种现象出现在不同的制度环境、经济制度和历史传统之中，说明经济不平等已经成为发达资本主义国家的一个共通性的问题。这对几十年前一些经济学家所主张的观点提出了挑战，即随着经济发展和人均收入的提高，发达资本主义国家不仅可以有效解决极端贫困问题，而且会有利于社会财富再分配的均匀分布。这是在新自由主义时期，我们需要关注的一个重要现象，资本主义世界的经济不平等正在制造分化的、撕裂的社会。正如斯蒂格利茨所言："富人变得愈富，而其他人却面临着与美国梦不相称的困苦。……当我们对收入分配随意进行切分时，就会发现存在着更大的不平等，这种甚至出现在最上层的那1%人群内部；其中0.1%的人得到的钱比其他人都多。截至2007年，也就是金融危机爆发的前一年，美国社会最上层的0.1%的家庭所拥有的收入是社会底层90%家庭平均收入的220倍。财富分配甚至比收入分配更为不平等，最富有的1%人群拥有的财富超过国家财富的1/3。……但是在过去的30年里，我们已经越来越成为一个分化的国家：上层群体的收入增长得最快，但底层群体的收入实际上在下降。"[①]既然，经济不平等的发展已经超出了单个样本国家的范围，那么就说明经济不平等的发展逻辑具有普遍性特征。那么在这些资深的民主国家中，具有天然数量优势的选民为何没有通过投票机制限制这种现象的发生？而在一个经济不平等日益发展的社会中，民主被置于这样的社会环

---

① ［美］约瑟夫·E.斯蒂格利茨：《不平等的代价》，张子源译，机械工业出版社，2014年，第3~5页。

境中会如何调试与社会经济生态的关系？这些问题，我们在以后的篇章中予以尝试性回答。

第二，在类型 I 样本内部，美国在四个测量指标上都明显地表现出比英国、法国、德国更高的经济不平等水平。主要体现为四个方面：一是在四个指标的最高值数据方面，其中三个都出现在美国，分别是可支配收入基尼系数数值 0.396、帕尔马比值数值 1.82 和十分位制比值数值 6.4，只有一个市场收入基尼系数最高值 0.536 出现在英国。二是在四个指标的最低值方面，两个数据可支配收入基尼系数数值 0.283 和市场收入基尼系数数值 0.483 出现在法国，两个数据帕尔马比值数值 1.02 和十分位制比值数值 3.4 出现在德国。三是四个指标数据基本呈现出美国最高、英国次之，法国、德国居后的态势。四是从时间维度上看，美国在四个测量指标上不仅长期处于高位运行的状态，而且相对增长速度也是最快的。与 2004 年的数据相比，四项指标到 2017 年的年平均增长比率在美国、英国、法国、德国分别达到了 8.3%、3.8%、5.3% 和 5.1%。

为什么美国的经济不平等会更加严重？现在看来，至少有以下两个原因在起作用。

首先从民主投票对再分配政策结果上看，选举制度的差异发挥着重要作用。瑞典学者托斯坦·佩森(Torsten Persson)和瑞典学者吉多·塔贝林尼(Cuido Tabellini)在考察选举制度对政策绩效的影响时就指出："如果一个党派获得的选票达不到简单多数，那么这些选票就会全部失去，而选区规模较小，则降低了赢得选举所必需的选民联盟的最少人数……这会促使政治家把更大一部分民众的政治利益放在心上，从而与在简单多数规则下相比，在比例代表制的规则下，他们更有动力去选择能给更广泛的人群带来利益的政策。"[①]

---

① ［瑞典］托斯坦·佩森、［意］吉多·塔贝林尼：《制度的经济效应》，廉晓红译，商务印书馆，2019 年，第 21 页。

钟情于简单多数选举制的美国常常会出现这样的情况:在每个选区中,获得相对多数票的得票最多的候选人就是胜利者,即便他/她的得票没有过半数。虽然美国的选举制度能够较为迅速地形成具有权威性的政府,但是却牺牲了代表性以及候选人与选民的切实联系,使得选民的意志容易在选举过程中被忽视。对此,梅塞尔教授就强调:"美国的竞选体系采取单一席位选区、弱势政党、三权分立、强大的联邦体系等做法,这必然导致竞选活动立足形象,而不是实质内容。民众可以了解他们的代表,但并不能把责任归咎于后者,因为权力呈分散状态。"[1]因此,美国所采取的选举制度在一定程度上助长了而不是抑制了经济不平等的增长。

其次,这也与美国在福利制度的初始条件上的先天不足和市场化的福利理念紧密相关。如下表 3-1 所示,早在 19 世纪末 20 世纪初,西欧社会就开始迈向福利国家社会,系列福利制度陆续建立并实施。而美国直到罗斯福新政时期,由于大面积的失业和全面经济萧条造成的社会危机,才开始接受国家在保障人民基本生活方面具有政治责任的观点,才开始通过立法保障福利制度的建设:其中包括 1933 年的《联邦紧急救助法》(Federal Emergency Relief Act)、1935 年《紧急救助拨款法》(Emergency Relief Appropriation Act)和《社会保障法案》(Social Security Act)等。而在金融危机爆发的 1929 年,美国社会福利总支出只有 39 亿美元,只占到国内生产总值的 3.9%。[2]而欧洲许多国家在此之前就已经超过了这一比例。

---

① [美]L.桑迪·梅塞尔:《美国政党与选举》,陆赟译,译林出版社,2017 年,第 132 页。

② See Neil Gilbert, *Capitalism and the Welfare State*, NewHaven, CT:Yale University Press, 1983.

表 3-1 部分欧洲国家首次出台社会政策的年份及开支水平

国家	医疗	养老	失业	家庭津贴	社会支出占国内生产总值的比重	
					3%	5%
荷兰	1929	1913	1916	1940	1920	1934
英国	1911	1908	1911	1945	1905	1920
德国	1883	1889	1927	1954	1900	1915
瑞典	1891	1913	1934	1947	1905	1921

资料来源:Christopher Pierson, Beyond the Welfare State? *The New Political Economy of Welfare*, Cambridge Polity Press, 1998, p.106. 转引自刘玉安:《告别福利国家?:九十年代以来西欧社会民主党政策变革研究》,山东人民出版社,2015年,第28页。

可以说,在福利国家建设进程中,美国可谓是名副其实的后进生。甚至,也有学者怀疑美国的福利国家身份,称美国是"不情愿"的福利国家(The Reluctant Welfare State)。[1]美国缺乏福利国家的历史传统,这一事实实际上与美国所坚持的福利理念紧密相关。根据埃斯平-安德森对福利国家"三个世界"的划分,美国属于市场体系化的自由主义福利国家,在意识形态上信奉个人主义哲学,认为福利首先是公民个人的事务,在自由的市场体系下,身心健全的公民可以在自由市场中追求和实现福利。[2]而国家的责任只是救助无法进入自由市场的特殊群体,如老年人和残疾人等。这种个人主义的自由市场福利理念具有很强的路径依赖性。直到20世纪60年代,在轰轰烈烈的平权运动的底层群体压力下,1964年约翰逊总统提出的伟大社会(Great Society)计划才将福利资格扩大到全民,福利范围延伸至就业、医疗、教育、住房、收入等领域。而随着里根总统的上台,新自由主义重新成为美国政治经济体制的主导性意识形态,福利国家模式再次遭受质疑,一场拆散福利国家的政治改造运动席卷而来。如下表3-2所示,美国一直警惕和控制社会性开支在国

---

[1] See Bruce Jansson, *The Reluctant Welfare State: American Social Welfare Policies—Past, Present, and Future* (3th), Pacific Grove: Brooks/Cole Publishing Company, 1997.

[2] See G. Esping-Andersen, *The Three Worlds of Welfare Capitalism*, Cambridge: Polity Press, 1990.

内生产总值所占比重的增长。在社会性支出占国内生产总值比重方面,自由主义福利模式的美国和英国一直低于社会民主主义福利模式的法国和德国,而且低于欧洲国家的平均水平。而作为新自由主义的大本营,美国在这一方面的表现又远远低于英国。这就说明了,社会政策的意识形态对民主制度能否通过再分配措施调节社会阶层收入具有显著的导向性,揭示了资本对于再分配的主导性作用。关于这一点,我们将在以后的章节中予以重点论述。

表3-2　美国、英国、法国、德国社会性支出占国内生产总值比重的变化(1980—2006年)

国家	1980年	1985年	1990年	1995年	2000年	2005年	2006年
法国	20.76	26.00	24.87	28.50	27.72	28.97	28.59
德国	22.11	22.53	21.73	26.76	26.56	27.23	26.15
英国	16.54	19.44	16.75	19.91	18.60	20.57	20.36
欧洲平均	18.93	20.99	20.02	20.41	21.16	21.81	21.45
美国	13.16	13.11	13.46	15.38	14.46	15.83	15.99

资料来源:OECD iLibrary.

第三节　类型Ⅱ:印度、土耳其、南非三国的经济不平等

　　了解完发达资本主义国家近年来社会阶层收入分配的状况后,我们来考察一下那些重要的新兴转型国家的情况。在类型Ⅱ样本中,我们选择了三个具有地区代表性的国家,分别是印度、土耳其和南非。这三个国家在经历了民主化转型之后,所遭遇的社会经济问题依然严峻,表明民主化绝不是政权更迭、政党竞争性选举那么简单,它依然面临着严峻的社会经济考验。

一、类型 II 内部具体样本的状况

（一）印度经济不平等的经验发现

虽然经济发展迅速，但是印度依然是典型的低收入民主国家。除了低收入和贫困以外，困扰印度民主的另一个重要问题就是经济利益分配的巨大不公。如图 3-15 所示，根据世界不平等研究室（World Inequality Lab）所提供的数据，印度所需要解决的国民再分配不公问题相当严峻，该机构展示了印度自 1922 年以来到 2015 年以来，经济地位上不同比例的社会群体所占社会财富总额的变化情况。

Income inequality, India, 1922-2015

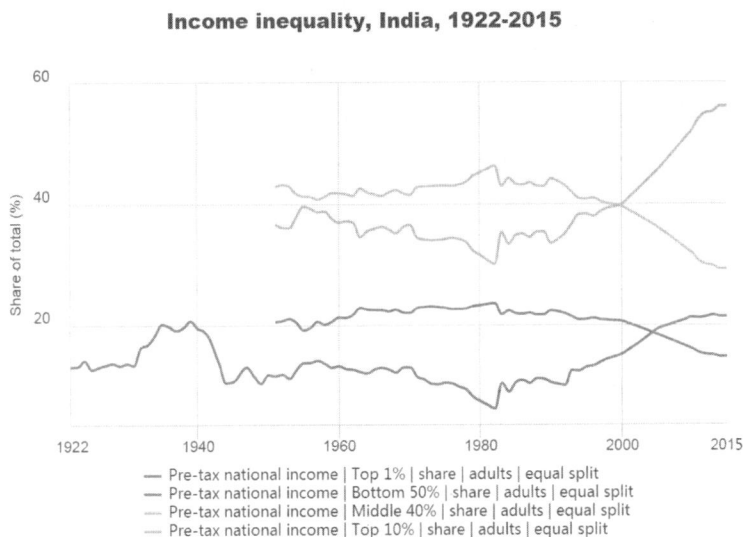

— Pre-tax national income | Top 1% | share | adults | equal split
— Pre-tax national income | Bottom 50% | share | adults | equal split
— Pre-tax national income | Middle 40% | share | adults | equal split
— Pre-tax national income | Top 10% | share | adults | equal split

图 3-15　印度的收入不平等（1922-2015 年）
资料来源：世界不平等数据库（WID）官网，https://wid.world/country/india/。

该图计算了不同等级的社会阶层税前收入占国民收入的比重情况。我们看到，统计最完整的是最高的 1% 人群的数据，它经历了两次大的上升和

两次小的上升以及一次大的下降和一次小的下降。第一次大幅度的上升出现在 1922 年至 1939 年，占国民收入的比重从 13.2% 增长到 20.7%，之后断崖式下降到 1944 年的 10.4%。第二次大幅度的上升，是从 1992 年的 10% 猛增到 2013 年的 21.6%，也就是说印度 1% 最富人群占据了 1/5 还要多的国民收入，而这个变化伴随着印度经济的腾飞。另外一次小的增幅，是 1982 年 6.7%（统计时间内的最低点）短时间内上升到 1983 年的 10.3%。印度出现的一段长时间的经济不平等的下跌是从 1957 年的 14.1% 下降到 1982 年的 6.7%，这一段时间正是尼赫鲁政府试图运用社会主义导向的政策调节社会利益和英迪拉·甘地提出民粹主义主张来改善底层生活境遇的时期。

最高 10% 人群的数据变化也基本上遵循了上述规律：一波长期上扬是从 1982 年的 30.7% 到 2015 年的 56.1%，而一波相对平缓的下降则是从 1955 年的 39.6% 开始的。在 2015 年，最高 1% 的人群占 21.3% 的国民收入，最高 10% 占比达到 56.1%（远远超过了一半），而中间 40% 的人群占比则为 29.2%，最低 50% 的人群占比更是只有 14.7%。中间 40% 人群和最低 50% 都在 1982 年达到了顶峰，数据分别为 46.3% 和 23.6%，从此之后一直保持下降趋势。如果以 1982 年和 2015 年作为基础，我们就会发现，最高 10% 人群从经济发展中所获取的收入是中间 40% 人群的 1.92 倍，是最低 50% 人群的 3.81 倍。更令人惊讶的是，印度的财富主要聚集在最顶层 1% 极富群体，而不是 10% 的富裕群体，因为前者虽然在人数上只是后者的 10%，但是收入占比已经达到了 38%。从 1982 年到 2015 年，急剧增长的经济不平等充分说明，印度多年的民主不仅没有为广大选民谋求经济上的物质利益，而且无法抑制住把印度拉入最不平等国家的强制性力量。

近年来，印度民主正在面临一个新的政治经济格局。长期的经济增长使得印度成为世界上顶级富豪第四多的国家，但是也是世界上名副其实的穷人聚集地。在一个穷人选民占主体的国家里，印度民主如何吸纳选民的政治参与并避免政治冲突? 为此,印度必须学会两条腿走路:一是要积极保持高速增长的绩效合法性,二是要照顾好底层民众的物质和利益诉求。[1]不幸的是,经验证据进一步表明,已经高企的收入不平等状况在 21 世纪的印度并没有得到改观,反而继续恶化。

(二)土耳其经济不平等的经验发现

作为横跨欧亚大陆的重要国家,土耳其在地缘政治中的地位令人关注。从近百年的政治发展进程来看,土耳其的执政党一直面临着文化冲突、民族主义、政党模式、政治体制这些政治发展重大战略选择层面的挑战,此外还要不断应对民众的社会经济要求来平衡政治力量。可以说,土耳其的政局一直深受社会阶层利益分配结果的影响,对此十分敏感。虽然在一段时间内,土耳其通过经济发展和改善民生,维持了政治制度重大变动时期的政治秩序和社会稳定,但是依然存在隐忧。2008 年资本主义世界金融危机以来,追求欧洲模式的土耳其遭受的影响显而易见。受经济增长乏力、失业率攀升、外国投资减少和地区政治经济环境恶化等因素的影响,土耳其社会阶层再分配结构进一步分殊化,经济不平等的鸿沟在拉大。如图 3-16 展示了 2003 年至 2016 年,土耳其不同收入群体所占国民总收入百分比的变化。

---

① Ashutosh Varshney, India's Democracy at 70: Growth, Inequality, and Nationalism, *Journal of Democracy*, 2017, pp.41-51.

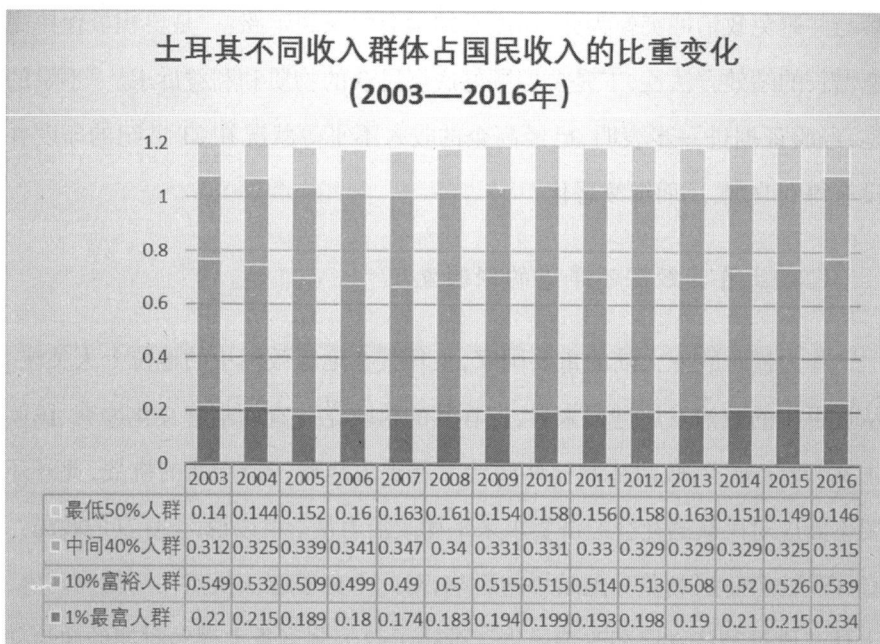

图 3-16　土耳其不同收入群体占国民收入的比重变化(2003—2016 年)

资料来源:根据世界不平等数据库(WID)数据计算得出,参见 https://wid.world/country/turkey/。

依据上图,从表面上看,土耳其 2003 年至 2016 年收入不平等的变化相对平缓,但是如果把我们考察的四个维度分开来看,就会发现土耳其依然面临着不容乐观的社会阶层收入差距扩大问题。2003 年,土耳其最富裕的 1% 群体所占国民总收入的比重是 22%,在此之后出现了一段小波下降,到 2007 年时达到最低点 17.4%,之后便是一个长期的增长过程,到 2016 年时,这一比重就达到了 23.4%。土耳其顶层 10% 富裕群体的收入占比也经历了一个类似的过程,2003 年时最高峰占比为 54.9%,也就是说人数占 10% 的富裕群体所获取的收入报酬却超过了国民总收入的 50% 还要多,2003 年之后出现了小幅波动式下降,但是到 2016 年又回归到了一个高点:53.9%。而在收入分布的另一端,最低 50% 人群的收入占比却基本上保持着下降的态势,最高值是 2007 年的 16.3%,其他年间主要是在 14% 到 16% 之间徘徊,这说明占半数人口的社会中下收入群体只能分享到16%的国民收入报酬。事实上，土耳其1%最富阶层收入占比一直遥遥领先于最低50%人群，前者长期维持20%左右，后者长期低于16%，两者的差值在2007年时最小（1.1%），2016年时差值最大（8.8%）。同时要看到，土耳其的中产阶级发育情况也堪忧，中间40%的人群所占比重一直远远低于10%富裕群体的收入比重，只能占到1/3左右，最高点是2007年的34.7%，到2016年就下降到31.5%。

运用经合组织数据库的数据和其他测量指标，可以进一步佐证我们的经验结论。图3-17衡量了土耳其2007年至2015年可支配收入基尼系数和市场收入基尼系数的变化，都表明这种发展趋势的可信性。

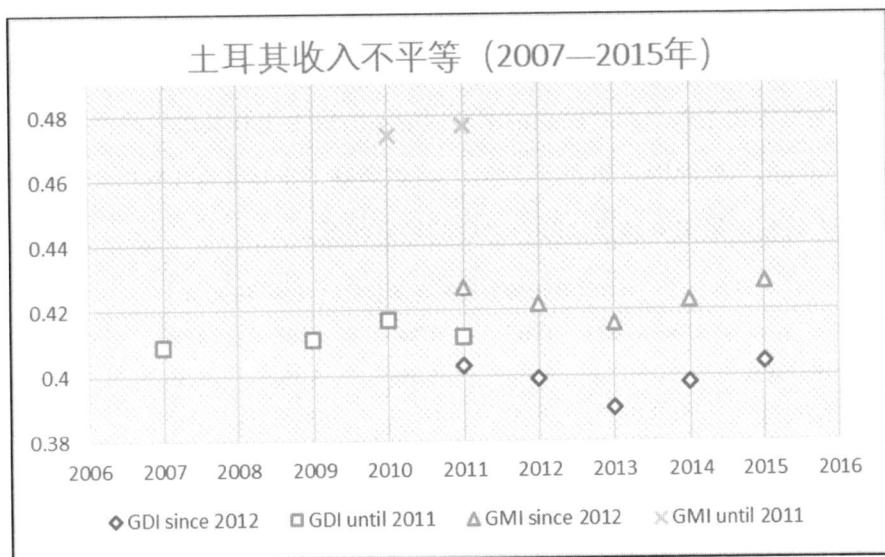

图3-17　土耳其收入不平等（2007—2015年）
资料来源：OECD Dataset：Income Distribution Database.

2007年土耳其在执政党正义与发展党的主持之下，进行了广泛的社会保障体系集权化改革，增强了国家对普通公民社会保障权利的责任。但是土耳其依然需要解决长期存在的社会收入差距过大问题。从图3-17中可以看出，以2011年之前对收入指标的计算标准看，土耳其可支配收入基尼系数在 2007 年、2009 年、2010 年和 2011 年的数值分别为 0.409、0.411、0.417、0.412；市场收入基尼系数在 2010 年和 2011 年分别为 0.474 和 0.477。以 2012 年之后对收入指标的计算标准看，不管是可支配收入基尼系数还是市场收入基尼系数都表现出共同的趋势：从 2010 年 2013 年时下降趋势（前者从 0.403 下降到 0.39，后者从 0.427 下降到 0.416），从 2013 年到 2015 年则呈现为增长的趋势（前者增长到 0.404，后者增长到 0.429）。这种发展趋势表明，在全球经济不平等日益增长的大背景下，土耳其政府应对社会阶层收入差距时也显得力不从心。

民主转型的一般理论认为，民主政府必须建立在广泛同意的基础之上，因此必须要对广大社会群体的利益福祉作出反馈才能得以维持。土耳其民主转型的案例表明，民选政府并不一定有足够的能力来解决民众所需求的再分配平等化主张，而对民众诉求的回应不力成为土耳其政党政治变迁和政府更迭的重要原因。如表 3-3 所示，我们考察了土耳其在 1983 年至 1992 年军人政权向祖国党转交执政权之后的经济状况。

表 3-3　土耳其政治转型后的经济状况（1983—1992 年）

	1978—1982	1983	1984	1985	1986	1987
GDP 增长速度	2.2%	3.8%	5.9%	5.0%	8.3%	7.5%
通货膨胀率	56.3%	31.4%	48.4%	45.0%	34.6%	38.6%
真实工资水平	−1.9%	−0.8%	−12.0%	−3.5%	−4.3%	6.4%
	1988	1989	1990	1991	1992	
GDP 增长速度	3.7%	1.6%	8.7%	1.0%	5.1%	
通货膨胀率	75.4%	63.3%	60.3%	66.0%	70.1%	
真实工资水平	−6.9%	−25.9%	−2.4%	NA	NA	

注：真实工资水平：每个雇员平均真实收入的增长速度；NA：无数据
资料来源：[美]斯蒂芬·海哥德、[美]罗伯特·R.考夫曼：《民主化转型的政治经济分析》，张大军译，社会科学文献出版社，2008 年，第 280 页。

1980 年，土耳其军队发动政变，土耳其开始了为期三年的军政时期。1983 年，土耳其军方决定将政权转交给由祖国党组阁的内阁，实现了军事政权向文官政权的转移，标志着土耳其历史上第四次民主化转型的开始。1982年《宪法》获得通过，图尔古特·厄扎尔当选为政府总理。祖国党政府的胜利被视为保守主义和新自由主义在土耳其的胜利。[①]受到当时美国里根主义和英国撒切尔夫人改革的影响，中右翼的祖国党政府在土耳其国内试行了新自由主义的经济政策，导致贫富差距扩大和失业率上升。如表3-3所示，与转型前的1978—1982年相比，土耳其在1983—1992年的经济状况并没有因为民主化而得到显著改善，虽然国内生产总值增长速度保持在不错的水平上运行，但是通货膨胀率一直居高不下，最高时达到了75.4%，最低时也有31.4%。另外，土耳其雇员所获取的真实工资水平长期保持负增长，最严重的时候是祖国党的第二个执政周期，在1989年时真实工资水平增长为-25.9%。

其他数据显示，1980—1988年，土耳其失业率从16.4%上升为22.9%，失业人口总数从280万人上升为480万人。1987—1994年，占总人口80%的中下层群体的收入呈下降的趋势，占总人口20%的富裕阶层的收入呈上升的趋势，由此产生的结果是贫富差距的扩大。据统计，占总人口20%的富裕阶层在国民总收入中所占的比例，1987年为49.9%，1994年上升为54.9%。相比之下，占总人口20%的贫困阶层在国民总收入中所占的比例，1987年为5.2%，1994年下降为4.9%。[②]在新自由主义思潮和政策的驱动下，土耳其的转型政府又为我们提供了一个社会阶层收入差距恶化的典型案例。

---

① See Meral Ozbek, Arabesk Culture: A Case of Modernization and Popular Identity, in Sibel Bozdoan and Resat Kasaba(eds.), *Rethinking Modernity and National Identity in Turkey*, Washington: University of Washington Press, 1997, p.231.

② 参见哈全安：《土耳其通史》，上海社会科学院出版社，2014年。

(三)南非经济不平等的经验发现

南非的民主化开启于 1994 年种族隔离政策的废除,黑人精英主导的国大党也因为这一突出贡献登上了执政舞台。南非的民主已经经历了近三十年,但是回过头来看,南非的民主选举虽然实现了制度化,逐步摆脱暴力冲突的威胁,但是依然面临着严峻的种族与贫富裂痕。在一定程度上说,南非虽然祛除了政治身份上的种族隔离,但是却强化了社会经济层面上的对立结构。在 1994 年废除种族隔离制度之前,南非的基尼系数已有所下降;之后,新南非政府加大了收入再分配力度,扩大了穷人救济和转移支付的规模,最初收入分配的差距有所缩小。随着时间的推移,再分配政策效应递减,收入分配差距不降反升,基尼系数从 1995 年的 0.566 上升到 2006 年 0.67 的世界最高水平。最近几年虽有所回落,但仍在高位徘徊,2011 年的基尼系数为 0.636,南非是世界上贫富差距最大的国家之一。[①]表 3-4 同样体现着这种发展趋势。如图所示,近年来南非在处理贫富差距悬殊问题上并没有因为民主化而得到显著改观,反而进一步恶化。

表 3-4　南非收入不平等的变化

时间	基尼系数	帕尔马比值	最高 20%/最低 20%	最低 40%	最低 5%	最高 5%
1965	58.1	6.1	34.44	6.7	NA	23.1
2008	69.6	11.51	51.12	5	0.15	41.88
2010	73.4	14.23	59.48	4.5	0.16	50.03
2012	65.5	8.59	38.72	6.17	0.22	37.63

注:NA:无数据

资料来源:Luxembourg Income Study(LIS)2019.

---

① 参见郑道文:《金砖五国收入分配的最新变化及其动因分析》,载《新兴经济体的长期增长前景与 21 世纪海上丝绸之路建设——中国新兴经济体研究会 2014 年会暨 2014 新兴经济体合作与发展论坛论文集》(上),2014 年,第 204 页。

在 1965 年南非前民主化时期,权力主要集中在封闭的白人手中,而广大的黑人群体系统性地被排斥在政治议程之外,当时南非的基尼系数就达到了惊人的 58.1(按百分制算,下同),而国际社会所认定的基尼系数警戒线是 40,爆发社会冲突的临界点是 50。1965 年,南非的帕尔马比值是 6.1,比绝大多数发展中国家要高,当时南非最高 20% 收入人群的收入水平是最低 20% 人群的 34.44 倍,最低收入 40% 的社会阶层占有国民总收入的 6.7%,而最高 5% 人群的占比却达到了 23.1%。如果认为,民主化和全球新自由主义会减轻南非面临的社会阶层收入分配差距,那就大错特错了。历史朝着民主化促进平等化的相反方向发展。在 21 世纪,南非的社会阶层收入差距成为全世界共同关注的话题。在 2010 年,南非的基尼系数快速提高到 73.4 这一惊人的数字,帕尔马比值也提升至 14.23,南非最高 20% 收入人群的收入水平是最低 20% 人群的 59.48 倍,最低收入 40% 的社会阶层占有国民总收入的 4.5%,最低 5% 的人群处于赤贫的状态,他们只占有国民总收入的 0.16%,而最高 5% 人群的占比却达到了 50.03%,是最低 5% 的人群的 313 倍。在 2010 年前后的 2008 年和 2012 年,南非的收入差距基本上保持了与 2010 年相类似的状态。如果拿 1965 年前民主化的状况与 2010 年民主化 25 年后的状况作比较,就会发现南非的民主化不是在"杀富济贫"而是"杀贫济富"。

另一组来自南非国家统计的数据提供了进一步的佐证。根据这些数据,尽管在某些指标上有所改善,南非的不平等程度仍处于全球最高水平。数据显示,2011 年至 2015 年南非劳动力市场的收入差距急剧扩大。2015 年,收入最高的 10% 的人的收入是收入最低的 40% 的劳动力的 9.7 倍,高于 2011 年的 5.8 倍。收入最高的 1% 的人实际每月收入从 2011 年的每月约 7.5 万兰特增加到 2015 年的 100 万兰特,而其他劳动力类别的收入者工资几乎没有实际增长。此外,就业水平仍然沿着种族界限倾斜。黑人的失业率大约是白人的四倍,从 2011 年的 28.6%上升到 2017 年的 31%。①近 30 年的民主实践,使得南非的政治参与和政府形式发生了变化,革除了落后的政治性的种族隔离政策,南非的政治力量对比和博弈机制发生了重大变化,但是这些变化并没有促进平等化,这成为南非政治发展的一个显著特征。

另外,需要特别注意的是,南非的经济不平等不仅仅表现在社会阶层之间,而且更主要的表现在种族之间。或者说,种族的划分而不是经济的划分成为社会阶层划分的依据,社会阶层收入分配的悬殊化毋宁说是种族划分的结果。那么南非的民主化为什么会如此演化?对此,民主理论大师查尔斯·蒂利(Charles Tilly)认为,任何社会的政治机制都没法摆脱不平等,甚至是种类化的不平等,这包括民主制度在内。而民主化的价值在于将社会领域存在的种类化的不平等及其产生机制与政治领域的公共生活区分开来。在 20 世纪后半段,"城市化、工业化和政治上的权宜之计并没有阻止南非当局把从种族上划分的种类深深地融入这个国家的法律和经济的结构中去"。"这个国家竭尽全力于制造种类不平等,并把它强加给公共生活。""1990 年后,政府支持的某些措施把一小部分非洲人推到了以前都是白人的岗位上,但是少数非洲人的存在并没有改变以前存在的等级制度和升迁渠道。相反,那些少数非洲人从原来他们的白人前任中流行的同样产生不平等的机制中受益。然而,与此同时,大量的非洲人仍然贫困,上升的失业不成比例地影响着非洲人。种族的分类减弱了,但是物质的不平等还在持续甚至更大。"②因此,南非的选举民主并没有避免种类不平等,也难以将种类不平等驱逐出公共生活。正如图 3-18 所示,南非种族间的收入不平等现象令人瞩目,南非的经济不平等问题实质上是种族问题。占到南非人口规模 75%的黑人种族每月

---

① 参见驻南非使馆经商处:《南非收入差距凸显不平等现象严重》,中华人民共和国商务部网站 http://www.mofcom.gov.cn/article/i/jyjl/k/201911/20191102913873.shtml。

② [美]查尔斯·蒂利:《民主》,魏洪钟译,上海人民出版社,2009 年,第 120~122 页。

平均工资只有 305 美元,混血的有色人种与之相仿,只有 334 美元。而在收入的另一端,占南非 12%的白种人每月平均至少挣到 844 美元,几乎是非洲裔黑人的 3 倍,哪怕是他们从事几乎相同的工作。亚裔群体的地位也在上升, 他们每月平均能够拿到与白种人差不多的薪金,但是由于人口比重过少,从而淡化了与非洲裔黑人群体的地位差异。这其中的原因非常复杂。一部分是因为非洲裔黑人在市场化、自由化经济方面的能力和天赋较之于白种人更低,更缺乏勤劳致富的观念,因此非洲裔黑人很难利用好市场所提供的资源和机会,让这些资源和机会白白流失。另一部分原因则是非白人阵线在种族隔离政策被取消后分裂了,基于种族身份的政治动员失去了基础,非国大党的政治腐败也破坏了原有的信任网络, 使得大量的有色人种选民倒向了非国大的反对党——以前种族主义的国民党。民主化虽然刺激了广大黑人群体的政治参与, 但是少数的黑人精英在占据了原先的垄断地位之后坐享其成,没有动力去斩断产生种类不平等的机制,而人数众多的普通非洲裔群体从中并没有获益,无形之中瓦解了反种族主义的联盟。因此,南非的民主不得不生存于一个极度种族化分裂的社会中, 并且成为制造这种深度分裂的帮凶。

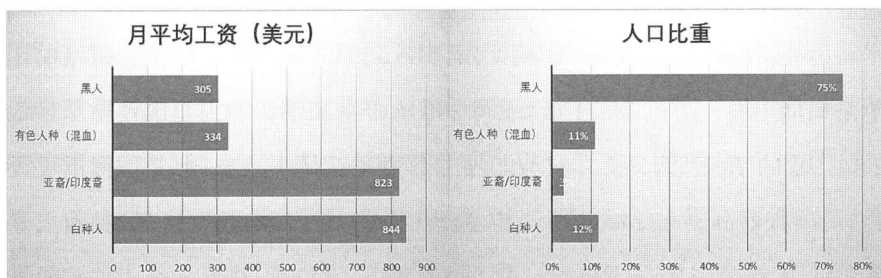

图 3-18 南非种族间收入不平等(2018 年)

资料来源:世界银行报告,转引自 https://www.guancha.cn/internation/2019_05_07_500650.shtml.

二、类型 II 样本间的比较分析

民主转型国家面临更为复杂的再分配政治压力，这是因为民主化将社会阶层转化为追逐利益并为之谋划的政治力量，这些政治力量找到了影响政治议程的渠道。因此，民主国家的再分配结果可以从政治社会集团的力量结构和互动关系上找到解释机制。卡莱斯·鲍什（Carles Boix）阐释了社会经济不平等条件下社会力量的博弈所导致的政治结果。他指出："随着财富分配不平等的加剧，重新分配的需求就会增加，民主制度下的最终税率也将随之增加。由于转移水平的增加，富人的威权倾向会增强，民主化和民主制度存在的可能性继而降低。与此相反，倘若穷人更加富裕且其收入日益接近上层阶级，经济紧张程度将缓解，富人更倾向于接受民主制——因为选举对富人消费水平的影响微乎其微。"[①]鲍什认为，只有在经济不平等程度较低的国家，启动民主化才是安全的，或者说民主制度巩固的可能性更大。简言之，贫穷不利于民主化。那么依据我们上文所分析的三个样本国家——南非、土耳其和印度，为什么近年来的民主制度没有朝着有利于经济民主化的方向发展呢？根据表 3–5，南非、土耳其和印度的收入不平等远远高于世界平均水平，甚至长期在高位运行。2014 年，南非最高 10% 人群所占国民总财富的比重是最低 10% 人群的 56.11 倍，最高 20% 人群所占国民总财富的比重是最低 20% 人群的 28.42 倍。土耳其和印度的数值虽然低于南非，但是同样不堪入目，两项数值分别是 14.59 倍、8.47 倍，以及 8.6 倍、5.48 倍。可见，在收入水平的两端，贫富差距是十分醒目的。另外两项指标——最低 60% 人群和最低 80% 人群所占国民收入的比重——也明显的表明，三个国家的收入不平等不

---

① ［美］卡莱斯·鲍什：《民主与再分配》，熊洁译，上海人民出版社，2011 年，第 31 页。

仅表现在收入水平的两端，而且表现在大多数社会成员处于收入低微且得不到改善这一事实之上。比如，在南非，最低60%人群和最低80%人群的国民收入占比仅仅是8.2%和16.5%；在土耳其，是14.5%和21.6%；在印度，则是15.2%和20.5%。

表3-5 南非、土耳其、印度收入不平等情况

国家	基尼系数	最低10%	最低20%	最低40%	最低60%	最低80%	最高20%	最高10%
南非 2014	0.63	0.9%	2.4%	4.8%	8.2%	16.5%	68.2%	50.5%
土耳其 2016	0.419	2.2%	5.7%	9.9%	14.5%	21.6%	48.3%	32.1%
印度 2011	0.357	3.5%	8.1%	11.7%	15.2%	20.5%	44.4%	30.1%

注：国家后面的数字代表可获得最新数据的年份。

资料来源：World Development Indicators，THE WORLD BANK 最近更新日期为2019年9月27日。

相较而言，南非、土耳其和印度的收入不平等程度依次排列，但是三个国家导致其收入不平等无法得到改善的原因都是深刻的——深刻地融入关系这些国家发展的历史传统、文化因素、社会条件和政治制度安排之中，这又影响到了三个国家的政治现代化。在南非，国家权力的碎片化和社会力量的分散化，限制了民主权利制约精英群体的能力，使得新上台的精英群体完全可以移植已经成熟的剥削机制，进一步巩固和分化潜在的反抗力量。在对非洲民主的考察中，美利坚大学彼得·M.刘易斯（Peter M. Lewis）教授就指出："民主为精英的转移提供了名义上的基础，然而，很多证据表明，在非洲的许多新民主政体中，过去的精英仍然存在。尽管民众要求革新，但改革通常是由现任领导和老政客实施。"[1]也就是说，从实质上看，南非的民主并没有打破真正的精英与广大群众之间的政治区隔，政治精英用民主的制度实

---

① ［美］彼得·M.刘易斯：《良性循环？非洲的民主化与经济改革》，载［美］詹姆斯·F.霍利菲尔德、［美］加尔文·吉尔森：《通往民主之路：民主转型的政治经济学》，何志平、马卫江译，社会科学文献出版社，2012年，第313页。

施旧的统治,而分裂的社会用非民主的方式进行消极地回应。"由于南非政权的不平等和政治的不寻常的交汇,南非人在最近以及长期以来遭受了巨大的痛苦。然而,南非也产生了世界上最惊人的民主化和完全不平等的结合。"①民主化创造了新的财富机会,这些财富机会并没有为大众带来福音,反而加剧了精英与大众的分裂。在 20 世纪 80 年代,南非人稳定地生活在一个充满了压迫和艰难困苦的社会中,但是从 90 年代开始,一些非洲黑人意外地因为民主化获得了他们意想不到的收入和机会,而其他大多数非洲黑人却在民主化的洪流中被抛弃了。结果,不平等出现在黑人之间,怨恨和不信任也随之产生。"农村的各界名流、宗教领袖、工会领导人、政治人物和商业巨头,跟以往一样依赖于国家分配的资源,或者变得更加依赖。与此同时,这些权力掮客通过薪水、津贴、政府合同、国家分配的商业机会、租金收入和国家资源的私有化来积累私人财富。"②最终的结果是,"国家权力变得日益依赖权力掮客们,依赖于他们动用工具性物质奖励与惩罚性措施来强化对现实政治认可的能力。……殖民地国家已经被证明是无法容纳从殖民主义自身启动的经济转型中出现的社会力量的"③。南非国家权力与非现代的精英力量的"同谋",牢牢禁锢住了南非社会势力迈向经济平等化的步伐。

印度的民主与南非的民主相比,毫无疑问政治制度化程度更高。虽然印度社会同样面临着深刻的阶层分裂危机,但是印度人民由于宗教文化的因素承认这种阶层分裂是民主的一部分。因此,与南非相比,民主所遭受的由阶层分裂所导致的政治冲突和政治制度的波动程度更小。布朗大学帕特里克·赫勒(Patrick Heller)教授在比较南非和印度的民主化道路时指出,印度

---

① [美]查尔斯·蒂利:《民主》,魏洪钟译,上海人民出版社,2009 年,第 107~108 页。

② [美]凯瑟琳·布恩:《后殖民时代非洲的国家与统治阶级:持久的权力矛盾》,载[美]乔尔·米格代尔、[美]阿图尔·柯里、维维恩·苏主编:《国家权力与社会势力:第三世界的统治与变革》,郭为桂、曹武龙、林娜译,江苏人民出版社,2017 年,第 149 页。

③ 同上,第 156 页。

和南非的民主化面临着相同的问题，即民主化并未创造出一个确保民间社会与政治社会有机联系的渠道，民间社会的参与无法内化为政治社会的行动，政治社会也无法从民间社会中汲取合法性和凝聚力。但是印度和南非在这一问题上还存在不同的差异面：在南非，民间社会本应该成为能动的政治力量却被政治社会边缘化了；而在印度，民间社会是被政治社会工具性地"内卷化"（involution）了，民间社会以一种亘古不变的重复状况存在于政治生活中，无法为政治生活的民主化提供强制性压力。[①]从客观上讲，印度民间社会的"内卷化"是由印度社会强大的多样性、复杂性和历史文化惯性决定的，这些因素制约了社会力量能够结成推动民主发展、实现福利均等化的政治联盟的可能性。

宾夕法尼亚大学伊·斯里达兰（E.Sridharan）和密歇根大学阿舒托西·瓦尔希尼（Ashutosh Varshney）就认为，印度突出的社会多样性和复杂性——地区的、语言的、民族的、宗教的、经济的和更加显著的社会等级的差异——产生了很多错综复杂的分裂。下姓种族的发展可以有效地把邦层面上掌权的政党联合起来，但很难在全国范围内形成联盟。种姓，作为一个概念，存在于整个印度社会中，但作为一个经验，它却是地方性的或者是地域性的。国家的各个部分都要"上等"和"下等"种姓，但是一个邦的下等种姓可能与其他任何地方的下等种姓没有关系。所以处于社会底层、人数众多的平民阶层无法形成具有凝聚力的集体行动，也就无法对掌握权力的精英群体提出修改政治议程结果的意见。[②]也就是说，印度的民主权利难以转化为再分配的政治动力，使得社会阶层的收入分配平等化的呼吁受到系统性的压抑。因此，

---

① See Patrick Heller, Divergent trajectories of democratic deepening：comparing Brazil, India, and South Africa, *Theory and Society*, Vol.48, No.3, 2019.

② 参见［美］伊·斯里达兰、［美］阿舒托西·瓦尔希尼：《走向温和的多元主义——论印度的政党》，载［美］拉里·戴蒙德、［美］理查德·冈瑟等：《政党与民主》，徐琳译，上海人民出版社，2017年，第219~257页。

印度组成民选政府的政治精英也没有必要回应再分配诉求。"将落后种姓的精英和表列种姓的成员纳入政治体系，很明显几乎没有减轻在印度等级森严与不平等的社会秩序中存留的巨大社会经济差异。这就提出了一个根本问题：如果现在有那么多其他落后阶层和表列种姓的官员和政客，为什么没有反映在提升其所属共同体福利的政府政策中？……印度独立后的第一个十年里，确定印度公共投资方向的那些官僚和政客们对可以惠及穷人的计划几乎没有兴趣。"①在印度，到处存在这样的现象，"下层官员和农村社会有权有势的精英建立起惬意的工作关系，并把再分配的法律丢在一边不管不顾"②。为此，在弗朗辛·弗兰克尔（fracine Frankel）看来，要想改变这种社会政治结构，必须要求助于"民主社会主义"的模式，把印度底层群众从"自在阶级"转变为"自为阶级"。③

印度民主研究专家阿图尔·科利却认为，这种左翼模式在印度是行不通的。他认为，在一个民主国家，下层阶级的组织很少导致经济资源的重大再分配，在印度这样做更是不可能的。在印度，试图将较低阶层的利益转化为再分配政策，面临着意识形态、组织、选举、政府和官僚层面的制度化障碍。如果下层阶级不顾这些障碍而获得有效的政治权力，民主进程的稳定通常会受到损害。出于这些原因，科利认为那些对印度民主改善穷人生活持乐观态度的观点是不现实的。④而从自由主义的视角上，从印度政府近年来广泛推进的经济和贸易自由化政策同样看出，借由全球化和市场化机制改善收

---

① ［美］阿图尔·科利：《印度民主的成功》，牟效波译，译林出版社，2013 年，第 137~142 页。

② ［美］阿图尔·柯里：《集权与无能：比较视野中的印度民主》，载［美］乔尔·米格代尔、［美］阿图尔·柯里、维维恩·苏主编：《国家权力与社会势力：第三世界的统治与变革》，郭为桂、曹武龙、林娜译，江苏人民出版社，2017 年，第 113 页。

③ Fracine Frankel, *Small is Politics: Organisational Alternatives in India's Rural Development*, New Delhi: Wiley Eastern Limited, 1979, p.279.

④ See Kohli, A., Democracy, Economic Growth, and Inequality in India's Development, *World Politics*, Vol.32, No.4, 1980.

入分配结构的行动也是徒劳的。大卫·库塞拉(David Kucera)和莱恩·朗科拉托(Leanne Roncolato)研究了印度和南非贸易自由化对不平等的影响发现,就功能性收入分配而言,印度的贸易自由化对劳动力的影响估计比对资本的影响更为不利,而贸易自由化对劳动力的负面收入影响在印度底层社会的分布是相当均匀的。而在南非,在与发展中国家的自由贸易中,资本报酬要低于劳动报酬;而在与发达国家的自由贸易中,资本报酬却远高于劳动报酬。两者加总的结果是,资本与劳动相比获得了更高的报酬。以家庭收入为单位,贸易自由化对富裕家庭的收入具有正效应,而对贫困家庭产生负效应。[1]更有意思的是,拉维·斯里瓦斯塔瓦(Ravi Srivastava)还发现,自由主义经济擅长利用传统的社会等级歧视结构来扩大资本对于劳动力的获利优势。他指出,三十多年来的证据表明,印度大多数劳动力市场部门的工资不平等现象一直在加剧。在低端劳动力市场运作最为显著的信息化、移民、分割和社会歧视,导致了福利赤字和劳动力市场不平等的加剧。正式工人和非正式工人,他们之间的工资差距很大,而且还在不断扩大。在正规和非正规工作中,教育和工作经验提高了工资,而女性和社会地位较低的工人工资较低。季节性和循环性劳动力在非正规就业者中所占比例越来越大,这些工人通常是经济部门工作场所的最低劳动力。他们按照种姓、性别、种族、语言和地区被划分和分割,这种分割和碎片化为资本获取低成本、高弹性的劳动力奠定了基础,他们工作时间长,从事最危险的工作。因此,印度劳动力市场的劳动力分割过程建立在根深蒂固的社会歧视的基础上。[2]

与印度和南非相比,土耳其民主的非制度性更为显著。在历史上,土耳

---

① See David Kucera,Leanne Roncolato,Trade liberalization,employment and inequality in India and South Africa,*International Labour Review*,Vol.150,Issue 1–2,2011.

② See Ravi Srivastava,Emerging Dynamics of Labour Market Inequality in India:Migration,Informality,Segmentation and Social Discrimination,*The Indian Journal of Labour Economics*,Vol.62,No.2,2019.

其的民主带有浓厚的民族主义和伊斯兰复兴主义的色彩，它经历多次民主浪潮的冲洗，每一次都重塑了土耳其民主的宪政基础。我们从1983年以来土耳其的民主化历程来考察，发现土耳其的经济社会在解决社会阶层收入差距扩大化问题上并没有取得良好的效果。其中的原因，可以从土耳其民主转型后零散的、波动的、碎片化的社会力量与政党关系中找到答案。根据斯蒂芬·海哥德、罗伯特·R.考夫曼的分析，在1983年11月之后和1987年选举之前的第一个民主治理时期，乌泽尔（应翻译为：厄扎尔——作者注）受益于对政党和工会活动施加的很多限制，以及对行政机关自由裁量权提供支持并限制分裂及两极化程度的宪法规则。这些制度性安排帮助乌泽尔维系乃至深化了在德米雷尔和军人政府时期发起的经济改革措施。到1987年，虽然经济总体表现良好，反对势力开始对限制其活动自由的做法和实质性的政府政策提出挑战。政治上的不满是反对派最重要的问题，不过政府的改革计划在分配问题上所产生的后果比以前更加退步，这也开始招致批评。[①]我们看到，土耳其受到风靡资本主义世界的新自由主义的影响，采取了大量的去管制化的、充分市场自由化的经济政策，渴望挤进资本主义世界的核心地带，在很长一段时间也取得了经济快速增长的成效。但是土耳其作为一个变化社会，政治秩序常处于过渡之中，由经济发展带来的好处青睐于资本而被资本占据，难以渗透到社会底层。经济迅速增长的集中受益者往往是少数人，而大多数人却蒙受损失，结果，社会上日益贫困的人便会增多。迅速增长常伴随着通货膨胀，通货膨胀时期的物价上升总是比工资增长得快，其结果则是趋向更加不平等的财富分配。[②]这是因为，"民主体制是这样一个决策体

---

① 参见［美］斯蒂芬·海哥德、［美］罗伯特·R.考夫曼：《民主化转型的政治经济分析》，张大军译，社会科学文献出版社，2008年，第276页。

② 参见［美］塞缪尔·P.亨廷顿：《变化社会中的政治秩序》，王冠华、刘为等译，上海人民出版社，2008年，第44页。

系:它所产生的实际后果有一定的不确定性。民主体制为相互竞争的利益集团提供了挑战和改变政策(包括经济政策)的机会。但是,如果作为经济管理基础的一般假设缺乏广泛支持或被持续挑战的话,民主政权就不可能被制度化"①。

　　民主体制改变了原有的政治游戏规则,使得政党政治不得不受到社会背景和历史文化的影响,而重新找到与民主政体相适应的组织体系和活动方式。土耳其的民主受制于政党政治的不确定性与非制度化,而这又限制了平民阶层团结在一个有影响力的政党周围争取再分配权利的能力。土耳其学者额尔古纳·奥兹巴丹发现了其中的秘密,并进行了深入的分析。在土耳其,我们看到的是,政党制度被不断加剧的碎片化、意识形态的两极分化和选举的反复无常所阻碍。政党自身也被不断下降的组织能力和匮乏的大众支持与认同所困扰。受到政治碎片化的影响,土耳其政党与公民社会机构之间的联系十分虚弱,土耳其政党并没有与组织化的利益和特殊的社会部门之间建立或保持联系。

　　政党组织衰落的另外一个原因是经济发展的衰退和国家角色在经济活动中的撤退。这些变化意味着获利政党与其追随者进行分赃时受到了限制。另外,随着东欧剧变、苏联解体,意识形态的争论在土耳其政党中失去了市场。结果,由于所有的政党现在都支持自由市场经济和生产方式的私有化,左翼右翼在经济问题上的分裂也失去了它的重要性。相反,以福利党为代表的政治伊斯兰的崛起意味着有关宗教——世俗化的分裂已经上升为主要矛盾。以福利党为例,它的号召力事实上是建立在宗教基础上。但是同样的发现也显示,大概三分之一到一半的选民是因为一些非意识形态的原因投票给福利党。福利党也与阶级变化相关。政党"正义秩序"的号召显现吸引了小

---

　　① [美]斯蒂芬·海哥德、[美]罗伯特·R.考夫曼:《民主化转型的政治经济分析》,张大军译,社会科学文献出版社,2008年,第15页。

农民和城市中的低收入群体，尽管正义秩序的内容从来没有明确过。在高通货膨胀、高失业率、城市移民、恶化的收入分配和无所不在的腐败所充斥的经济环境里，这种号召的感染力尤为强大。①所以与南非和印度一样，我们看到社会顶层并未按照他们的利益诉求进行政治活动，虽然这种利益诉求很强烈，但是这些诉求得不到政治系统的支持，无法输入到政治系统内部，从而产生相应的政策结果。

第四节　类型Ⅲ：巴西、墨西哥、智利的经济不平等

我们已经分析了南非、印度和土耳其三个重要的民主转型地缘政治国家的收入分配问题。在本节中，我们将目光转移到拉美三国——巴西、墨西哥和智利身上。比较政治学的研究经常将拉丁美洲作为一个整体来研究，主要原因是拉丁美洲各国在政治和社会发展方面具有"家族类似"（family likenesses）的特征，拉美政治虽然说不上是铁板一块，但是具有极强的区域性。在我们研究的议题上，"拉美陷阱"成为一个国家由于现代化和民主化转型而陷入发展后劲乏力、分配极端不公和政治冲突频仍的代名词。诸多研究者指出，经济不平等在拉丁美洲要比撒哈拉以南非洲、西亚北非和东南亚国家更为严重，更是难与发达经济体望其项背。②表3-6向我们展示了2010年至2012年期间，基尼系数在全球的区域分布情况。可以看出，在统计的21个拉丁美洲国家中，没有任何一个国家处于贫富差距警戒线（低于0.4）以下，而同

---

① 参见［土耳其］额尔古纳·奥兹巴丹：《土耳其政党的制度衰落》，载［美］拉里·戴蒙德、［美］理查德·冈瑟等：《政党与民主》，徐琳译，上海人民出版社，2017年，第258~288页。

② See Lopez-Calva, Luis F. and Nora Lustig(eds.), *Declining Inequality in Latin American: A Decade of Progress?* New York and Washington DC: United Nations Development Programme and Brookings Institution Press, 2010.

样受到贫富差距困扰的非洲尚有 11 个国家处于联合国划定的警戒线以下。拉丁美洲有 8 个国家的基尼系数在 0.4 到 0.499 之间,属于贫富分化严重阶段;13 个国家的基尼系数在 0.5 到 0.599 之间,属于贫富悬殊严重阶段。这反映出,拉丁美洲的民主制度在调节社会阶层收入差距方面具有天然的缺陷。区域性的经济不平等成为类型Ⅲ样本国家的典型特征,当然也要根据具体的国家分析其现实情况。

表 3-6　基尼系数的全球区域分布(2010—2012 年)

基尼系数	拉丁美洲	欧洲	北美洲	大洋洲	非洲	亚洲	总计
0.2—0.299	0	19	0	0	0	1	20
0.3—0.399	0	21	1	2	11	17	52
0.4—0.499	8	2	1	0	13	8	32
0.5—0.599	13	0	0	1	5	3	22
0.6 以上	0	0	0	0	5	0	5
总计	21	42	2	3	34	29	131

数据来源:世界银行 http://data.worldbank.org/indicator/SI.POV.GINI.

一、类型Ⅲ内部具体国家的经济不平等

我们选取了巴西、墨西哥和智利作为拉丁美洲国家的代表,三个国家的经济不平等在一定程度上代表拉丁美洲的整体状况。

(一)巴西经济不平等的经验分析

巴西的民主政权历经波折,最近的一次民主化运动发生在 1985 年。在 1964 年至 1985 年间,巴西虽然有选举,但是一直处在军政府的执政之中。1985 年,在通货膨胀和失业率高企的压力下,军政府的支持者和反对者将政治冲突推向了政治舞台,双方经过一系列讨价还价,最后走向了一条通向民主政权的道路。巴西的民选政府一直面临着严峻的社会经济局面的考验:稳

西式民主的再分配危机与经济不平等的发展

定政局、发展经济、降低通货膨胀率、解决就业、改善民众福利、控制社会暴力和毒品犯罪等。表 3-7 展示了巴西政府在 1981 年到 2017 年间在解决社会阶层分配不公方面的表现,分别列举了基尼系数,以及不同收入比例的社会阶层占国民总收入的比重变化。这些数据动态地反映了巴西收入不平等的历史变迁。

表 3-7　巴西的收入不平等(1981—2017 年)

年份	基尼系数	最高10%	最高20%	最低10%	最低20%	年份	基尼系数	最高10%	最高20%	最低10%	最低20%
1981	58	45.9	62.3	0.8	2.7	2001	59.4	46.1	62.5	0.8	2.5
1982	58.4	46.2	62.7	0.8	2.6	2002	58.1	46.1	62.4	0.9	2.6
1983	59	46.8	63.4	0.8	2.6	2003	57.6	45.4	61.8	0.8	2.6
1984	8.4	46.5	62.9	0.9	2.7	2004	56.5	44.5	60.8	0.9	2.9
1985	55.6	42.5	60	0.9	2.9	2005	56.3	44.6	60.7	1	2.9
1986	58.5	46.6	62.8	0.9	2.7	2006	55.6	44.1	60.1	1	3
1987	59.7	47.4	63.7	0.7	2.4	2007	54.9	43.2	59.3	1	3
1988	61.4	49.2	65.5	0.6	2.1	2008	54	42.5	58.6	1	3.2
1989	63.3	51.1	67.3	0.6	2	2009	53.7	42.2	58.2	1	3.2
1990	60.5	48.1	64.6	0.8	2.3	2010	—	—	—	—	—
1991	—	—	—	—	—	2011	52.9	41.7	57.5	1.1	3.3
1992	53.2	39.7	57.1	0.8	2.8	2012	52.7	41.7	57.3	1.1	3.4
1993	60.1	48.4	64.3	0.7	2.4	2013	52.8	41.7	57.4	1.1	3.4
1994	—	—	—	—	—	2014	51.5	40.6	56.3	1.2	3.7
1995	59.6	47.5	63.8	0.8	2.4	2015	51.3	40.4	56.1	1.2	3.6
1996	59.9	47.4	63.9	0.7	2.2	2016	53.7	42.4	58.3	1	3.2
1997	59.8	47.4	63.8	0.7	2.3	2017	53.3	41.9	57.8	1	3.2
1998	59.6	47.6	63.8	0.7	2.4						
1999	59	47	63.3	0.8	2.5						
2000	—	—	—	—	—						

注:基尼系数及表中其他数据均采用百分制,1991 年、1994 年、2000 年、2010 年四个年份数据缺乏。

资料来源:Poverty and Equity(The World Bank)。

根据表3-7，虽然历经显著的变化，巴西的收入不平等状况在整体上依然令人担忧，巴西依然位列世界上贫富差距严重的国家行列。在整个20世纪80年代，巴西社会阶层的收入不平等都十分严重，在转向民主政权的1985年，收入不平等出现了短暂下降的趋势，但是最初的民主转型并没有有效改观收入再分配的不公，到1989年收入不平等达到了高峰。拿1985年和1989年相比，基尼系数提高了13.8%，最高10%收入群体占国民总收入的比重从42.5%上升到51.1%，超过了国民总收入的一半；最高20%收入群体占国民总收入的比重从60%上升到67.3%；而在收入分布结构的另一端，最低10%收入群体占国民总收入的比重从0.9%下降到0.6%；最低20%收入群体占国民总收入的比重从2.9%下降到2%。20世纪80年代的后期，基尼系数长期处于60以上，最高10%收入群体占国民总收入的比重是最低10%收入群体的85倍之多。由于社会经济局面出现了系统性的后退，巴西普通民众的福祉遭到大幅缩水，整个20世纪80年代被很多学者称之为"失去的十年"[1]。

20世纪90年代以后，继任的卡多佐政府和卢拉政府将注意力转向解决巴西面临的深刻社会危机，不仅战胜了居高不下的通货膨胀，而且进行了积极的社会改革，巴西的收入不均现象有所缓解，这也成为卡多佐政府和左翼的卢拉政府执政履历上的闪光点。在整个20世纪90年代，巴西的基尼系数稳定地在60左右徘徊，而且大都低于60，最高10%收入群体占国民总收入的比重在47%左右活动，最高20%收入群体占国民总收入的比重变化同样不大，大约为64%；另一方面，最低10%收入群体和最低20%收入群体占国民总收入的比重分别为0.7%左右和2.3%左右，虽然没有显著的提升，但是止住了80年代持续恶化的趋势。

---

[1] 张宝宇：《巴西"失去十年"及其内因探究》，《世界经济与政治》，1994年第5期。

西式民主的再分配危机与经济不平等的发展

　　进入 21 世纪,左翼的巴西劳工党继续执政,巴西的社会政策保持了一定的稳定性,社会阶层的收入不平等进一步改善,基尼系数从 2001 年的 58.4 下降到 2017 年的 53.3,最高 10% 收入群体占国民总收入的比重从 46.1% 下降到 41.9%,最高 20% 收入群体占国民总收入的比重从 62.5% 下降到 57.8%,最低 10% 收入群体和最低 20% 收入群体占国民总收入的比重分别提升到 1% 左右和 3.2% 左右。可以说,经过左翼巴西劳工党的长期执政,巴西政府的经济改革有效提高了公共服务,优化了社会发展成果的分配结构,减少了贫困和饥饿,提高了社会教育水平。当然,受到长期的历史结构和政治制度局限性的影响,巴西政府依然面临着复杂严峻的考验。从最近几年来巴西左翼政党的下台和左翼力量的衰落,以及民粹主义的兴起就可窥见一斑。

　　但是有的学者考虑到巴西经济不平等的沉重历史包袱和造成不平等的结构性因素未得到根本改变这一状况,对所谓巴西近二十年来收入不平等已经逐步缓解的结论并不认同。巴西的经济不平等除了表现在社会阶层方面,还体现在地理区域层面和人种肤色上。在巴西的东北部,有 9 个州极度贫困,又忍受着极端干旱的气候考验,这 9 个州的人口总数占巴西总人口数的 28%,但是生产总值只占全巴西的 14%,文盲率是全国平均水平的 2 倍还要多。东南沿海圣保罗地区是巴西现代化和工业化程度最高的地方,该地区集中了巴西 42% 的人口,却贡献着巴西 58% 的经济与财富。巴西的黑人后裔占到全国人口的一半以上(近 1 亿),是世界上黑人人口第二多的国家(尼日利亚最多)。按照 2009 年的数据,巴西黑人的文盲率是白人的 2 倍以上,工资却只是白人的 40% 左右,黑人拥有更小的流动机会,更容易遭受司法的不公正待遇。[①]联合国种族不平等考察报告把巴西列为最不平等的国家之一,"几乎所有的政治权力都是由白人掌控",在 2003 年,只有 2% 的国会议员(9

---

　　① 参见拉丁美洲网络信息中心官网 http://lanic.utexas.edu/la/brazil/。

位)认为自己是黑人后裔。[1]考虑到这些复杂因素,巴西的经济不平等情况依然不容乐观。斯蒂芬·利茨基(Stephan Litschig)和玛丽亚·隆巴迪(María Lombardi)以1970年至2000年巴西次国家单元的居民初始收入为基本数据,估计了五分位制下不同收入群体的初始收入对人均收入变化的影响,发现中间1/5收入群体的增长是以牺牲底层1/5收入群体的增长为代价的;最高1/5收入群体的增长又是建立在中间1/5群体收入削减的基础上。[2]麦德罗斯·马塞洛(Medeiros Marcelo)考察了巴西从2006年到2012年收入不平等的稳定性问题。他将巴西年度个人所得税申报表和巴西全国家庭调查中的税收数据结合起来,构建了巴西成年人总收入的完整分布发现,巴西的收入不平等程度高于此前的预期,并且在2006年至2012年间保持稳定;普通劳动者收入有所增长,但最高收入者已占去了这一增长的大部分;当资本回报率高于经济增长率时,不平等倾向于长期存在甚至加剧,巴西减少社会不平等的运动已经达到极限,之后将出现逆转趋势。[3]这些研究凸显了巴西在解决社会阶层收入分配问题上的结构性因素。

(二)墨西哥与智利经济不平等的经验分析

墨西哥和智利同为经合组织成员,我们将两国的经济不平等放在一起考察。表3-8列举了经合组织成员数据库中墨西哥和智利两国非连续性的可支配收入基尼系数的动态变化,考察的时间为2004年到2016年的部分年份。该数据库采用了两种对"收入"变量的定义标准,两种标准测量出来的

---

①　See Mala Hutn,From 'Racial Democracy' to Affimative Action:Changing State Policy on Race in Brazil,*Latin American Reserch Review*,Vol.39,No.1,2004.

②　See Stephan Litschig,María Lombardi,Which Tail Matters? Inequality and Growth in Brazil,*Journal of Economic Growth*,Vol.24,No.2,2019.

③　See Medeiros Marcelo,The Stability of Income Inequality in Brazil,2006-2012:An Estimate Using Income Tax Data and Household Surveys,*Ciência & saúde coletiva*,Vol.31,No.6,2015.

数据存在明显的差异，我们分别根据 2011 年前的定义标准和 2012 年后的测量标准来观察两国基尼系数的变化。我们看到,以 2011 年前的"收入"定义标准,墨西哥的可支配收入在 2004 年到 2012 年间呈现出波动中上涨的趋势,在 2004 年时基尼系数为 0.474,2005 年发展到 0.486,之后伴随着小幅下降,到 2012 年时又恢复到 0.482 的高位状态;智利的基尼系数则在仅有的三个年份的数据中,一直稳定地处于 0.5 以上的水平。以 2012 年后的"收入"定义标准,墨西哥的基尼系数在 2012 年至 2016 年间保持了稳定,平均值为 0.458;而在智利,经过重新测量之后,2009 年和 2011 年基尼系数分别下降到 0.48 和 0.471,之后呈现出温和的下降趋势。这表明,在 21 世纪后温和的社会改革政策正在帮助智利摆脱社会阶层经济社会严重不平等的困扰。在这一方面,虽然智利已经卓有成效,但是依然任重道远。

表 3-8　墨西哥、智利可支配收入基尼系数(2004—2016 年)

	2004 年	2005 年	2006 年	2008 年	2010 年	2012 年	2014 年	2016 年
墨西哥						0.457a	0.459a	0.458a
	0.474b	0.486b	0.471b	0.475b	0.466b	0.482b		
	2006 年	2009 年	2011 年	2013 年	2015 年	2017 年		
智利		0.48a	0.471a	0.465a	0.454a	0.46a		
	0.511b	0.51b	0.503b					

注:数字上标 a 为采用 2012 年后的"收入"变量定义标准,b 为采用 2011 年前的"收入"变量定义标准。

资料来源:经合组织数据库 https://stats.oecd.org/Index.aspx?。

经济不平等的变化在墨西哥和智利既具有相似性,又具有差异性。近年来,墨西哥的民主一直承受着社会阶层围绕经济不平等问题而不断出现议题政治化的压力。不管是从历史上看还是从现实上看,不管是"一党独大"时期的有限民主时期还是政党充分竞争的"有缺陷的民主"时期,墨西哥政府的再分配能力很难得到社会底层民众的政治支持。在墨西哥经济奇迹时期,土地和资本(股票、债券、定期存款)的拥有变得越来越集中了。个人收入的不平等也上升了。那时,考虑到墨西哥处于中等发展水平,根据古典经济发展理论,国民收入分配应该朝着更大的平等移动。然而事实上,在 20 世纪 70 年代中期,墨西哥明显比 1910 年革命爆发前收入整体上更加集中。到 2007 年,最穷的 40% 的墨西哥家庭只获得所有可支配收入中的 13%,而最富裕的 20% 家庭获得了 53% 的收入。从 2003 年到 2006 年,收入不平等再缩小,但每年平均只有 0.5%——远低于大多数拉美国家。[①]

在墨西哥政坛上,曾经长期执政的革命制度党(PRI)主要依靠中产阶层和劳工阶层的支持。该党长期奉行的进口替代化工业政策,确保了工人、农民、小商贩、中产阶层、政府公务人员和技术派官僚的再分配利益,使得他们成为革命制度党稳定的社会支持力量。然而 20 世纪 70 年代以来的自由化浪潮,催生了以中产阶级为主体的新社会运动。革命制度党对新社会运动的应对失败逼迫该党不得不重新建立本党与劳工阶层、中产阶级的支持系统,埃切维里亚总统为此推出了国家干预主义的"分享发展计划"。该计划的后遗症爆发式显现后,继任的波蒂略总统为了克服宏观经济的波动和安抚私人部门的不满,再加上当时美国新自由主义实力的强制性诱导,开始了自由化的选举改革和经济改革。其中,经济改革的目标在于推出和加强私有化、削减公共开支、减少财政赤字、鼓励贸易自由化,这就极大地损害了工人和农民的再分配利益,把社会底层推到了于己不利的、充分竞争的市场环境中,进一步瓦解了革命制度党的社会支持系统,革命制度党内部秩序开始松动。而在选举改革方面,在调整后的选举制度下,商业精英和中产阶级在政治上获得了更多的利益表达途径, 他们的支持使国家行动党在北部地区迅速成长为一支重要的反对力量; 但是工人和农民等左翼力量并没有从这次

---

① See Nara Lusting, Poverty, Inequality, and the New Left of Latin America, Woodrow Wilson International Center for Scholar, Latin America Programe, *Democratic Governance and the New Left Series*, No.5, Washington, D.C., 2009, p.10.

改革中获益。① 20 世纪 80 年代,墨西哥的新自由主义政策不仅使得革命制度党的威权体系受到合法性危机的挑战,而且激化了社会群体间的矛盾,使得社会阶层出现了严重的政治分裂。进入 21 世纪,虽然墨西哥出现了竞争性民主,实现了政党轮替,但是新自由主义的政策调整并没有有效缓解政治压力,实现社会经济利益的平等化分配。过去三十多年的市场导向的发展模式加剧了——而不是减轻了——墨西哥的贫困和不平等问题,哪怕是在经济出现阶段性持续增长的情况下。②

相比之下,智利近年来的社会发展成效更为显著。与墨西哥的新自由主义改革不同,智利选择的宏观社会经济政策属于新自由主义与国家干预主义相结合的"中间道路",它既从阿联德时期激进的、高度阶级化的左翼政策中吸取教训,又没有延续皮诺切特时期冒进的新自由主义政策,而是从智利的社会阶级结构和社会经济发展阶段出发寻找自己的现代化道路。这条道路的成功之处的标志是,2011 年智利在拉丁美洲率先进入"高收入国家"行列,2012 年跻身联合国所认为的"高人文发展国家"行列。但是智利的经济不平等还需要接受考验,它在经合组织中一直处于基尼系数最高的成员之列。图 3-19 说明,智利的高收入群体依然在国民总收入中占据着十分可观的比例,这一比例甚至有升高的趋势。从图 3-19 中可以看出,最高 1%收入人群占智利国民总收入的占比在 2004 年至 2015 年间一直高于 20%,最高值出现在 2010 年的 25.54%,最低值是 2008 年的 21.38%,这一占比在经历了从 2010 年到 2013 年的下降之后(从 25.54%下降到 21.81%),又呈现出到 2015 年的上升态势(从 21.81%上升到 23.66%)。最高 10%收入人群的占比情况出

---

① See Stephan Haggard, Robert R.Kaufman, *The Political Economic of Democratic Transition*, New Jersey: Princeton University Press, 1995, p.285.

② See Enrique Dussel Peters, *Polarzing Development: The Impact of Liberalism Strategy*, Boulder, CO: Lynne Rienner, 2000.

现了类似的发展趋势,这一比值一直稳定在50%以上的高位水平,最高点是2007年的55.7%,即使是在2005年的最低点也达到了52.31%,从2004年到2015年依次表现出波动式发展状态。这些潜在的风险表明,智利仍然是一个贫富悬殊的社会,经济不平等的严重性并没有远离智利社会。

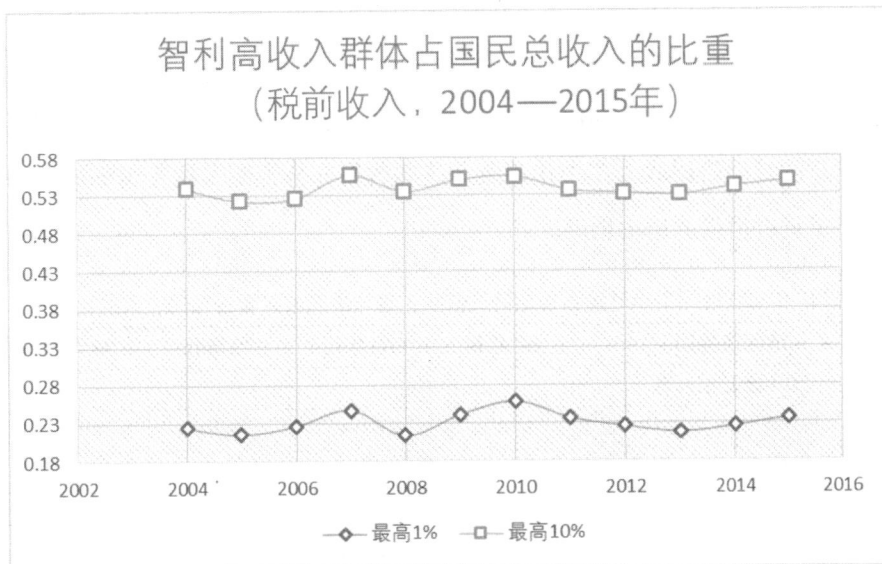

图3-19　智利高收入群体占国民总收入的比重(税前收入,2004—2015年)
资料来源:世界不平等数据库 https://wid.world/data/

二、类型Ⅲ内部样本国家的比较分析

关于拉美地区严重的经济不平等的讨论已经成为拉美问题研究的重要领域,这一问题也成为拉美现代化进程中的现实挑战。联合国、世界银行和国际经合组织都把拉丁美洲列为高度贫富悬殊的地区。表3-9显示,拉美地区的经济不平等并不是偶然的、短暂的,在迈向现代化的开端阶段,拉美地区就比其他国家遭受着更为严重的社会阶层再分配冲突问题。从表3-9中可以清晰地看出,以最低20%收入人群所占国民总收入的比重来看,拉美及

西式民主的再分配危机与经济不平等的发展

其附近的加勒比海地区仅仅在 20 世纪 60 年代的占比比撒哈拉以南的非洲地区要高，而当时撒哈拉以南的非洲的多数国家还在忍受着殖民主义剥削的痛苦。在 70 年代、80 年代和 90 年代，拉美和加勒比地区都是世界上 20% 最低收入者占本国国民总收入比重最小的地区（中东和北非地区 90 年代数据缺失，忽略不计，下同）。另一方面，从 20% 最高收入者所占国民总收入的比重来看，拉美和加勒比地区的表现与撒哈拉以南非洲地区不分伯仲，只有这两个地区占比一直在 50% 左右，说明这些地区比世界上其他地区存在更为严重的社会阶层收入集中化现象。这些数据充分说明了拉丁美洲的经济不平等具有很强的历史惯性。

表 3-9　20 世纪下半叶世界各地区最低收入者与最高收入者占国民收入的比重

地区或集团	60 年代	70 年代	80 年代	90 年代
20%最低收入者				
东亚和太平洋地区	6.4%	6.0%	6.3%	6.9%
欧洲和中亚地区	9.7%	9.8%	9.8%	8.8%
拉美和加勒比地区	3.4%	3.7%	3.7%	4.5%
中东和北非地区	5.7%	6.6%	6.9%	—
南亚地区	7.4%	7.8%	7.9%	8.8%
撒哈拉以南非洲地区	2.8%	5.1%	5.7%	5.2%
发达国家和高收入发展中国家	6.4%	6.3%	6.7%	6.3%
20%最高收入者				
东亚和太平洋地区	45.9%	46.5%	45.5%	44.3%
欧洲和中亚地区	36.3%	34.5%	34.6%	37.8%
拉美和加勒比地区	61.6%	52.4%	54.9%	52.9%
中东和北非地区	49.0%	46.7%	45.4%	—
南亚地区	44.1%	42.2%	42.6%	39.9%
撒哈拉以南非洲地区	62.0%	55.8%	48.9%	52.4%
发达国家和高收入发展中国家	31.2%	41.1%	39.9%	39.8%

　　资料来源：世界银行：《世界发展指标，1997 年》，第 57 页。转引自苏振兴：《发展与社会边缘化——关于拉美问题的历史考察》，《世界经济与政治》，2001 年第 11 期。

以我们研究的三个拉丁美洲样本国家为例,巴西、墨西哥和智利的经济不平等不仅是历史的,也是现实的。如表3-10所示,三国在进入21世纪之后,虽然一段时间内在经济改革领域取得某些成就(抑制了通货膨胀、实现了经济增长以及产业模式的变迁等),并且进行了有针对性的选举改革和社会改革,但是经济不平等的局面并没有得到根本改观。在三个国家中,巴西的再分配结构最差,2016年基尼系数高达0.537, 最低10%人群的收入仅占国民总收入的1%,最低20%只占3.2%,而最高10%却达到了42.4%,最高20%也有58.3%,最低80%人群则只占有国民总收入的19.2%。墨西哥的情况次之,但也跟巴西处于同样水平线上。智利在21世纪的社会改革相比成效更加明显,2015年基尼系数达到0.477, 是拉丁美洲基尼系数最低的国家之一。但是智利的再分配结构依然不合理,最低10%人群的收入仅占国民总收入的1.7%,最低20%只占4.8%,而最高10%却达到了38%,最高20%也有53.6%,最低80%人群则只占有国民总收入的19.7%。

表3-10　巴西、墨西哥、智利收入不平等情况

国家	基尼系数	最低10%	最低20%	最低40%	最低60%	最低80%	最高20%	最高10%
巴西 2016	0.537	1%	3.2%	7.3%	12%	19.2%	58.3%	42.4%
墨西哥 2016	0.483	1.8%	4.9%	8.8%	12.8%	19.3%	54.2%	39.3%
智利 2015	0.477	1.7%	4.8%	8.9%	13%	19.7%	53.6%	38%

注:国家后面的数字代表可获得最新数据的年份。

资料来源:World Development Indicators,THE WORLD BANK,最近更新日期为2019年9月27日。

拉美国家的经济不平等为何具有如此强的历史惯性?我们注意到,拉美地区的多数国家迈向民族国家的进程要早于其他被殖民的地区,而且早在20世纪上半叶,诸多拉美国家(如墨西哥、巴西、智利)都已经出现了比较稳定的民主政权,具有比较长的民主经验史,那么为什么拉丁美洲的民族国家和民主制度无法解决长期存在的经济不平等问题呢?彼得·史密斯(Peter

Smith)认为,造成拉美经济不平等的增长势头有多方面的因素。他主要列举了三个方面的原因:第一,拉丁美洲的穷人在20世纪80年代"失去的十年"中无力保护自己,也无力反对90年代新自由主义的结构化改革。第二,因教育程度提高而增加的报酬,扩大了熟练工人与不熟练工人之间的收入差距。第三,"华盛顿共识"所倡导的贸易自由化存在间接影响。[1]既然贫穷和经济增长无法解释拉丁美洲的经济不平等现象,而且这种经济平等是一种长期性现象,那么我们就需要对那些造成或加剧经济不平等的政治制度性原因进行历史性考察。为此,我们认为,制度初始条件的先天不足、政党制度机制的脆弱性,以及民众集体行动能力的弱化是导致拉丁美洲再分配结构不公平的主要原因。

(一)制度初始条件的缺陷

发展政治学家德隆·阿西莫格鲁(Daron Acemoglu)曾经提出过一个令人深省的疑问:从自然禀赋和人文条件上看,拉丁美洲都明显优于同属美洲大陆的北美洲,前者拥有丰富的矿藏和充沛的水源,更密集的人口,更显著的气候多样性和更早的人类文明史,那么为什么后来拉丁美洲的社会发展和政治现代化的程度远远落后于之前显然不如自己的北美洲呢?阿西莫格鲁认为,北美"大逆转"的原因在于制度,制度起到了关键作用。在拉丁美洲,殖民者依靠压榨性的制度体系垄断矿产资源和人口流动,利用政治专制主义来挑拨原住民之间的族群矛盾,将拉丁美洲看作欧洲社会的种植园和矿产地。这种排斥性的、对抗性的政治制度使得拉丁美洲长期陷入政治冲突之中,社会结构越来越集中化、对立化。而在资源禀赋很差的北美洲,殖民者无法通过专制主义政治获取利益,资源和人口的匮乏反而逼迫殖民者必须要

---

① 参见[美]彼得·H.史密斯:《论拉美的民主》,谭道明译,译林出版社,2013年,第281~282页。

进行人力资本的投资和制度的创新，从而强化了殖民地本土统治者的谈判能力，最后逐渐形成了包容性的、开放性的、民主化的政治秩序。①在《国家为什么会失败》一书中，阿西莫格鲁等人进一步提问，为什么仅仅一墙之隔的美墨边境上的小村庄会呈现出迥然不同的景象：在美国一侧，经济繁荣，民众福祉得到基本保障；而在墨西哥一侧，经济凋敝、民生衰败。他指出，是一个国家所采取的政治制度和经济制度决定了这个国家的经济绩效，进而决定了与其他国家在经济绩效上的差异。为此，阿西莫格鲁区分了两种制度：包容性制度和汲取性制度，前者的特征是政治精英的行为受到约束，为了与社会合作和从民众中获取支持，不得不尊重民众权利和鼓励创新；后者则建立在执政精英对社会的压榨性控制基础上，民众缺乏讨价还价的权力和基本能力，社会排斥精英的流动，国家掠夺市场和国家。②在阿西莫格鲁等人看来，拉丁美洲再分配领域糟糕的经济绩效源于其汲取性、掠夺性的制度结构。更为重要的是，初始制度结构一旦与其所依存的经济基础、政治文化、历史传统和社会条件相结合，便具有很强的"路径依赖性"。

在拉丁美洲，再分配制度初始条件的不利主要表现在大地产制度上。殖民主义时代，西方统治者将资源丰富的拉丁美洲视为原材料的来源地，为了有效掠夺资源，建立了以大地产制为核心的土地所有制度。在拉丁美洲独立运动中，大地产制虽然遭到破坏，但是依然是国家土地制度的重要方式。土地主要被集中在少数资本家集团、农村精英和权贵阶层手中，而大量的社会底层民众并没有土地或仅有少量贫瘠的土地，这就使得拉丁美洲的土地资源再分配结构极其不合理。美国学者阿尔伯特·费希罗（Albert Fishlow）在其

---

① See Acemoglu, Daron, Johnson, Simon, Robinson, James A., *Reversal of Fortune: Geography and Institutions in the Making of the Modern World Income Distribution*, Social Science Electronic Publishing, 2002.

② 参见[美]德隆·阿西莫格鲁、[美]詹姆斯·罗宾逊：《国家为什么会失败》，李增刚译，湖南科学技术出版社，2015年。

研究中就指出,土地所有制是一种最为基本的再分配资源,土地改革集中在哪里直接决定了收入分配的格局,而在拉丁美洲,19世纪或更早时期遗留下来的大地产制就是造成该地区再分配结构极端偏向化的主要原因。[①]在巴西,由于现代化进程中缺乏对土地所有制度的改革,农村的社会结构是十分落后的。截至2014年,在巴西农村约有400万户家庭没有土地,2000万人为无地游民。巴西的无地农民运动,是全国范围的抗议运动,有大量的无地农民参与,每年发生的抢占土地事件多达两三百起。大地主与腐败政客勾结,对无地农民大肆报复,甚至雇凶谋杀农民领袖或其政治代言人。最近20多年中,约1200多无地农民在反抗中被警察和地主武装打死,受伤的更是不计其数,这是一种严重的社会冲突。[②]智利的大地产制对其社会结构和分配格局的破坏性影响一直延续到民主时代。在智利,到20世纪中期,大庄园依然占有全国农业用地的80%以上,尽管其数量不到7%,而占土地所有者比例37%的小规模农民总共拥有的土地仅占所有土地的0.2%。[③]虽然拉丁美洲对大地产制进行了程度不同的改革,但是由于传统政治统治集团的阻挠和农业技术的滞后性,在很多国家实际上留存了实质上的大地产制。联合国粮食及农业组织(FAO)的数据表明,即使到20世纪90年代,7%的大地产主(土地面积在100公顷以上)拥有77%的土地,而60%的小农仅拥有4%的土地。相比之下,在东亚,大地产主仅拥有1.6%的土地,而96%的农民拥有面积在10公顷以下的土地(这些农民拥有的土地占总面积的68%)。[④]能够

---

① See Albert Fishlow, Latin American the XXI Century, in Louis Emmerij(ed.), *Economic and Social Development into the XXI Century*, Inter-American Development Bank, 1997, p.412.

② 参见高京平:《大地产制对巴西经济社会发展的影响》,《农业经济》,2014年第11期。

③ See Celso Furtado, Economic Development in Latin America, *Cambridge: Cambridge University Press*, 1970, pp.54~55.转引自包刚升:《民主崩溃的政治学》,商务印书馆,2014年,第325~326页。

④ See Eliana Cardoso and Ann Helwege, *Latin America's Economy: Diversity, Trends and Conflicts*, Cambridge: MIT Press, 1992. 转引自江时学:《拉美国家的收入分配为什么如此不公》,《拉丁美洲研究》,2005年第5期。

从殖民主义时期遗留下来的大地产制,后来与拉丁美洲现代化的发展模式结合在起来,证明了大地产制的根基仍然影响拉丁美洲的政治体制和社会改革。

(二)政党制度体制的脆弱性

在理想的民主政体中,政党是沟通国家政治生活与市民社会的联系机制,政党履行着表达选民需求、影响政治决策和获取合法性认同的功能。但是在拉丁美洲,政党在现代政治中的作用要比其他国家更加微弱。海哥德、考夫曼等人认为,巴西20世纪80年代经济改革失败的原因主要表现在政党的脆弱性上:在经济问题上存在严重的党派分歧,政党组织内存在大量的帮派主义现象并且党组织的权力分散,以及党派和选举支持力量变化不定。[①]虽然在意识形态上,巴西政党的覆盖性和代表性是广泛的,但是由于选举制度的碎片化,使得政党很难维持稳定的选民结构,其履行竞选承诺的能力也无从保证,这又反过来恶化了选民对政党的不信任。胡安·林茨(Juan J. Linz)和阿尔弗莱德·斯泰潘(Alfred Stepan)认为,巴西拥有世界上所有国家中最不乐观的选举制度、政党和议会决策规则。巴西选择了比例代表制,在比例代表制下,政党成为议会中的代表,或者需要一个较高的选票下限(5%),或者没有下限。民众对政党缺乏足够的信任,政党主要依靠人格主义而不是政党的组织体系来运作。另外,三权分立的议会制度和高度分散的政党代表制,为议会决策规则设置了过多的决策分歧点,最后导致不仅议会难以决策,而且议会与总统极容易形成政治僵局。在这种背景下,1985年到1993年之间,巴西推出了七个不同的改革方案,但是由于政治社会无法构建巩固的

---

① 参见[美]斯蒂芬·海哥德、[美]罗伯特·R. 考夫曼:《民主化转型的政治经济分析》,张大军译,社会科学文献出版社,2008年,第200页。

政策联盟,这些方案均以失败告终,所有的努力付诸东流。①

在拉丁美洲,政党的脆弱性是一种较为普遍的现象。斯科特·曼因沃宁(Scott Mainwaring)等人研究表明,在拉丁美洲,有效政党的数量与政党的制度化程度成反比。只有在智利,相当数量的政党与政党的高度政治化并存(这在很多实行比例代表制的欧洲国家那里,是一个普遍现象),而在拉丁美洲的其他国家,政党进入议会的门槛较低并不意味着更多的社会利益能够被传递到公共政策领域,反而意味着政党的制度化水平太低,政党间达成共识的能力被制约了。曼因沃宁进一步考察了拉丁美洲各国政党政治的成熟度和制度化层次,得出结论:仅有哥斯达黎加、智利、委内瑞拉和哥伦比亚的政党制度化处于比较高的水平上,阿根廷、墨西哥、巴拉圭处于"中间"状态,而玻利维亚、厄瓜多尔、巴西和秘鲁政党的制度化水平"令人担忧"。②

政党的非制度化决定了国家的政治权威来自强权领导人、技术官僚、军队组织、地方势力、金融集团、国外代理人等意外因素的控制,这就为军人干政和民粹主义政治提供了土壤。亨廷顿将拉丁美洲这种高度政治化且混乱无序的政治局面称之为普力夺(praetorian)社会。"在普力夺制度下各种社会势力相互赤裸裸地对抗,没有什么政治制度也没有一批职业政治领袖被公认或接受为调节各团体之间冲突的合法中介。……不仅政治活动家是各路好汉,用以分配官职和决定政策的方法也同样是五花八门。各个团体是八仙过海,各显神通。富人行贿,学生造反,工人罢工,暴民示威,军人就搞政变……在缺乏有效政治机构的普力夺社会里,权力是支离破碎的;衙门众多,授权有限。控制整个体系的权威是短命的,政治机构的软弱,意味着权威和官职

---

① 参见[美]胡安·林茨、[美]阿尔弗莱德·斯泰潘:《民主转型与巩固的问题:南欧、南美和后共产主义欧洲》,孙龙译,浙江人民出版社,2008年,第172~197页。

② See Scott Mainwaring,Timothy R. Scully,*Building democratic institutions:Party systems in Latin America*,Stanford,CA:Stanford University Press,1995.

来得容易去得也容易。"①相对于众多的政治行动者而言，政党只是这些政治行动者中的一员，政党无法提供一个可以吸纳溶解杂乱无序政治参与的组织体系。这种松散的、缺乏行动能力的政党制度，对于民主而言是相当不利的，它使得民众掌握的选票无法通过政党政治的渠道发挥政治上的影响力，这样选民更倾向于违背自己的意愿，将选票售卖给那些强权力量。

（三）民众集体行动的弱化

制度初始条件的缺陷为政党制度机制的脆弱性提供了土壤，而政党制度机制的脆弱性必然导致民众集体行动能力的弱化。在拉丁美洲，庇护主义盛行。从历史上看，庇护主义是大地产制的遗产。"经济发展未曾破坏国家精英与普通公民之间传统的恩庇关系。与此相反，政治庇护主义在旧共和国时期曾被传统精英用来输送选票，在二战后伴随民主过渡而出现的政治参与激流中幸存下来，在巴西国家主导的从农业社会转为工业化社会过程中更是无处不在。当然，政治庇护主义也变得现代了，从原本的领主与农民之间的私人事务，转变成一项以国家为基础的体系。"②庇护主义成功瓦解了民众的集中行动，它把社会分隔为分离的、没有相互联系的部分，使得政府很少面对广泛的社会群体的集体要求。庇护主义成为拉丁美洲政治格局的一道景观。斯蒂芬·哈格德分析道："巴西的民主化依赖于军政府的介入，这就使得巴西新民主具有以下特点：政治联盟无计划性的性质、政党的弱势以及施恩回报政治（clientelistic politics）的重要性。发展型经济政策遵循着新联盟的利益。劳工利益没有得到清晰的界定，由于从'新国家'继承而来的国家统合

---

① ［美］塞缪尔·亨廷顿：《变化社会中的政治秩序》，王冠华、刘为等译，上海人民出版社，2008年，第163~164页。

② ［美］弗朗西斯·哈根皮安：《传统政治对巴西国家转型的反动》，载［美］乔尔·S.米格代尔、阿图尔·柯里·维维恩苏主编：《国家权力与社会势力》，郭为桂、曹武龙、林娜译，江苏人民出版社，2017年，第43~74页。

主义结构,其利益在一定程度上也是可以操纵的。"①

而在墨西哥,庇护主义还体现在国家对利益集团所实施的统合主义策略上,统合主义的利益代表机制是指每个公民和社会组成部分,经由国家"批准"来组织并代表社会的某一部分(农民、城市加入了工会的工人、生意人、教师等)的单一机构,与国家联系起来。这一体制把在政府科层机构内确定和培养"恰当"的恩主的负担,放在潜在的受益人身上。②受庇护主义传统的影响,谁来真正代表劳工阶层的利益。我们发现,在拉丁美洲,工会组织和左翼力量虽然在拉丁美洲政坛中一直占有重要位置,但是他们有组织的政治活动及其与下层劳工阶层的联系被有计划地稀释掉了。正如彼得·史密斯所观察到的:"拉丁美洲的选举容纳了广泛的意识形态倾向谱系,但这一谱系多年来不断变化。左翼的力量(即左翼加中左翼)在整体实力方面是下降的。庇隆主义运动也是如此。中间和右翼力量实力大增。久而久之,拉丁美洲的选民们似乎变得更加谨慎和保守。到 20 世纪 90 年代,拉丁美洲的民主也已变得听话、胆怯和顺从了。"③21 世纪以来,随着拉美新自由主义政策对社会的严重撕裂,来自左翼的抗议声音不断高涨,左翼力量重新崛起,但是左翼的政治行动变得越来越民粹主义化甚至是极端化,左翼力量之间呈现出越来越明显的分裂趋势。

民众集体行动能力的弱化表明,选民难以通过制度化的渠道控制政府议程,政治决策掌握在一众政治精英手中,这就为政府实行偏袒精英群体的再分配政策埋下了伏笔。如表 3-11 所示,在众多经合组织成员之中,智利政府和墨西哥政府的再分配倾向是较弱的,与它们处于同一行列的只有亚洲

---

① [美]斯蒂芬·哈格德:《走出边缘——新兴工业化经济体成长的政治》,陈慧荣译,吉林出版集团有限责任公司,2009 年,第 190~191 页。

② 参见[美]小 G.宾厄姆·鲍威尔、[美]拉塞尔·J.多尔顿、[美]卡雷·斯特罗姆:《当代比较政治学世界视野》(第十版),杨红伟、吴新叶、曾纪茂、汪仕凯译,上海人民出版社,2017 年,第 450 页。

③ [美]彼得·H. 史密斯:《论拉美的民主》,谭道明译,译林出版社,2013 年,第 239 页。

地区的韩国和土耳其。从表中可以看出，在 2009 年至 2015 年间，智利政府的社会性支出占国民生产总值的比重平均值仅为 12.73%；墨西哥的再分配水平更低，在 2003 年至 2015 年间，墨西哥政府的社会性支出占国民生产总值的比重平均值仅为区区的 7.31%；而在 2009 年至 2015 年间，经合组织成员的社会性支出占国民生产总值的比重平均值达到了 21%，分别是智利的 1.65 倍和墨西哥的 2.87 倍。

表 3-11 经合组织成员社会性支出占国民生产总值的比重(2003—2015 年)

成员	2003 年	2005 年	2007 年	2009 年	2011 年	2013 年	2015 年
澳大利亚	20.0	18.7	20.2	20.4	20.9	21.9	23.5
奥地利	22.9	22.6	22.1	24.4	23.6	24.2	24.3
比利时	24.0	23.8	23.4	26.7	26.6	26.9	26.7
加拿大	19.6	19.7	19.9	21.7	20.4	20.1	20.9
智利	—	—	—	13.2	12.0	12.4	13.3
捷克	17.8	17.0	16.5	19.3	18.9	20.0	18.6
丹麦	22.1	21.8	21.9	26.3	24.9	25.3	25.4
爱沙尼亚	—	—	—	16.3	13.8	13.5	14.9
芬兰	19.5	19.7	19.0	22.7	22.7	24.4	25.3
法国	28.4	28.5	28.4	31.2	30.9	31.6	31.7
德国	27.0	26.3	24.0	26.4	24.5	24.7	24.8
希腊	—	—	—	22.8	23.0	22.3	22.4
匈牙利	—	—	—	20.2	20.6	19.5	18.1
冰岛	18.7	17.5	16.4	19.5	19.1	18.6	18.2
爱尔兰	15.2	15.9	17.0	24.3	24.5	23.2	16.1
以色列	—	—	—	16.2	15.9	16.5	16.5
意大利	21.7	22.0	22.0	25.0	24.3	25.5	25.4
日本	—	19.2	20.2	23.5	24.8	24.4	23.5
韩国	7.7	8.3	9.6	10.9	10.7	11.9	13.0
拉脱维亚	—	—	—	—	14.9	13.7	13.7
卢森堡	19.0	18.8	16.5	20.0	17.5	18.8	18.2
墨西哥	6.7	7.0	7.2	7.6	7.3	7.7	7.7
荷兰	23.1	23.4	23.8	25.5	26.2	26.3	—

成员	2003 年	2005 年	2007 年	2009 年	2011 年	2013 年	2015 年
新西兰	15.3	15.9	16.5	18.9	18.3	17.9	17.6
挪威	20.8	18.2	17.2	20.0	19.3	19.7	22.0
波兰	—	17.1	15.9	18.3	16.5	17.4	0.9
葡萄牙	21.1	21.8	21.4	24.4	23.7	23.9	23.0
斯洛伐克	16.5	15.1	15.3	18.3	17.5	17.8	17.4
斯洛文尼亚	—	—	—	20.8	21.3	21.6	20.6
西班牙	17.7	18.1	18.6	24.0	24.1	23.8	22.9
瑞典	23.9	23.3	22.2	24.5	23.5	25.1	24.5
瑞士	—	—	—	22.5	22.0	23.0	23.7
土耳其	—	—	—	12.2	10.9	10.8	11.2
英国	21.9	22.1	22.0	26.1	25.8	26.0	24.5
美国	25.5	25.2	25.7	28.6	29.8	29.6	30.0
经合组织成员平均	—	—	—	21.2	20.8	21.1	20.9

资料来源：经合组织数据库 https://stats.oecd.org/Index.aspx?。

偏袒精英的再分配政策充分体现在拉丁美洲各国政府的公共行为之中。在 20 世纪 80 年代新自由主义浪潮下，拉丁美洲各国普遍采用外向型自由化政策来取代进口取代工业化模式，希望以此来解决长期的通货膨胀和收支不平衡问题。但是这一发展战略具有资本密集和技术密集的特征，资本和技术而不是劳动力成为主要的受益者，广大非熟练工种和非正规部门的从业者利益受损。面对这种集中化的收入分配格局，拉丁美洲各国坚信"先增长，后分配"的理念，认为分配不均是经济成长的必要代价，因此并未对再分配进行积极改革。在这种情况下，拉丁美洲的福利制度充分体现了社会经济结构和政治结构的不平衡性，政府的调节作用被搁置。普沃斯基就指出，拉丁美洲的国家自主性在解决社会再分配的不公平问题上是无能的。他讲道："在我看来，在东欧和大多数拉美国家，国家作为一种组织而言都是软弱的：它们抵抗不住来自大企业的补贴要求和寻求保护的双重压力，同时又不能从这些企业（或它们的私人企业主）征收税金，不能使他们服从条例和法规。"[①]不管是税收制度，还是社会保险制度、养老金制度、教育投资制度，这些政府主导的再分配政策都是有利于精英群体的，而不是广大的劳动阶层和底层民众。在拉丁美洲，非正规经济的庞大规模意味着还有为数众多的底层群众既没有充分的权利保障，也不可能享受到工会的保护，甚至连社会救济救助都难以覆盖。

歧视性的社会政策决定了普通民众对民主的认知和态度。斯蒂芬·多布森（Stephen Dobson）对拉美非正规部门的研究发现，虽然拉美地区存在严重的腐败现象，但是民众表现出比其他国家更为容忍的态度。他通过对大量国家样本的数据分析，发现非正规经济部门影响了腐败与不平等之间的联系。一旦非正规经济部门变得庞大，腐败的边际影响就会变得消极。[②]拉美的普通民众已经对政治腐败见怪不怪，他们不相信在司法中能够得到公平待遇，哪怕是民主所赋予的选票也很难改变这种情况。表 3–12 统计了拉美国家不同等级的社会阶层对民主政体的满意度。

表 3–12　拉美国家社会阶级与民主满意度（单位为%）（2007 年）

民主偏好	社会阶层			
	上层	中上层	中下层	下层
非常满意	16.8	8.6	8.5	6.4
相当满意	34.9	31.6	31.2	25.4
不太满意	34.2	43.8	45.1	43.7
太不满意	14.2	16.0	15.2	24.6
总计	100.0	100.0	100.0	100.0

注：由于四舍五入，每列的加总可能不是 100。

资料来源：[美]彼得·H. 史密斯：《论拉美的民主》，谭道明译，译林出版社，2013 年，第 361 页。

---

① ［美］亚当·普沃斯基：《民主与市场——东欧与拉丁美洲的政治经济改革》，包雅钧、刘忠瑞、胡元梓译，北京大学出版社，2005 年，第 111 页。

② See Stephen Dobson, Why is Corruption Less Harmful to Income Inequality in Latin America? *World Development*, Vol.40, No.8, 2012.

公民的民主认同是确保民主巩固的文化基础。影响公民民主认同的因素很多,一般认为宏观层面的不平等程度越高,分配公平感和政治信任之间的相关性强度就越强。①通过表3-12,我们可以发现,拉美地区公民的民主认同差异与社会阶层的等级结构具有紧密联系。总体而言,社会上层精英对民主政体的满意度最高,认为"非常满意"的比重按照社会等级的金字塔结构自上而下递减,只有一半左右(51.7%)的上层精英对民主政体作出了正面评价("非常满意"和"相当满意"),而这一比例在社会中上层、中下层和下层中都没有达到一半,这说明拉美民众对拉美的民主质量并不认可。而另一方面,民主所引发的不满主要集中在中上层、中下层和下层社会,分别有59.8%、60.3%和68.3%的人对民主质量作出了负面评价("不太满意"和"太不满意"),这说明民主哪怕是在中间阶层所受到的欢迎也不高。拉美地区公民文化的落后,是政治经济结构投射在观念领域的反映。毕竟,拉美长期且不算稳定的民主实践导致了社会经济利益的集中化而不是平等化,为去民主化和民主退潮提供了政治动员,这就使得民主一直无法摆脱"低效度民主"或"有缺陷民主"的名声。

---

① See Sonja Zmerli, Juan Carlos Castillo, Income inequality, distributive fairness and political trust in Latin America, *Social Science Research*, No.52, 2015.

第四章 民主政体与收入水平：
复杂关系及其论证

　　自 20 世纪 70 年代末 80 年代初新自由主义兴起以来，经济不平等的增长便在世界范围内呈现。根据我们上一章提供的经验证据，民主制度并没有挽回经济不平等全球性增长的发展态势。不管是在长期以来被人们认为是得到巩固的自由民主制国家，还是在那些新兴的民主转型国家，民主都没有表现出有效应对经济不平等恶化的基本能力。那么广义上的民主政体与收入水平之间到底存在什么关系？以往的民主巩固学派提供的解释，试图证明民主制度安排由于改善了政府质量，从而能够促进总的社会收入水平的增长。但是根据我们对十国研究的证据表明，民主巩固学派的研究没有考虑社会收入水平增长的阶层差异，也就是说忽视了民主制度的分配性功能。从分配民主的视角观察，新自由主义的意识形态既造成经济要素的自由流动，以及建立在所谓自由秩序上的社会收入整体水平的增长，也导致了极富群体对社会总收入的寡头式垄断和中下层社会阶层的相对贫困。这种社会阶层收入的分化，表明了民主政体与收入水平之间的复杂关系与现实映照。在社会利益分化不断生成的情况下，自由民主制的广泛共识遭到瓦解，继而产生了政治经济精英阶层与社会普通大众的政治对立，即资本化的自由民主与民粹主义思潮的对立。

第一节　政体类型、政府质量与收入水平

近年来,学界关于民主化问题的研究出现了明显的转向趋势。在民主化研究的初期,学界的研究焦点在于探讨民主转型的具体机制、方式、时机和影响因素,并注重分析精英行动者、社会情态和结构性社会变迁在民主转型中的作用,以及一系列影响民主从启动到巩固(当然也包括反方向运动)的因素。在此之后,民主化研究将注意力转向民主的实际效应,即探讨民主是否有利于经济发展和社会治理的改善等问题。从时间维度上看,这种转向更加偏重理解"民主之后"的社会发展问题。学界围绕民主政体的实际效应所展开的争论表明,民主在价值规范层面上的普遍性(即使是威权政体也未曾公开否认民主价值)在经验研究中实际上面临质疑。首先,发展型国家理论认为,民主并不必然与经济增长相联系;相反,经济增长需要建立在一定的威权体系和结构之上。其次,民主在西方国家所产生的压力(如福利国家陷阱和食利集团的固化等)会阻碍经济发展。最后,新兴民主国家的民主实践非但没有带来可期的发展效应,反而使得民主成为动乱、腐败的源泉。

学界关于民主政体多重效应的探讨,并不仅仅集中在经济发展一个方面。许多学者倾向于研究民主政体对政府质量、国家能力的影响作用。从系统效应的观点看,社会发展是政治、经济、社会、文化等各因素相互促进与限制的过程。直接效应与间接效应、可欲效应与非可欲效应交织在一起,一方因素针对互动采取的策略会影响其他因素的选择行为,环境变迁也会导致

互动行为的改变。[①]受篇幅所限，本节主要探讨民主政体与经济发展、政府质量三者之间的关系，并通过机制解释三者可能存在的影响作用。

民主政体、收入水平和政府质量之间存在什么样的关系？虽然难以得出确切性的结论，但是大量的实证研究至少在以下两点达成共识：一是任意两者的关系不是确定性的（由于相关性分析只能在两个变量之间进行，因此相关性分析无法同时满足对于三者关系的研究），而是呈现出某种形状的非线性相关特征；二是任意两者之间的关系都不是直接的，而是间接地通过中间变量实施影响。所以单纯分析三个因素的关系效应在技术上是无法达到的，这种简单化的处理也很难照应社会要素的复杂性状况。为此，本节在探讨民主政体、收入水平与政府质量时，首先将其中的某一因素看作因变量，其他两大因素作为自变量来观察这种影响效应。

需要注意的是，我们在分析三个因素的影响关系时，侧重于接受一种学界较为认可的关于三个概念的操作化定义。在测量民主变量时，学界普遍使用的数据是"自由之家"（包括"政治权利"和"公民自由"两个维度）和"政体"机构的数据；所谓的经济发展水平主要使用的是世界银行所提供的数据，该数据主要将经济发展水平理解为人均国民生产总值水平；而政府质量的测量相对复杂，它主要包含"预防腐败"和"官僚体系质量"两个指标。[②]为了摆脱在测量政府质量时面临的意识形态困扰（自由主义者与凯恩斯主义者对政府质量的理解是不同的），罗斯坦（Bo Rothstein）和奥特雷尔（Jan Teorell）借鉴了沃尔泽对"道德领域"概念的划分，根据利益的类型与范围，区分了制度实施的四种不同的"公平范围"，将政府质量理解为政府执行权威过程中

①　See Robert Jervis, *System Effects*, Princeton University Press.1997. pp.29–91.

②　See Hanna Back, Axel Hadenius, Democracy and State Capacity：Exploring a J-Shaped Relationship, *Governance：An International Journal of Policy*, *Administration*, *and Institutions*, Vol.21, No.1, 2008, pp.1–24.

的制度公平性。①因此,本节对"政府质量"概念的测量主要基于政府治理的过程和结果,将围绕政府质量所产生的意识形态之争中立化,假定意识形态争论就政府质量的某些基本方面达成共识, 从而避免价值因素对于概念测量的干预性影响。

一、经济发展与政体类型如何影响政府质量

在以政府质量(q)为因变量、经济发展(e)和政体类型(p)为自变量的目标函数中,政府质量受到经济发展与政体类型不同组合模式的影响。

$$f(q)\alpha e+\beta p+\gamma$$

其中,α、β 为影响系数,γ 为误差值。

为了考察与比较民主政体对于政府质量的影响, 我们将政体类型划分为民主与威权两种。同时,先前的研究也表明,经济发展程度对民主化和政府质量影响的关键点在于"中等以及以上"与"低水平"的区别(如杰克曼的"N"型曲线、阿西莫格鲁和罗宾逊的"库兹尼茨曲线",以及巴罗的"倒U型曲线")。因此,在我们简单地将两大因素作二元划分的情况下,得到的一个简单的四象限结构。

如果在考虑了那些同时影响经济发展和政体类型的变量的干扰作用之后,我们大致可以得出以下表格(见表4-1):

---

① See Bo Rothstein, Jan Teorell, What is Quality of Government?–A Theory of Impartial Government Institutions, Governance: An Institutional Journal of Policy, *Administration, and Institutions*, Vol.21, No.2.2008.pp.165–190.

表 4-1 经济发展与政体类型对政府质量的影响

政体类型 ＼ 经济发展	中等及以上	低
民主	政府质量高 ++(积极显著)	政府质量低 -(负面显著)
威权	政府质量低 -(不显著)	政府质量低 --(负面显著)

我们可以看到,在经济发展达到中等以上的民主国家中,政府质量往往会很高,民主和经济发展对于政府质量的提升具有显著的积极作用(如丹麦、瑞典等);当经济发展处于低水平时,民主化的制度安排往往会导致政府质量低下(如利比里亚、海地等);而在经济相对发达的威权国家,虽然政府质量相对于经济发达的民主国家低,但是影响并不显著(如俄罗斯、新加坡等);相较而言,经济发展低下的威权国家往往会导致政府质量低下(如大多数非洲国家)。

莱德曼(Daniel Lederman)等人认为,政治制度在影响政府责任和预防腐败方面的作用是重要的,民主制度满足了制度抑制腐败的两大渠道要件:一是政府责任和公共品供给结构,政治制度通过惩罚腐败官员或解决公民了解政府活动信息的方式增强了政府的责任意识。二是公共品的竞争性供给产生竞争机制,减少了政府寻租的可能性。[1]政府责任和预防腐败之间是高度相关并且相互强化的,从而提高了政府的质量。而贝克(Hanna Back)和海德尼尔斯(Axel Hadenius)认为,在不同民主阶段的控制方式的差异会导致政府质量的变化。在强势威权国家,国家可以通过自上而下的强力控制实现可欲的控制目标,此时国家能力较强,却难以得到社会制衡;而民主化开启之后,国家自上而下进行控制的能力受到限制,继而损害了行政能力;当民主达到巩固之后,自下而上的社会控制由于受到一系列民主制度和社会资源

---

① See Daniel Lederman, Norman V. Loayza, Rodrigo R. Soares, Accountability and Corruption: Political Institutions Matter, *Economics and Politics*, Volume 17, No.1, 2005.

的支持而成为主要的控制形式,此时行政能力达到最强。①民主发展阶段与政府质量之间形成明显的非线性关系。从总体上看,虽然政府质量会随着民主的不断发展而提高,但是民主的过渡阶段往往会造成权威流失,政府责任下降,民众需求得到压制,从而损害政府质量。查隆(Nicholas Charron)和莱普恩特(Victor Lapuente)沿袭了在分析政府质量时区分国家与社会的做法。他们发现,政府质量受到来自国家的供给力量与来自社会的需求力量的双重影响。通过将制度主义与政治文化研究相结合,根据定量实证研究,作者发现,只有在民主国家既存在政府质量的供给压力与需求压力,而且这种压力必须建立在一定的经济发展之上,也就是说,在经济较发达的民主国家中,领导人更有动力去追求长期利益并改善政府质量,而在经济落后的民主国家,领导人往往追逐短期利益,从而没有动力改善政府质量。②

由此可见,在分析民主政体与经济发展对政府质量的影响时,学者普遍将民主看作一种权力约束与制约机制(民主通过社会对国家的约束而实现)。但是民主的近代本意则是一种利益分配机制,而约束性的权力则是为了达成各方可接受分配方案而出现的副产品。也就是说,在那些支配阶级垄断政治权力的社会中,民主只是一种支配阶级内部的分赃机制,而缺少权力的阶级根本无法实现对支配阶级的制约。此时,民主只是在利益分配方面起作用,而与权力制衡毫无关系。笔者认为,不同的经济发展水平对民主的功能要求是不同的,也即在经济发展程度高的民主国家中,民主不仅是一种利益分配方案,而且也是一种权力制衡机制;而在经济发展落后的国家,民主无法产生打破权力垄断阶级的需求,从而使得民主仅仅发挥一种在统治阶级内部实现分配平衡的功能。因此,我们可以看到,在民主机制完善的社会

---

① See Hanna Back, Axel Hadenius, Democracy and State Capacity: Exploring a J—Shaped Relationship, *Governance: An International Journal of Policy, Administration, and Insitutious*, Vol.21, No.1, 2008.

② See Nicholas Charron, Victor Lapuente, Does Democracy Produce Quality of Government? *European Journal of Political Research*, Vol.49: 2010, pp. 443–470.

中,支配阶级受到被支配阶级的外在压力无法垄断经济发展的成果,相反会主动出让经济利益以收买被支配阶级的选票,从而造成人均收入在阶级间相对平等的分布;而在民主匮乏的社会中,支配阶级只需照顾到其内部的收入差距,没有强烈的动机去缩小阶级间的收入差距,继而形成利益集团化甚至寡头化的状况。

民主机制除了会影响收入水平在阶级间的分布以外,还会依据经济结构的差异而表现出对于经济发展的不同影响。正如罗默和卢卡斯的"内生型经济增长理论"认为,经济发展越来越依赖内生型变量(如技术进步与知识积累),而且在以技术产业为主的经济体中,民主对于生产率的提高和经济的发展起到积极作用,在技术落后的产业部门中,民主对生产率的提高起到消极作用。[①]因此,在经济发达的国家中,经济发展对技术进步和知识积累的依赖程度提高,社会权力阶层具有通过"做大蛋糕"的方式实现利益分配的最大化与共赢目的的动力。为此,权力支配阶层倾向于保护社会产权和激励社会投资,从而扩大经济总量,并限制自身的寻租行为,提高自身的官僚行政能力。而在经济发展依赖资源、劳动密集型产业的国家中,国家缺少保护产权与投资的动力,而倾向于对资源和劳动力的集中控制,并在有限的经济总量中瓜分利益。而为了抵制社会其他集团对有限资源的争夺,统治阶级内部会达成联盟并形成封闭的边界,阻碍其他社会成员的上层流动。亚伦·卡茨(Aaron Katz)等人的理论支持了上述解释。他们在解释南美殖民地经济发展的"逆转"大趋势时,发现南美那些经济较发达的内陆国家由于土著人口众多,殖民者可以通过维持对于劳动力的控制来发展经济,从而抑制了自由主义意识。而在经济相对落后的南美沿海国家,由于土著人口稀少,经济发展依赖于出口贸易而不是劳动密集型产业,因此自由主义倾向明显,更有利

---

① See Philippe Aghion, Alberto Alesina and Francesco Trebbi, *Democracy, Technology and Growth, Discussion Paper Number 2138, Harvard Institute of Economic Research*, Harvard University, 2007.

于保护产权与促进投资,从而实现了经济发展的大逆转。[1]

二、政府质量与收入水平如何影响民主化

在以民主化程度(p)为因变量、经济发展(e)和政府质量(q)为自变量的目标函数中,民主的巩固程度受到经济发展与政府质量不同组合模式的影响。

$$f(p)=\alpha e+\beta p+\gamma$$

其中,α、β 为影响系数,γ 为误差值。

此时,我们考察的是在何种情况下民主更容易巩固下来。为此,在考虑了那些同时影响经济发展(即收入水平的高低)和政府质量的变量的干扰作用之后,我们大致可以得出以下表格(见表 4-2):

表 4-2　政府质量与收入水平对民主化的影响

政府质量＼收入水平	高	低
高	民主巩固	不适宜民主转型
低	适宜民主转型	不适宜民主转型

我们可以看到在收入水平低的国家中,不管是政府质量是高还是低,都不适宜民主转型,这似乎印证了李普赛特的早期研究,即表明民主在经济发展达到一定阶段后更容易出现。而在收入水平高的国家中,政府质量是影响民主能否巩固下来的重要因素,即在政府质量高的情况下,民主制度可以形

---

[1]　See Aaron Katz, Matthias vom Hau and James Mahoney, Explaining the Great Reversal in Spanish America: Fuzzy-Set Analysis versus Regression Analysis, *Sociological Methods Research*, Vol.33, No.4, 2005. pp.539-573.

成稳定的自我强化机制；而当政府质量不高时，虽然此时具备了民主转型的时机，但是要想维持稳定的民主机制还需要政府质量的提升。

迪斯肯（Abraham Diskin）等人在研究民主成败以及能否稳定下来的原因时，发现社会类因素比制度类因素更具解释力，尤其是当社会分化程度、运行不良的市场经济、不利的历史、政府的不稳定性和外国干预五个变量，只要满足其中的四个时，民主便会遭到失败。我们在分析民主成败的过程中尤其应该注重社会因素的重要性。[1]为此，笔者认为，民主是一种利益分配机制，只有在经济能够保持持续发展的情况下，民主框架下的利益分配才可能是共赢型或互利型的模式。相反，如果经济发展无法实行稳定的增长，那么所谓的利益分配从长远来看只能是社会集团间的"零和博弈"过程，或者说经济的有限发展无法承受利益集团的自肥争斗。在共赢的经济发展模式下，社会各集团都有可能从经济发展中获取利益，因此民众对于民主的支持也会上升，此时民主转型时期较成熟。事实上，赫希曼（Albert O. Hirschmann）经济发展的"隧道效应"理论认为，即使存在经济发展的不平等现象，但是经济发展只要存在稳定趋势，民众也会形成某种忍耐机制。[2]也就是说，民众会根据自身对经济发展情况的判断来调整自己的动机，来选择支持还是反对民主体制，从而影响民主巩固的稳定性。

除此之外，研究表明经济发展对于民主巩固的影响是多样的。在批判李普赛特假设基础上，普沃斯基等人总结道，经济现代化对民主化的支持是外生性的，即现代化本身并不意味着民主化，它只是为民主化的发生和稳定提供了支持性条件，甚至说现代化对民主化的贡献主要表现在民主巩固阶段

---

① See Abraham Diskin, Hanna Diskin, Reuven Y. Hazan, Why Democracy Collapse: The Reason for Democratic Failure and Success, *International Political Science Review*. 2005. pp.291-309.

② See Albert O. Hirschmann. The Changing Tolerance for Income Inequality in the Course of Economic Development（with a Mathematical Appendix by Michael Rothschild）, *Quarterly Journal of Economics*, Vol.87, No.4, 1973. pp. 544-566.

而不是转型阶段。①这一观点得到了许多学者的认同,一时成为反思李普赛特假设的主流言论。如罗伯特·巴罗(Robert Barro)在1999年所作的研究表明,经济发展对于民主巩固的正面影响实际上是通过提高教育水平来实现的。②随着量化政治学研究的进步和更多的数据资料的获得,普沃斯基的"外生性"观点得到了进一步的检验。在此,卡莱斯·鲍什(Carles Boi)等人的研究最为系统。他延长了所考察的民主转型历史时期并不断扩充数据,发现经济发展与民主巩固的关系既是外生性的,也是内生性的。也就是说,受到经济发展的支持,民主化进程自然相对顺利,从而降低了民主倒退的概率。③进而言之,民主更容易在收入水平相对平等、资本流动性高的社会发生并稳定下来。④由此可见,不管是"外生性"理论还是"内生性"理论,都认为经济发展对于民主巩固的影响基本上是正面的。

除此之外,经验研究同样表明,政府质量与民主巩固也存在密切的联系。政府质量的高低,即政府行政效率及抑制腐败的能力高低,关系到民主政体优化资源配置和促进经济发展的能力。一方面,民主原则的施行会刺激不同利益集团追求自身利益的动机,从而容易将各种社会矛盾冲突反映到对于政府议程及决策机制、贯彻机制的争夺上来,将潜在的矛盾公开化、政治化。此时,政府极易被各种利益集团所把持,丧失自身的自主性,政府也成为利益争斗和谋求权力操控的竞技场。另一方面,如果政府能够有效地保持自身的自主性,并在经济改革和发展中注重对于集团化利益的调节,通过政策吸引等方式促进集团间的妥协,而不是鼓励分裂,那么不同利益主体就会对关键性

---

① See Przeworski, A., Limongi, F. Modernization, Theories and Facts, *World Politics*, Vol.49, No.2, 1997.pp.155–183.

② See Robert Barro, Determinants of Democracy, *Journal of Political Economy*, Vol.107, No.6, 1999. p.90.

③ See Carles Boix and Susan Stokes, Endogenous Democratization, *World Politics*, Vol.55, No.4. 2003.

④ 参见[美]卡莱斯·鲍什:《民主与再分配》,熊洁译,王正毅校,上海人民出版社,2011年。

的民主机制达成共识,从而维护并推进民主的持久性。需要注意的是,民主巩固同样也应该被看作政府质量不断提升的过程。也就是说,政府质量可能会随着民主进程的发展出现下降趋势,政府的自主性会受到日益成熟的分利集团的侵蚀。在许多国家,政府被俘获的现象成为民主倒退的重要原因。由此看来,政府质量的提高不仅是新兴民主国家提高民主质量的重要任务,也关系到成熟民主国家的国家能力的维持性问题。

三、政府质量和政体类型如何影响收入水平

在以收入水平(e)为因变量、政体类型(p)和政府质量(q)为自变量的目标函数中,经济发展的程度受到政体类型与政府质量不同组合模式的影响。

$$f(e)=\alpha p+\beta q+\gamma$$

其中,α、β 为影响系数,γ 为误差值。

此时,我们考察的是在何种情况下积极发展更容易维持高度的国民收入水平。为此,在考虑了那些同时影响政体类型和政府质量的变量的干扰作用之后,我们大致可以得出以下表格(见表4-3):

表4-3　政府质量与政体类型对收入水平的影响

政体类型 ＼ 政府质量	高	低
民主	收入水平高 ++,稳固	收入水平低 -,收入差距小
威权	收入水平提高 +,不稳固	收入水平低 --,收入差距大

我们可以看到,在政府质量低的国家中,收入水平会低于政府质量高的收入水平。政体类型因素对于收入水平的影响仅仅在于,在国民收入低的国家中,民主国家较之威权国家收入差距要小,因为民主赋予民众以影响资源

分配的权利，使得民众可以通过政治参与在瓜分有限的经济蛋糕方面有一定的影响力。但是这种瓜分机制由于难以积累与集中资源，显然无法为经济的增长提供动力。相反，在威权国家中虽然收入水平低，但是政府权力集中在边界封闭的社会集团手中，民众很难通过政治参与影响资源分配，收入差距在社会支配阶层与被支配阶层之间分布十分明显。而在政府质量高的民主国家中，收入水平可以长期在高位运行；在政府质量高的威权国家中，国民收入水平可以迅速提高，但是很难形成长期的稳固的高水平收入。因为在民众政治参与受到压制的威权国家中，民众的呼吁（Voice）能力下降，从而阻碍了经济的长期增长。

我们的以上分析恰好解释了经济发展中的民主制支持论者与发展型国家论者之间的争议。如巴格瓦蒂（Jagdish N. Bhagwati）认为，威权国家相对于民主国家来说能够更迅速地提取税收和积累资源，利用权威压制反抗性力量，将资源集中到大型建设项目中去，从而推动经济进步。取得经济进步的威权国家虽然缺乏稳固的政治民主制度，但是都从市场经济自由改革和贸易开放中受益匪浅。①与此针锋相对的是，约瑟夫·斯蒂格利茨（Joseph Stiglitz）认为，公民的政治参与对于经济发展和社会发展都是必不可少的。经济发展必然涉及冲突性的公民利益如何协调的问题，而政治参与为公民"表达"利益提供了途径，同时政治空间的开放和政治过程的透明在一定程度降低了公共政策假借公共利益之名而事实上屈从于特殊群体的可能性。②从某种意义上讲，巴格瓦蒂只看到了威权国家在提升经济发展方面的优势，并没有注意到威权体制在维护发展稳固性方面的劣势，1998年东亚威权国家经济在面对国际金融危机时所表现出来的脆弱性说明了这一点。而斯蒂格利

① See Francisco L. Rivera-Batiz, and Luis A. Rivera-Batiz, Democracy, Participation, and Economic Development: An Introduction, *Review of Development Economic*, Vol.6, No.2, 2002.pp.135-50.

② See Joseph Stiglitz, Democratic Development as the Fruits of Labour, *Keynote address, Boston, MA: Industrial Relations Research Association*, 2002.

茨只是看到了民主政体在处理经济发展中的利益协调问题时的重要性,并没有民主政体在利用权威积累资源层面上的弊端。

需要指明的是,我们在探讨民主程度和政府质量对于收入水平的影响时,必须要考虑到一些特殊案例。我们注意到,海湾地区石油富国的案例似乎推翻了民主程度和政府质量高的社会倾向于产生高的收入水平的结论。在这些国家中,几乎没有国家可以称得上实质意义上的民主国家,政府也在很大程度上被石油寡头集团所垄断,但是这些国家的人均收入水平却远远领先于其他国家,甚至是老牌西方的发达民主国家。为此,笔者认为海湾国家的富裕主要源于丰富的石油资源及其稀少的人口数量,这两个限制性条件显然表明海湾国家的案例只能构成我们探讨相关问题的偶然现象。自然禀赋条件是影响民主程度和政府质量对收入水平作用的外在性因素。而且国际政治经济学的研究表明,海湾国家的发展实际上患上了一种严重的"资源依赖综合征"。也就是说,由于石油资源的丰富储存量使得海湾国家在国际贸易中占据先天的优势地位,减弱了海湾国家通过改造基础设施、促进技术创新、提高公民教育水平等发展经济的动机,从而抑制了海湾国家的经济发展的持久动力,使得海湾国家陷入"富余的困境"之中。[1]也就是说,海湾国家的特殊案例并不能推翻本节上述所得出的基本结论。

第二节　分配民主与收入水平的阶层分化

从上我们可以看出,只有把民主首先看作一种利益分配机制时,才能够有效理解民主政体、经济发展与收入水平之间的关系。而先前的研究在理解

---

[1]　See Terry Lynn Karl, *The Paradox of Plenty: Oil-Booms and Petro-States*, University of California Press, 1997.

民主时,倾向于将民主看作一种权力约束与制衡机制,从而与经济发展相联系。正如奈特(Knight)所言,所谓制度并不必然是为经济增长而设计的,而首先是权力主体和非权力主体围绕自身的利益并追求"分配优势"而相互作用形成的结果。制度是围绕冲突而不是增长或合作形成的产物。[①]

正是在此基础上,我们发现民主制度、收入水平和政府质量之间存在的关系是非常复杂的,很难用一种简单的数理关系或逻辑体系来把握这些关系的多样性与本质。从世界各国民主转型的实际经验看,三者之间的复杂关系正好说明了民主转型的多样化。虽然如此,我们也可以大体上概括民主制度、收入水平和政府质量之间关系的潜在发展联系,也就是说,如果我们把时间伸延到足够长的阶段,三者之间很可能产生如下联系:民主制度更容易在收入水平达到一定的发展阶段、政府质量较高的国家出现转型,并容易稳定下来;收入水平更容易在民主制度得到贯彻和政府质量较高的国家得到提高并实现公平分配;政府质量(官僚体系的能力和遏制腐败的能力)更有可能在收入水平达到一定阶段并取得民主巩固的地方得到提高。西方先进国家在三项指标上都可以获得高分这一事实,基本上证实了这种潜在发展关系的可信性。由此,我们发现在价值上可欲的民主理论实际上能够得到经验研究的支持,虽然这种支持并不是直接的。

民主政体、政府质量和收入水平的复杂的、非线性的间接关系,在传统民主理论研究和新近民主反思研究的对比中能够得到更为充分的体现。一方面,民主巩固学派本来就认为民主巩固是一个漫长的发展过程,在通向民主巩固的过程中,民主也会破坏性地导致社会结构的变化,从而引起社会阶层利益分配的冲突。与民主巩固学派相类似的是,公共选择理论以中间选民理论出发,阐述了选举投票对社会阶层收入分布的影响,这一点弥补了民主巩固学派只关注社会总水平上的收入变化。另一方面,近年来民主世界出现

---

① 参见[美]杰克·奈特:《制度与社会冲突》,周伟林译,上海人民出版社,2010年。

的社会阶层收入差距的扩大在很大程度上冲破了民主巩固学派和公共选择理论的预设观点，这其中一个重要的原因是民主政治所赖以生存的社会经济环境发生了显著变化，这种变化总的根源就是新自由主义的崛起。可以说，新自由主义的崛起改变了民主影响社会阶层利益的格局，继而也改变了民主的民主主义特征，强化了民主的自由化基础。

一、民主制度的分配效应:公共选择理论的传统研究

对社会资源的权威性分配是政治制度的本质。国家能力和制度绩效在很大程度上取决于政治体制的分配能力。根据阿尔蒙德的观点，分配能力是指对实物、服务、荣誉、地位和机会的分配。从政治系统分配到个人和群体中去，这是指政治系统的行为流，政治系统此时是价值的分配者或者是价值的再分配者。[①]因此，政治制度的再分配效应成为 20 世纪六七十年代主流政治学研究范式——公共选择理论——关注的基础议题。

公共选择理论历来关注投票程序和公民投票与公共物品配置关系的研究。根据现有文献来看，皮科克和布朗宁在对英国政府公共支出分配和税收政策的研究中，最早得出了民主制度设计能够缓解经济不平等的结论。[②]但是这篇文章并没有提供有足够说服力的解释机制阐明民主的再分配效应。在此方面，安东尼·唐斯细致地研究了民主的多数决策机制对于公民投票选择的影响，他把公共选择看作社会阶层围绕价值偏好聚合过程而形成的均衡状态，并分析了信息成本、意识形态、理性不及等不确定性因素对公民投票的影响。他的研究得出一项重要假设:民主政府倾向于进行从富人到穷人

---

① 参见[美]加布里埃尔·阿尔蒙德:《政治系统的发展路径》，载[美]尼考劳斯·扎哈里亚迪斯主编:《比较政治学:理论、案例与方法》，宁骚、欧阳景根等译，北京大学出版社，2008 年，第 67 页。

② See Alan Peacock and P.R.Browning,The Social Services in Great Britain and the Redistribution of Income, *Income Redistribution and Social Policy*,London:Jonathan Cape,1954.

的收入再分配。在阐释上述假设中,唐斯进一步指出,公民投票理性对公共政策的显著影响使得"民主政府的行动总的来说有利于低收入的选民而不利于高收入的选民,除非这种倾向为不确定性的政治影响所抵消……显然,在一个每个选民拥有一张且只有一张选票的社会里,通过收入再分配获得选票的最好方法是剥夺少数人的收入——因而招致他们的敌意,而把这些收入转交给多数人——因而得到他们的支持"①。

唐斯的经济投票理论使得他在民主理论研究领域声名鹊起,他的贡献在于为我们理解民主社会的政治经济机理提供了新视角。而布坎南和塔洛克则试图建构立宪经济学的分析路径,以提高人们关于民主社会公共选择问题的理解层次。他们敏锐地指出了多数决定的投票原则隐藏着多数人通过社会再分配对少数人的经济剥削问题,"多数决策规则假设一部宪法公开而明晰的规定,净收入在个人和群体之间的转移,将通过简单多数表决而被付诸实施。在这种情况下,看起来很清楚的是,在选择再分配的量时,能够出现对理性行为的最大限度的可能背离。属于成功的多数联盟的个人,能够把净税负加给少数派,并为自己获得净补贴……在这些条件下被视为一种行动的'再分配',肯定将得到相对'过度'的实施"②。可见,民主社会的投票机制和多数决定规则强化了多数穷人在公共开支转移支付中要求更多再分配需求的倾向,这实际上缩小了社会阶层在收入水平方面的差异,而这种收入差距缩小的程度超过一定水平之后必然出现过度实施的现象。

唐斯、布坎南和塔洛克等人更偏向经济学的分析思路,擅长利用微观分析的显微镜解剖宏观问题,但是却为我们整体性地把握民主制度的再分配效应在各个国家的综合表现带来了困难。在此方面,具有公共选择理论倾向

---

① [美]安东尼·唐斯:《民主的经济理论》,姚洋等译,上海人民出版社,2005年,第151~152、178页。

② [美]詹姆斯·布坎南、[美]戈登·塔洛克:《同意的计算——立宪民主的逻辑基础》,陈光金译,中国社会科学出版社,2000年,第213页。

的政治学者从经验论证的角度研究了投票理性对公共政策的显著影响。早在 1949 年,美国著名政治学家小 V.O.基就在对美国南北各州政治选举结果显著差异的比较分析中发现,政党派系的稳定性程度和政治参与的有序性程度决定了穷人能够在多大程度上影响公共经济政策。稳定性更好的党派结构将有利于穷人在政治参与中发挥建设性作用,即穷人可以利用投票的力量来限制数量更少的富人的经济特权,使得公共经济政策更加体现穷人群体的利益。他在 1966 年的著作中则重点分析了公民投票理性在 1936—1960 年美国总统选举中的体现,发现选民常常采用追溯投票(Retrospective Voting)的策略实施理性投票,即选民在投票前除了关心当前经济利益与政党经济政策的关系之外,还往前回溯选民经济利益的变化与政党经济政策在历史上的表现来形成综合判断。[①]小 V.O.基教授的研究有效反驳了其他学者对公共选择理论"理性人"假设可靠性的怀疑,也为后来研究者从各种角度验证选民投票理性的社会效应提供了基础。

在这其中,杰拉德·克莱默分析了 1896—1964 年间美国重要经济指标与该时期众议院选举结果的时间序列数据,发现选民根据总统执政时期的经济表现来决定支持还是反对向总统所在党候选人的投票。公民的投票权利为政党在民主政治中的表现提供了一种奖惩机制,选民往往从经济收入的变化和与其他阶层经济地位的变化差异来直观感知执政党在配置公共资源中的价值偏好。[②]耶鲁大学塔夫特教授在 1975 年对美国国会中期选举结果和 1948—1978 年美国总统选举结果的研究也证明,居民每年的可支配收入与执政党得票率几乎完全是正相关的,从而支持了公共选择理论关于投

---

① See V.O. Key, *Southern Politics in State and Nation*, New York: Alfred A. Knopf, 1949; *The Responsible Electorate: Rationality in Presidential Voting 1936–1960*, Cambridge, MA: Harvard University Press, 1966.

② See Gerald H. Kramer, Short-Term Fluctuations in US Voting Behavior, 1896–1964, *American Political Science Review*, Vol.65, No.1, 1971, pp.131–43.

票理性假设的经验性存在。①这些研究的共同特点是指出公民投票理性是影响民选政府构成及其公共政策的重要因素,实际上隐含了一个重要预设,即竞选政党和公共机构在政治过程中不得不对多数选民的经济利益偏好作出回应,以实现公民对政治体系的选票支持。

经济投票是公共选择研究的重点领域,而公共选择理论的新发展更加关注强制性制度、公民观念偏好等因素对选民理性聚合为公共理性的限制性作用。从实际政治看,西方社会公民普选权的扩展为公共选择理论理解政治与经济的互动关系提供了重要背景。在西方社会,公民投票是公民与政治体系发生联系的重要机制,也是公民政治权利的集中体现。而公民政治参与是受利益驱使的,公民利益的实现又在很大程度上取决于社会公共资源的权威性分配。因此,根据公共选择理论的经济哲学,民主社会的再分配过程实际上是投票理性在政治领域内的体现,它使得公共资源的分配方案更偏向于作为多数的穷人而不是少数富人。民主社会将公民经济偏好转化为选票,政治参与继而体现为社会阶层依据经济偏好展开行为互动和形成博弈策略的过程,这种分析进路被"第三波"以来的民主巩固学者所采纳,成为民主政治绩效比较研究的重要分析路径。

二、西方社会经济不平等的发展与"民主失灵"

几乎所有国家再分配政策的实施目标都宣称要解决社会阶层间的贫富差距问题。然而当今世界,不管是在所谓发达民主国家还是在新兴的民主转型国家,由贫富差距扩大所导致的经济不平等现象都呈现出愈演愈烈的趋

---

① See Edward R. Tufte, Determinants of the Outcomes of Midterm Congressional Elections, *American Political Science Review*, Vol.69, No.3, 1975. pp.812-26; Edward R. Tufte, *Political Control of the Economy*, Princeton, NJ: Princeton University Press, 1978.

势。与此密切相关的是,西方经典民主理论曾经一贯强调,社会阶层间不平等的贫富差距问题只有在民主政治体制下才能够得到解决。也就是说,民主政治与经济平等在本质上是相互契合的。

经典民主理论的上述论断盛极一时,几乎成为民主理论研究者不假思索便予以接受的共识。然而政治实践的现实发展却与经典民主理论的论断相背离。在当前许多民主国家,社会财富的不平等分配不仅没有得到政治制度与公共政策的限制,反而加速迈向极端不平等并且日益损害民主的基本价值。在这种情况下,我们需要重新认识经济不平等、再分配与民主之间的关系。

20 世纪 60 年代,行为主义政治学在美国兴起。受此影响,民主理论研究出现重大转向,即从欧陆规范性的民主理念价值研究转向实证式的民主制度绩效研究。一些研究者注意到,虽然社会阶层间的贫富差距现象在每个国家都存在,但是这种贫富差距带来的经济不平等在成熟民主国家表现得并不明显;中产阶级的壮大一方面限制了社会财富流向少数精英阶层,另一方面又减少了社会底层低收入群体的数量。相反,在不发达民主社会,经济不平等现象一直无法得到控制,成为政治动荡、社会失序、阶层冲突的渊薮。由此,民主理论研究将民主视为解决经济不平等现象的可靠机制。[1]

这种研究倾向在诺贝尔经济学奖获得者、印裔美国人阿玛蒂亚·森那里表现得很明显。他认为,民选政府更为透明公开,不仅能够及时和充分掌握民众信息,而且能够对民众诉求进行及时回馈和回应,因此民主政府能够实质性地缓解社会贫穷,增强公民的物质福祉。[2]理性选择主义则从研究公民投票行为与政策偏好入手,阐释了民主制度的再分配效应。在其代表人物阿罗、唐斯、布坎南、塔洛克、克莱默、缪勒等人看来,民主政治提供的投票机制

---

[1]　See Martin C. McGuire&Mancur Olson,The Economics of Autocracy and Majority Rule,*Journal of Economic Literature*,Vol.34,No.3,1996,pp.72-96.

[2]　参见[印度]让·德雷兹、[印度]阿玛蒂亚·森:《饥饿与公共行为》,苏雷译,社会科学文献出版社,2006 年。

能够形成倾向于多数贫民而非少数富人的再分配政策，使得民主具有抑制经济不平等发展的天然功能。他们将选票视为选民理性的表达方式，在少数服从多数的政策规则下，选民就一系列涉及社会财富再分配的政策方案进行投票。由于穷人在数量上的优势必然超过富人阶层，所以再分配政策结果必然倾向于多数穷人的利益。基于此，理性选择主义揭示了民主国家社会财富趋于均等的政治逻辑。美国政治学家鲍什接受了理性选择主义的经济投票、阶级投票假设，分析了政治行为人围绕再分配政策展开的策略博弈对民主绩效的影响。他认为，票决民主在本质上倾向于鼓动贫民支持再分配政策，所以穷人是支持民主的。而富人对民主的态度则取决于社会资产的可流动性程度。在资产可流动社会，富人可以通过威胁转移财产的方式与穷人在再分配政策上讨价还价达成妥协，从而形成稳定的民主政治。而在经济高度不平等且资产无法流动的社会，富人与穷人在再分配政策上的冲突无法调和，导致富人倾向于寻求专制权力予以保护财富。言外之意，就是说只有在民主成熟的社会，社会财富向少数富人集中的现象才能得到有效遏制。[①]普沃斯基也曾经指出："政治领域的民主，使人们影响资源配置的权力平等化，从而加剧了这种分歧。事实上，有市场形成的消费品分配，和按公民们集体偏好而定的分配一定是不同的，因为民主为穷人、被压迫者，以及其他由于生产资源的初始分配而陷于不幸的人们提供了通过国家来寻求补救的机会。"[②]

　　更为重要的是，美国社会科学研究历来与其国家战略密不可分。在这种情况下，民主政治削弱经济不平等的观点成为美国在全球进行"民主推销计划"的法理依据，构成了所谓民主"普世价值"的重要组成部分。根据美式民主推销者的宣传，社会经济不平等的根源在于民主选举制度的缺失。因此，

---

① 参见[美]卡莱斯·鲍什：《民主与再分配》，熊洁译，上海人民出版社，2018年。

② [美]亚当·普沃斯基：《民主与市场——东欧与拉丁美洲的政治经济改革》，包雅钧、刘忠瑞、胡元梓译，北京大学出版社，2005年，第85页。

只有推动威权国家的民主化运动,赋予公民一人一票的选举权,唯有如此才能从根本上解决社会阶层间的经济不平等问题。也就是说,他们主张,民主的价值不仅体现在赋予公民以投票权,更体现在普通公民可以利用投票权获取经济利益。在此论调下,在转型国家,民主成为鼓动民众参与政治抗议以影响政治决策甚至是意图推动政权更迭的政治口号,成为美国试图干预他国内政、在世界范围内大搞颜色革命的政治借口。

当然,民主必然导致经济不平等下降的明确观点也遭到后来研究者的反对。德隆·阿西莫格鲁等人在2013年重新检验了学术界讨论已久的民主与再分配、不平等之间的关系,民主体制被寄予增强再分配效应与减弱公民群体间不平等的广泛期望,但是民主制度所产生的再分配能力是十分复杂的,当民主被社会极富群体俘获时,它的再分配能力迅速下降。当然,民主在特定的时期也会迎合中产阶层的利益期望,民主甚至也会补偿那些在前民主时期利益不被代表或者被边缘化的社会群体。而他们的研究却表明,民主对税收(影响国内生产总值的重要因素)具有很强烈的影响,但是对不平等却没有如此强的影响。对于不平等而言,最重要的因素反而是基础教育与社会结构的变化。民主造成不平等增长仅仅在以下情况下才会出现:民主化导致社会结构的剧烈变化,而这个社会恰好又存在严重的土地不平等所有制,以及中产阶层与穷人之间的经济差距微乎其微。也就是说,民主并不会必然导致社会群体税后不平等的统一下降,但会导致财政再分配和经济结构的变化,从而对不平等产生模棱两可的影响。[①]

自新自由主义在20世纪后20年重新取得它在资本主义世界意识形态领导地位以后,民主化进程向我们呈现出的现实是经济不平等得到了系统性的成长。时至今日,西方社会经济不平等的发展已经成为不争的事实。以

---

① See Daron Acemoglu,Suresh Naidu,Pascual Restrepo,James Robinson,*Democracy*,*Redistribution and Inequality*,NBER Working Papers from National Bureau of Economic Research,Inc,No.19746,2013.

美国为例，根据迈克尔·耶茨引用美国人口普查局的数据，2010年最富的20%的家庭收入占居民总收入的50.2%，而最穷的20%的家庭仅得到收入的3.3%。而在30年前，即20世纪80年代里根改革之前，相应的数据分别是44.1%和4.2%。因此，收入最少的20%的人的收入占总收入的比重减少了21.4%，而最富裕的20%的人的收入占总收入的比重增加了13.8%。如果从最富的20%的人群里进一步提取最富的5%的人的数据，则这一群体的收入占总收入的比重，从1980年的16.5%增加到2010年的21.3%，增加了29.1%。2010年，最富的5%的家庭的收入比收入最低的50%的家庭收入的总和还要多。如果以反映经济不平等水平的基尼系数来衡量，美国的基尼系数已经连续40年增加，2010年美国的基尼系数已经达到了0.469，而在1980年这一数据只有0.403。美国《大西洋月刊》甚至披露："美国收入差距比所有的西非、北非、欧洲和亚洲国家都严重。"[①]法国学者托马斯·皮凯蒂发现，法国社会同样经历了一个经济不平等程度迅速上升的阶段。在法国，前1%人群的工资比重，在20世纪80年代和90年代还不足6%，自90年代后期开始增长，2010年后达到了7.5%~8%，在10多年的时间里上升了近30%。而前1%和0.001%人群有着更大程度的增长，10年里购买力提升了50%以上。[②]

面对以上变化，凯恩斯学派的新代表约瑟夫·斯蒂格利茨甚至认为，美国正在经历历史上最为严重的不平等时期。社会财富迅速向1%的美国人集中，他们还垄断了社会流动的机会，多元竞争性社会正在走向封闭寡头化社会。而99%的美国人不仅生活水准日益下降，他们还要为经济不平等所造成的社会冲突、经济凋敝甚至是金融危机埋单。美国不仅变成了一个更加分化

---

① ［美］迈克尔·D.耶茨：《权力与美国社会日益严重的不平等》，张峰译，《国外理论动态》，2012年第8期。

② 参见［法］托马斯·皮凯蒂：《21世纪资本论》，巴曙松等译，中信出版社，2014年。

的社会,也不再是"那个曾经充满机遇的国度"①。斯蒂格利茨所代表的"市场失效"观点并非危言耸听,2008年金融危机、占领华尔街运动就是美国社会经济不平等的综合反映。普林斯顿大学教授马丁·吉伦斯(Martin Gilens)搜集了美国自1930年大萧条之后联邦和州政府的立法和政策制定资料,发现作为多数的选民并没有真正影响立法和政策制定的能力,公共政治主要反映了美国最富裕10%的精英偏好,尤其是最富裕1%的偏好。所以所谓"中间选民定理"和中产阶层的民主的论调在现实中都属不存在的。②也就是说,在新自由主义所造成的社会阶层收入差距悬殊化的情况下,民主并没有通过平民权利的行使矫正或控制这一局面。民主失灵了。

由此可见,西式民主非但没有有效制约经济不平等的恶化,民主制度却正在被疯狂增长的经济不平等状况所撕裂。这就需要我们重新理解与思考经济不平等与民主政治之间的关系。回顾历史,我们可以发现两种截然相反的经验现实:一方面,在资本主义调整时期,民主政治和经济平等确实都得到了发展与进步;另一方面,在资本主义全球扩张的今天,各国普遍面临着经济不平等迅速升级的危险,所谓民主政治的优势也被公民抗议的浪潮所淹没。显而易见,经典民主理论的假设、结论和逻辑体系都需要重新检验。

三、反思经济不平等的民主解决机制

越来越多的文献表明,收入差距的拉大——不管是国内居民之间的差距还是国别之间的差距——已经在绝大多数国家和地区成为现实。这个问题显然非常重要,然而这并不是我们关注的重点。我们关心的是,社会阶层

---

① [美]约瑟夫·斯蒂格利茨:《不平等的代价》,张子源译,机械工业出版社,2013年。

② See Martin Gilens, *Affluence and Influence:Economic Inequality and Political Power in America*,Princeton:Princeton University Press,2014.

收入差距的变化到底与民主政治有什么关系？因为我们注意到,长期以来那些民主理论的坚定拥护者们声称民主政治是良政善治的必要前提。具体到收入分配领域,多数学者支持这样的观点——民主政治具有天然的再分配倾向,它通过抑制社会财富向某一特定阶层集中,促进社会财富向社会中下层群体流动,从而缓解社会阶层的经济不平等压力。简言之,就是说民主政治是中产阶层的助产师。

然而上述民主的经典理论并没有在现实政治生活中得到完全应验,那么其中的出入该如何解释呢? 长期以来,民主所享有的赞誉在于公民平等权利的保障和政府对公民需求的及时回应,但是现在我们注意到民主正在遭受来自各方面的公民间经济不平等的威胁。处于这种生存状况中的民主必定大打折扣,这样的民主又该如何回应所谓人民主权,以及"民有、民治、民享"的政治理想?

从学术研究角度看,民主政治与社会阶层收入分配的关系是非常复杂的。任何国家都会存在贫富分化,但是贫富差距在不同国家、不同历史阶段表现的程度存在差别。民主绩效研究关注经济与政治之间的复杂关系。诚然,持续的经济不平等源于多种因素,其中政治制度层面的原因不可忽视。我们需要考察民主政治是如何影响社会财富再分配的,民主的再分配效应对经济不平等的变化起到了什么作用。为此,我们需要对经典民主理论的论证进行详细解剖分析。

首先,票决民主对再分配政策起到多大作用? 西方民主被标榜为"一人一票制",普选权的扩大被认为是西方民主的重大进步。经典民主理论认为,再分配政策作为一种集体偏好是由选民通过选票表达利益理性来实现的。因此,在多数票决规则下,再分配政策反映的必然是多数选民的利益。然而经典民主理论能否成立还要取决于许多因素。马太·杜甘就反思道:"在很多对投票行为的研究中(因为统计数据易于取得而受到青睐),尤其是那些通过问卷调查的手段进行的研究中,社会背景的问题被忽略了。只有个体特征才被纳入考虑,而社会情境的参与却被忽视了。"①而在社会资源的权威性分配中,"许多转移支付是通过民主投票体制进行的"②。选票被认为是广大选民影响转移支付的民主手段,罗伯特·达尔也认为,理想的民主是选民对政治议程的最终控制。③但是从现实中看,选票对政策议程的控制能力十分微弱,政策议程主要受到那些组织良好、占有更多社会资源的团体所主导。在政策制定的许多领域,一些集团似乎能够控制政治决策,或者至少设立一种无法逾越的障碍,一种政治无法超越的限制。④与此相反,选民作为个体不仅组织混乱,难以形成集体行动,而且受到理性不及、信息不对称、政党宣传、选区分割等因素的限制无法真正认知自身利益,更不用说用表达利益。选票仅仅在名义上影响了政策设置。

其次,选举是不是民主的本质? 西方民主将选举视为民主的基础和本质,因此基本上将民主政治等同于选举民主。显然,选举是民主的重要因素。西方民主的重大进步也表现在公民不分种族、性别、收入、族群都基本上获得了选举权。然而选举民主只是政治民主的内容。公民在普遍获得选举权利的同时,其经济民主、社会民主却没有得到明显改善,甚至出现了倒退。在选举之外,公民权难以得到体现。更有甚之,公民权正在遭到不合理的经济权利的侵蚀,金钱开始主宰选举政治。"一人一票制"似乎更应该体现为"一美元一票制",经济权力的社会阶层分布决定了政治游戏规则。在美国,选举民主已经被利益集团的游说政治所取代。社会底层民众虽然人数巨大,但是已

---

① [法]马太·杜甘:《国家的比较:为什么比较,如何比较,拿什么比较》,文强译,社会科学文献出版社,2010 年,第 174 页。

② [美]戈登·塔洛克:《收入再分配的经济学》,范飞、刘琨译,上海人民出版社,2008 年。

③ 参见[美]罗伯特·达尔:《多元主义民主的困境——自治与控制》,周军华译,吉林人民出版社,2006 年。

④ 参见[美]埃伦·伊莫加特:《制度、否决点与政策结果:医疗保健的比较分析》,载[美]尼考劳斯·扎哈里亚迪斯主编:《比较政治学:理论、案例与方法》,宁骚、欧阳景根等译,北京大学出版社,2008 年,第 213 页。

经逐步失去政治意义,社会资源、政治权力和经济利益逐渐被处于社会顶端的少数精英所垄断。正如盖伊·彼得斯所言:"总体而言,比起富裕群体,低收入群体的组织能力一般较差,可资利用的资源也较少,因此他们会发现政治组织也更困难。自从许多工业化国家的劳工联盟——从逻辑上说,它们是某些低收入群体诉求的代表者——自身也越来越朝着资产阶级方向演变以后,这个情势就更明显了。还有,许多分散的消费者和中等收入阶层很难动员,而特定产业主的利益动员则被发现很容易——这就是人们熟悉的利益集中、成本分散的政治模式。"①

最后,"民主失灵"是不是意味着民主衰落?经典民主的缺陷在于忽略了利益集团、寡头精英、政党政治的实际政治过程对于再分配政策决定性作用。仅仅依靠选票来限制经济不平等的发展效果是有限的。但是我们也很难将"民主失灵"说成是民主衰落。因为民主政治的一大特征就是包含一种自我批评、敢于反思的基因,使得社会冲突可以通过制度化的利益表达渠道得到缓解,甚至是通过社会运动、阶级分化等方式形成对于寡头权力的制约。由此,我们需要清醒地认识到选举民主在解决经济不平等方面上的局限性,应该将民主扩展到经济民主、社会民主的层面,不能将票决民主视为民主的全部。也就是说,民主究其本质而言是公民享受一系列社会权利的平等性以及在这种平等性基础上谋求利益满足的机会,而不是仅仅限制在选举的政治权利层面上。因此,经济民主的主张一直反对纯粹选举式的政治民主。在约翰·科恩(John Keane)看来,经济福利是民主的前提条件,民主必然意味着社会成员有权利选择他们追求的经济目标,并且为了实现这些经济目标具有某些经济领域的决策权、组织权和管理权。②美国左翼学者戴维·施韦卡

①　［美］B.盖伊·彼得斯:《税收政治学:一种比较的视角》,郭为桂、黄宁莺译,江苏人民出版社,2008年,第150页。

②　参见［美］科恩:《论民主》,聂崇信、朱秀贤译,商务印书馆,1988年。

特(David Schweickart)在此基础上更进一步,他指出,经济民主具有足够的正当性,而所谓民主如果失去了经济领域的民主性就无从谈起。施韦卡特主张,经济民主是一种工人自我管理的经济形式,它并不排斥自由市场,而是要把自由市场中的劳动力市场和资本市场塑造为一种更为负责的、更为民主的经济模式。在更具民主品格的市场环境中,劳动力市场因为具有经济民主的正当性要求和与资本市场展开谈判的能力, 劳动者的民主权利才能得到真正的维护而避免受到资本市场的系统性压制。[1]从这个意义上说,把国家民主扩展到经济民主,既是合理的,又是具有政治合法性上的伦理基础。正如乔舒亚·科亨(Joshua Cohen)所言:"把自我管理扩展到传统的不民主的工作领域,对形成积极个性和发展共同利益意识都很有意义,从而对于形成民主更为充分的国家作用极大。"[2]经济民主的缺乏是市场资本主义的固有矛盾,因此必须要建立经济民主的市场机制来实现对市场资本主义的替代。

资本主义民主世界经济不平等的演化深刻表明, 当代民主陷于经济和道德、市场意识形态和人权意识形态之间,越来越不民主,因为它的政治成分越来越少。经济能够在权利的掩盖下实施它的法则。[3]因此,关于民主再分配效应的思考,揭示了市场自由主义的民主机制在解决社会阶层利益分化中既缺乏足够的价值理念支撑,又缺乏民主绩效的治理能力基础。新的经济不平等的全面升级可能对西方传统的民主理念和宪政秩序带来严重的挑战。同时,从市场自由主义的宪政民主到市场社会主义的经济民主,内在地包含了民主理论演化的空间与机会。[4]因此,市场自由主义民主再分配能力

---

① 参见[美]戴维·施韦卡特:《反对资本主义》,李智、陈志刚等译,中国人民大学出版社,2002年。

② Joshua Cohen,The Economic Bases of Deliberative Democracy,*Social Philosophy and Policy*,Vol.6,No.2,1988.

③ 参见[法]阿兰·德伯努瓦:《民主当前的危机》,武锡申编译,《当代世界与社会主义》,2012年第4期。

④ See Dawood Yasmin,The New Inequality:Constitutional Democracy and the Problem of Wealth,*Maryland Law Review*,Vol.67,Issue 1,2007.

的衰落客观上提出了更新民主知识结构的迫切任务。

第三节　西方民主的再分配危机与民粹主义

近年来,西方民粹主义政治的兴起成为学术界研究的热点话题。民粹主义政治是西方自由民主体制无法克服的顽癣痼疾,它像幽灵一样隐藏在西方自由民主体制的深处,是我们观察和反思西方自由民主体制弊端的一面镜子。那么民粹主义政治缘何兴起?其中一个至关重要的因素可以归结为西方国家所面临的深层次社会经济困境。自2008年金融危机以来,西方国家的社会经济困境逐渐深化,社会财富逐渐向社会上层精英转移,中产阶级的社会期望日益受挫,社会底层的生活水准继续恶化,这就使得西方国家的经济不平等程度与日俱增,从而导致严重的社会分化与撕裂。而在这些社会经济困境面前,西方自由民主体制不仅表现出无能为力的疲态感,而且由于其亲资本的本质特性而逐渐向保守主义传统转向。在这种情况下,在失望中积累愤怒的人民通过诉诸抽象的人民主权原则,以反精英、反建制、反秩序的方式来反抗和抵制自由民主体制,使得自由民主体制陷入一片混沌、失序和不确定性之中,民粹主义政治由此甚嚣尘上、愈演愈烈。

一、新自由主义与经济不平等

新自由主义助推社会阶层收入差距拉大。世界不平等研究机构(World Inequality Lab)长期关注世界范围内长波时间段的经济不平等现象。根据该机构的统计数据,从1980年到2016年,虽然全球各地区之间贫富分化发展情况有所差异,但是几乎都进入了一个快速增长、持续恶化的阶段。1980年以来,世界收入前 1% 的成人收入增长总额是后 50% 增长总额的两倍。具体来说,如图 4-1 所示,2016 年,全球收入前 1% 成人的收入份额为 22%,而后 50% 成人的收入份额仅为 10%。而 1980 年这两个数字分别为 16% 和 8%。

世界各地区收入前 10% 成人的收入份额,1980—2016:
大部分国家的收入差距呈现扩大趋势,但扩大幅度各有不同

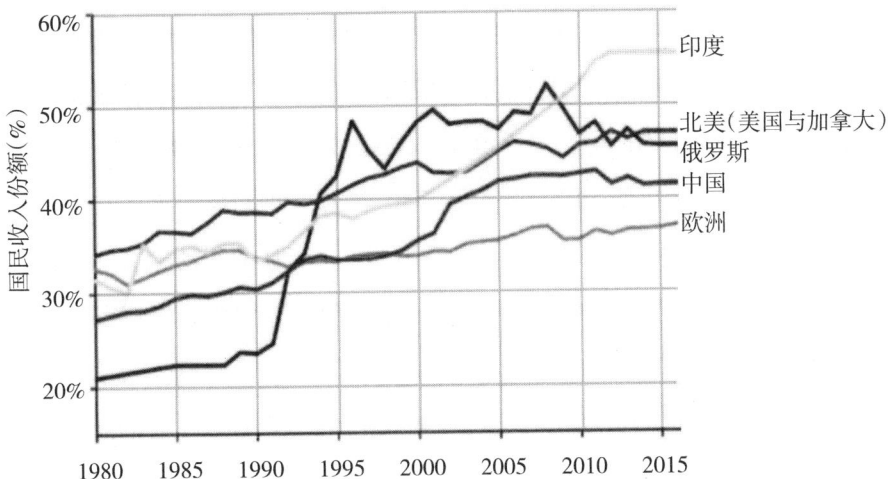

图 4-1　世界各地收入前 10% 成人的收入份额(1980—2016 年)

资料来源:World Inequality Report,网址:https://wir2018.wid.world/,最终访问日期为 2020 年 4 月 2 日。

　　另一个值得注意的现象是,在一些老牌资本主义国家中,经济不平等的增长是极为显著的, 而这些地区很长时间以来声称资本主义的民主制度可以带来民众福祉水平的增长, 抑制住非民主国家无法克服的贫富恶性分化现象。现在这种观点正在不攻自破。如果把视角转移到西欧和美国,我们会发现收入差距演变趋势的差异程度更为极端。如图 4-2 所示,1980 年美国与西欧收入差距几乎无异, 收入前 1% 群体的收入总额均占国民收入的 10% 左右,2016 年这一比例在西欧增长至 12%,而在美国则增长至 20%。同时美国收入后 50% 群体的收入份额从 1980 年的 21% 下降至 2016 年的 13%。另外,据经济政策机构(Economic Policy Institute)研究,1978 年美国大公司执

行总裁的薪资及红利是一般员工的 26.5 倍,而 2011 年却是 206 倍。1978 年至 2011 年,美国执行总裁的薪资及福利的增幅是 725%,同时期普通员工薪资及福利的年平均升幅是 5.7%。[1]也就是说,在国民经济的"蛋糕"再分配中,经济地位占优势的少数群体相对于数量占优势的多数群体而言具有更强的政策影响力,从而导致经济不平等呈现出制度性的升级趋势。

长期以来,自由民主理论一直宣称中产阶级是民主政体最大的稳定器,而且促进越来越多的低下层收入者跨入中产阶级行列被看作自由民主体制改善社会总福利水平的最佳例证。但是根据图 4-3,来自皮尤研究中心(Pew Research Center)的数据,通过比较 1983 年至 2013 年间高收入者与中等收入者社会财富的中位数之比, 就可以看出高收入者所获得的社会财富正在以几乎是十分稳定的速度增加,而相比而言中等收入者的收益则相形见绌。除了个别的时期,如从 1989 年至 1992 年以及 2004 年至 2007 年,两者的财富中位数之比都处于上升阶段。总体上看,在 1983 年,高收入者的财富中位数是中等收入者的 3.4 倍, 而到了 2013 年则几乎增长了一倍, 达到了 6.6 倍。财富向高收入者集中,而中等收入者则面临着财富缩水。

---

① 参见 https://www.epi.org/research/inequality-and-poverty/,最终访问日期为 2020 年 4 月 2 日。

美国与西欧的收入前1%与后50%成人的收入份额,1980–2016:收入差距消化趋势大相径庭

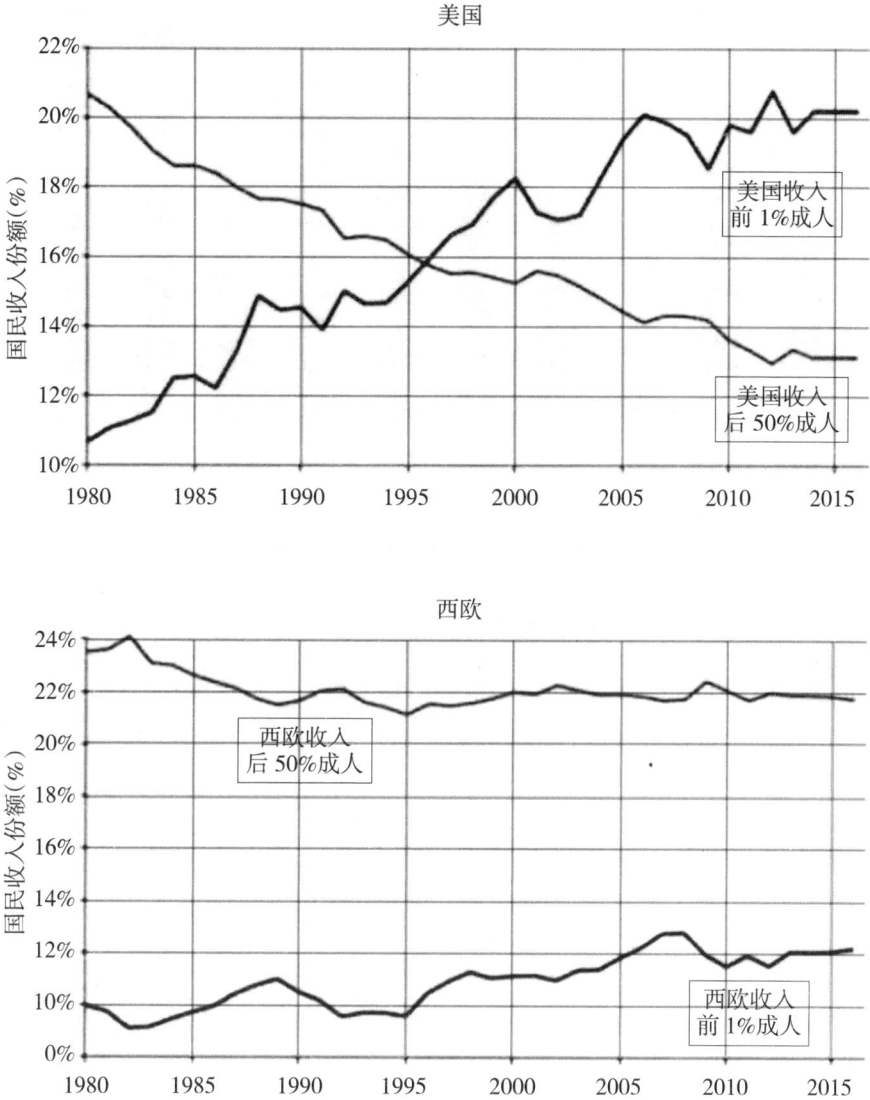

图 4-2 美国与西欧的收入前 1% 与后 50% 成人的收入份额(1980—2016 年)
资料来源:World Inequality Report,https://wir2018.wid.world/,最终访问日期为 2020
年 4 月 2 日。

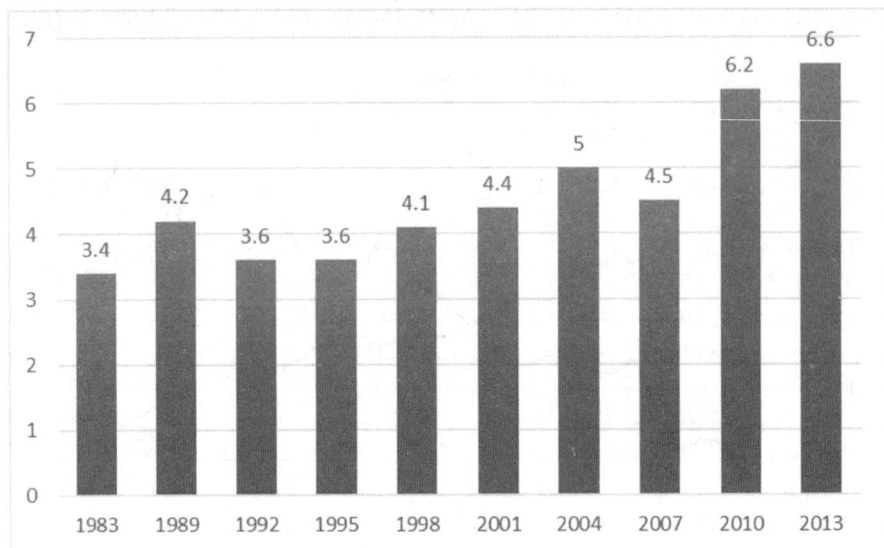

图 4-3　美国高收入者与中等收入者财富中位数之比(1983—2013 年)

资料来源：Pew Research Center Tabulations of Survey of Consume Finances Public-use Data,网址 https://www.pewresearch.org/,最终访问日期为:2020 年 4 月 2 日。

　　显然,资本和劳动对再分配政策的影响已经变得越来越不平衡,资本在占据主导位置的同时,劳动要素的影响力越来越弱并被边缘化,这与新自由主义意识形态对政治经济公共议程的控制密不可分。实际上,从 1980 年至今,西方国家经济不平等的增长恰好是新自由主义兴起并如日中天的时期。20 世纪 70 年代末 80 年代初,资本主义为了摆脱滞涨困境,开始向保守的新自由主义寻求解决方案,国家意识形态转向放任资本繁殖,压制劳工力量和政府管制,渲染福利国家的危机,否定经济民主的正当性。以撒切尔夫人改革和里根改革为标志, 西方国家的再分配政策逐渐转向新自由主义的意识形态,即强调市场初次分配的比重而降低公共政策再分配的程度,缩减福利国家的规模,控制政府的转移支付水平。受这种价值取向的影响,全面私有化和金融去管制化的政策得到广泛推行, 这导致许多高收入国家国民财富的内部结构出现了变化:私人资本财富在疯狂增长的同时,政府公共财富却在衰竭,有的国家政府公共财富的增长甚至为负数。显然,政府公共财富过于贫瘠大大降低了政府对社会阶层的收入分配进行调节的能力，这就使得政府缺乏抑制贫富差距扩大的补偿机制和政策渠道。基于此,哈佛大学理查德·弗里曼(Richard Breeman)指出,过去二十多年,社会和经济不平等变得日益普遍和残酷,我们现在的问题不是要剖析不平等的原因和后果,而是要真正解决不平等的产生机制,提高工人阶级的收入,并且鼓励地方公民组织重新唤醒民主的活力。[1]

　经济不平等的增长所带来的社会影响,并不仅仅是经济层面的,更加表现在政治层面。新自由主义奉行"劫贫济富"式的税收政策,尽可能大幅度地降低高收入者和大企业的所得税率,相对增加对工资的征税力度,从而降低了资本的公共财政负担,提高了工资的公共财政压力。2017 年,特朗普推出了"自里根以来美国最大规模的税收改革方案"。根据这种方案,此前 7 个等级的税制(10%~39.6%)被调整为 10%、25%、35%三个等级,最高边际税率从39.6%下降为 35%。来自各方面的批评意见认为,特朗普的减税方案不可避免地将导致政府公共财政的下降和社会福利的削减,减税的好处主要被高收入群体而不是中产阶级和低收入者拿走了,这无疑会使得美国社会日益严重的贫富分化问题雪上加霜。更不用说,相比于中产阶级和低收入者,高收入群体更有机会和能力漏税、避税。受这种政策的长期影响,西方国家的社会结构也在发生变化,其中最显著的特征就是中产阶级的萎缩。据斯坦福调研的数据显示,美国的中产阶级在 2008 年金融危机里损失惨重,大约占到了总财产的 1/4。而经济危机的余波带来的持续影响也让他们极度恐惧危机的再度发生。虽然金融危机来自金融自由化政策不受控制的高杠杆率、无担保性和过度扩张,华尔街高管需要为此承担代价。但是金融危机后,华尔街高管依然领取不菲的薪酬和佣金, 国家却动用政府力量和财政手段来平

---

　　[1]　See Richard B. Freeman, *The New Inequality:Creating Solutions for Poor America*, Boston:Beacon Press,1999.

抑危机,这样为金融危机埋单的就变成了中产阶级,而不是它的始作俑者。

这种充满了新自由主义意识形态色彩的经济不平等现象,会不断积聚中产阶级的愤怒。近年来中产阶级不断发起新社会运动,抵抗来自新自由主义的侵蚀,并且以此来宣泄对于自由民主体制的不满。从"茶党运动"到"占领华尔街",再到"英国公投",中产阶级打出了"1%人的民主""一美元一票""金主政治""交给人民决定"等口号,控诉自由民主体制的虚伪性和局限性。这些公民抗议活动表明,资本主义的民主制度正在向民粹主义演化。民粹主义正是在资本主义民主所造成的弊端丛生的社会问题中生长出来的,它代表着处于弱势地位的社会群体对于强势的资本精英群体的反抗。资本主义民主制的光辉正在褪去,而民粹主义的思潮已经发展为一股政治力量。这两者之间存在着十分紧密的逻辑关系和内在联系。当自由民主体制由于无法克服其自身所造成的深刻社会经济困境时,心灰意冷的选民就会自觉地运用民粹主义来反对已经固定化了的自由民主体制,冲击自由民主体制的秩序,造成自由民主制度的混乱与失调,以此来反击精英群体的制度性压迫。虽然当前西方社会的民粹主义还提出了其他诉求,但是在经济不平等日益恶化的情况下,中产阶级和社会顶层的失望情绪,是触发民粹主义思潮的一个无法忽视的原因。从这个意义上讲,我们可以从民粹主义的兴起来观察和分析西方自由民主体制的弊病,揭示西方自由民主体制的本质。

二、民主与民粹

2017年3月,法国大选如火如荼之际,法国著名作家、哲学家、法兰西学院院士让·端木松(Jean d'Ormesson)在接受赫芬顿邮报记者专访时,对当今西方世界愈演愈烈的民粹主义趋势感到忧心忡忡。他说道:"在今天的美国和欧洲,存在一种对自由民主制度满怀敌意的政治思潮,民主是这种思潮的最大受害者。"[①] 2008 年由美国次债危机所引发的全球资本主义经济危机已经走过了十个年头。十年来,资本主义危机从经济领域扩展至政治领域,成为当今资本主义世界发展变化的基本趋势。可以说,西方的自由民主制度已经遭遇了系统性危机。就连当年大谈特谈"历史终结论"的福山也用"政治衰败"一词来形容西方民主危机的严重性。西方民主的系统性危机,主要是指所谓的自由民主制度在哲学基础、制度运行、治理绩效和道义形象等多个层面都出现了难以克服的病症,它不仅存在话语体系上的逻辑困境,难以自证其说,而且成为经济低迷、社会冲突、政治动荡的致乱之源。在这种情况下,西方社会民粹主义思潮应运而兴,迅速衍化为一股重要政治力量,对西方社会的国家制度和社会生活产生了深远影响。

"民主"与"民粹"是两个不同的政治概念,但是两者之间的联系十分紧密。人们对于民主与民粹的评价截然相反。一般认为,民主是现代社会的主流价值和政治秩序的重要基础;而民粹主义则被认为是一种消极的、负面的政治思潮。但是民主与民粹在一定程度上具有统一性与重合性,它们都以"民意的合法性"为话语基础,都反对漠视民意或反民意的专制权力。所以民主的发展必然包含民粹,民粹主义也内含民主成分。从近代以来的人类政治进程看,民主主义与民粹主义如影随形,难以决然分离。就如达伦多夫所言,对于一个人来说是民粹主义,对另一个人来说是民主,反之亦然。在现实政治中,很多情况下民主与民粹是糅合在一起的。如英国脱欧和特朗普当选两件事既可以看成是英美选举民主的自然结果, 也可以被看作是民粹主义思潮的反映。

那么民主和民粹的区别何在?

第一,民主从广义上虽然是指"人民的统治",但"人民的统治"是通过制

---

① Alain Elkann, The Victim Of Populism Is Democracy, https://www.huffingtonpost.com/entry/france-populism-marine-le-pen_us_58bd72cde4b05cf0f401cf41,最终访问日期为 2020 年 4 月 2 日。

度化、体制化的方式实现的,而民粹主义则单纯追求民意的实现,民意表达混乱不清,而且缺乏稳定性,易受周围环境甚至某种偶然现象的影响。除此之外,民粹主义具有反体制、反制度、反现代化的倾向。

第二,民主理论流派虽然众多,但是民主理论与制度的基础是比较成熟的,而民粹主义本身没有一个系统的、完备的理论体系,只是一种具有群情性质的不成熟观念,其价值追求是模糊不定的。①民粹主义在价值上缺乏独立性,它可以与任何一种政治理论相结合,成为某种政治理论借以发展扩张的工具。②所以欧洲的民粹主义历来有左翼民粹主义和右翼民粹主义的区别。民粹主义只能是一种社会思潮,而称不上是一种理论。

第三,民主既具有批判性,又具有反思性,而民粹主义虽然具有批判性,但缺乏反思性。马克思曾经指出,资本主义民主促进了人类的政治解放,社会主义民主则是为了实现人的自由全面发展。这里强调的就是民主的批判性价值,但是民主的批判必须建立在反思自身的基础上。而民粹主义则一味强调批判,一味追求颠覆秩序和改变现状,故而是一种激进的、难以驾驭的理念。

在现代民主社会,民粹主义往往被看作民主政治的异化状态。因此,人们将民粹主义视为民主政治运行的晴雨表。以此观察西方国家的政治,我们就会发现,西方民主陷入困境之后为民粹主义的兴起提供了社会基础。西方自由民主制度声称可以通过代议制民主的方式实现民意表达,但是现实中的代议民主越来越远离民意。这其中最主要的原因是,一方面,自由民主制本质上是资本逻辑的民主,体现的是金融资本主义的利益。金钱与选举的紧

---

① 参见张继亮:《论民粹主义与自由民主之间的纠葛:敌人抑或朋友?》,《国外理论动态》,2018年第11期;丛日云:《从精英民主、大众民主到民粹化民主——论西方民主的民粹化倾向》,《探索与争鸣》,2017年第9期;钟准:《民粹主义与西方民主制度的关系——以特朗普和共和党关系为例》,《党政研究》,2017年第6期;高春芽:《民粹化民主的制度逻辑:包容与对抗》,《学海》,2018年第4期;高奇琦主编:《西方民粹主义与自由民主的贫困》,上海人民出版社,2019年。

② See Margaret Cannon,Trust the People! Populism and the Two Faces of Democracy,*Political Studies*,Vol.47,1999.

密结合历来不是自由民主制度的秘密,在强大的金元政治的攻击下,选举民主从"一人一票"蜕变为"一美元一票"。与强大的资本财团相比,广大人民虽然人数众多,但是难以影响选举民主的实际结果。久而久之,选民就会对投票失去兴趣,政治参与的热情也随之下降。实际上,近年来西方各国的议员选举、总统选举的投票率呈现出了下滑趋势,民选政府多数情况下是在投票选民的相对多数基础上产生的,而非全部选民的多数。另一方面,新自由主义主导的公共政策正在丧失民主性,在激励偏袒资本利益的同时,拒绝为广大社会成员的生活保障和福利埋单。在美国,政府的公共权力已经被来自华尔街的金融资本所垄断。富人群体不仅通过政治献金影响选举,而且广泛游说议会,推动制定留有漏洞的税法、阻止提高最低工资、抵制医疗福利制度改革、限制工会活动、推动金融去管制化等公共政策。这些政策的最终结果,就是富者愈富、穷者愈穷,中产阶层进一步缩减,人民福祉不增反降。在这种情况下,人们对民主政治充满了不满与愤怒。近年来的茶党运动、"占领华尔街""桑德斯旋风"就是这种反精英、反现状情绪的民粹主义表达。

在英国,从脱欧事件中引发的关于民主困境的思考正在继续。脱欧公投的赞成者与反对者比例分别为 51.89% 对 48.11%,公投陷入数字决定论,如此小的选票差距决定了英国的未来。在公投结果出炉后,许多投反对票的选民发起了要求重新公投的请愿签名,400 多万人参与了请愿活动。这种现象本身就说明了自由民主制度的弊端和民粹情绪的不稳定性。在欧洲各国,由于自由民主制无法解决经济社会发展面临的一系列问题,如经济低迷、失业率高企、外来移民、文化认同等,传统主流政治精英对此束手无策,人们对自由民主制度的失望情绪高涨,这就为那些夸下海口的、极具煽动性的民粹主义政党的兴起提供了条件。[①]不管是右翼的英国独立党、法国国民阵线,还是左翼的西班牙"我们可以党"、希腊激进左翼联盟,这些具有民粹主义色彩的

---

① 参见包刚升:《极端主义的兴起与西方世界的挑战》,《文化纵横》,2016 年第 6 期。

政党之所以能够迅速崛起,其实都是在自由民主制度困难重重、传统政党政治和精英政治功能失调的背景下实现的。

2008 年金融危机以来, 西方民主国家逐渐告别二战之后民主政治发展的历史黄金期。伴随着社会矛盾的深入,西方民主国家呈现出了两重政治现实:民粹主义的崛起与所谓自由民主制度的衰弱。从演化逻辑上看,民粹主义政治与自由民主制度从来都不是单独存在的, 两者在发生机理上具有内在关联。当前,西方国家民粹主义的涌现是自由民主制度民粹化的表现,是一种以反思、批判自由民主制度为基本内涵的政治思潮,客观上成为自由民主制度衰落的例证。另一方面,西方自由民主制度又受到民粹主义政治的重新塑造,以适应调整的国家与社会关系。因此,未来西方民主国家政治发展的趋势在很大程度上取决于民粹主义政治与自由民主制度的相互较量与相互影响。

民粹主义的兴起并不是孤立的, 而是反映了自由民主制既无意愿又无能力呼应人民需求的窘境。从根源上看,自由民主制之所以发生病变,原因就在于资本主导的本性。在资本主导的逻辑下,自由民主制为了维护资本精英的利益将社会陷入贫富分化的境地, 而处在被剥夺地位的社会中下层群体只能通过民粹主义的抗争策略来限制自由民主制。由此可见,民粹主义本身就是资本主义经济危机在政治领域的投射。

资本主义政治病变的发展期正值新自由主义意识形态盛行、资本逻辑大行其道的时期。这并非一种巧合,两种现象之间具有实质性的关联。马克思主义的观点——经济基础决定上层建筑——深刻揭示了经济与政治的内在联系与互动关系。在资本主义社会,资本的利益为构建资本主义的经济、政治、社会、文化制度及其意识形态提供了基本逻辑。资本主义社会的政治经济关系围绕资本逻辑展开, 形成了一整套以维护和发展资本为主旨的政治制度。资本主导的民主政治并不是平等的,在一个被 1% 的人群"所有、所治、所享"的社会中,资本主义民主制度必然沦为少数富人实现自身利益的工具,它的功能是如何更好地服务于资本所有者,而非大多数普通民众。在这样一种放大了富人意见的政治体制中,任何公共政策的制定不仅不能保护普通公民免受富人剥削,反而会以牺牲普通公民的利益为代价使得富人更加富有。也就是说,这种明显偏袒资本所有者的民主制度实际上掏空了自由民主体制的价值。

在新自由主义强风劲吹的今天,资本的统治更是试图渗透进国家政权的每一根毛细血管。新自由主义主张资本主导的政治逻辑,资本主义国家向福利国家开刀,拒绝承认国家向社会公众作出的福利承诺,并进一步摆脱政治家和公共部门的责任。在新自由主义思潮的主导下,资本主义政治制度为资本的营利与逃避社会责任提供了很好的环境。在这种环境下,社会成员的财富水平差距被进一步拉大,一种被制度创制出来的阶级矛盾不断生发。在此,"民粹主义对于投票的解释(即作为一个共同体,人民的需要必须成为公共政策)不能成立,因为它与社会选择理论相矛盾。如果投票的结果是,或者可能是不准确的或是无意义的混杂,那么人民的愿望就无从知晓"[1]。资本主义政治成为利益集团的舞台,他们凭借强大的经济能力在舞台上游刃有余,甚至取代了民选政府成为政治的主导者。长此以往,人们便丧失了对资本主义国家的信任与信心,变得焦躁不安、义愤难平。在这种难以摆脱的艰难局面面前,民粹主义就成了社会公众反抗资本主义非理性但有效的手段,这样就为民粹主义的兴起埋下了伏笔。而在国际领域,资本囿于增长的难题,往往将问题指向国际社会中的竞争者,从而扛起了贸易壁垒主义、民族主义的大旗,反全球化的思潮也由此兴盛。而这些问题的所有结果,就构成了资本主义国家治理的总体危机。

---

① William Riker, *Liberalism against Populism*, San Francisco: W.H. Freeman, 1982.

民粹主义思潮下的西方民主将何去何从？一种悲观的观点认为,传统的自由民主制将宣告终结。西方学者欣德斯曾认为:"在西方,人们已经忘掉了古希腊的民主观念,民主原则已经死亡,我们的理想落空了,我们没有良方可摆脱民主实践和理论的困境。我们正遭受最深层次的民主危机。在现实政治中,人们谈论'民主'其实只不过是各自为了自己的利益来操纵民主概念来批评或吹捧现实政权而已。"①我们需要注意,民粹主义虽然饱含批判精神,但它还算不上民主的革命者,无法为民主的未来提供建设性方向。作为西方民主危机的一种社会反映,它实际上是对西方自由民主体制的控诉。但是从长远看,民粹主义还难以突破西方根深蒂固的自由民主传统。即便如此,我们还是要指出,民粹主义的兴起无疑会给西方民主的未来带来越来越多的不确定性。

从历史上看,民粹主义并非毫无建树。它可能对民主的进步起到促进作用。比如19世纪末俄国的民粹派号召"到民间去",揭露了俄国沙皇专制统治的实质,客观上促进了俄国革命的爆发。法国大革命借助人民的力量,推翻了专制王权的统治,促进了资本主义民主观念的广泛传播。②但是如果民粹主义如果得不到及时遏制,一旦与某种极端思想结合,就会对人类社会造成严峻挑战。需要注意的是,希特勒之所以能够建立纳粹政权,就是在西方传统自由主义衰落的情况下,利用不断高涨的民粹主义情绪,通过人民的选票获得了国家政权。

西方自由民主制能否从民粹主义思潮中康复,取决于资本主义的自我调适能力。另外,由于资本主义国家干预中东政治进程,造成了伊斯兰世界的混乱,恐怖主义、难民问题由此产生。这些问题作为一种报复手段反向流

---

① Barry Hindess, Imaginary Presuppositions of Democracy, *Economy and Society*, Vol.20,1991.

② 参见[美]约翰·朱迪斯:《民粹主义:经济大衰退如何改变美国和欧洲政治》,马霖译,中信出版集团,2018年。

入西方社会，成为困扰西方国家的重大安全问题。民粹主义利用人们的恐慌情绪，树立起了反对难民甚至是种族主义的旗帜。而在国际经济领域，资本囿于增长的难题，往往将问题指向国际社会中的竞争者，从而扛起了贸易壁垒主义、经济民族主义的大旗，反全球化的思潮也由此兴盛。特朗普推出的一系列政策，如建立美墨边境隔离墙、推行"禁穆令"、退出"巴黎协定"，置国家道义与国际责任于不顾，让人们对自由民主制大跌眼镜。当前，民粹主义严重冲击了自由民主制度的基本原则，以及所谓的包容、自由、平等、人权精神。西方自由民主如果要走出民粹主义困局，就必须充分反思其新自由主义的哲学基础，调整资本主义生产关系与政治关系，重新认识与外部世界的关系。这些问题处理得如何，将决定自由民主制是通过调整实现暂时平衡还是要滑向深渊。

第五章 资本与民主：
政治经济关系的考察

民主投票机制对调节社会阶层收入差距的再分配性影响，实际上考察的是民主制度的政治经济学绩效。根据前面的研究，在资本主义民主制度下，民主促进还是降低了经济不平等，从根本上看取决于资本与民主的关系。资本主义的生产方式决定了其政治制度，但是政治制度并不是被动地反映经济方式。一般来看，民主制度代表着以选民为代表的劳动者对资本力量的限制，资本力量同样以其强大的增殖逻辑塑造着与劳动者的关系。因此，对于西方国家民主制度与社会阶层收入分配的研究，必须要深入到资本与民主的政治经济关系中去。

资本之于民主的关系是比较民主研究的传统议题，近年来学术界关于当前资本主义民主危机的讨论使得这一议题重新兴起。综观既有文献，可以把资本之于民主的关系概括为三种竞争性观点：一是和谐论，主张现代民主的形成是资本主义经济发展的结果，"没有资产阶级，就没有民主"；二是条件论，强调资本促进还是反对民主取决于资本与民主相互适应已达成妥协的能力，它受到多重政治经济条件和历史情境的影响，是政治主体行为博弈的结果;三是冲突论,认为资本与民主虽然存在"偶然和谐",但实质上存在本质矛盾,资本逻辑的扩展与侵蚀是导致民主衰落的根本原因。

长期以来,自由主义的民主观念主宰了西方世界关于资本与民主关系的理解。一段时期,资本主义和民主制度在世界范围内得到了双重扩展,人们由此认为资本与民主是一对孪生物,民主转型与巩固依赖于资本主义经济的发展为其提供基础条件。但是诸多发展中国家民主转型的曲折经历却表明,资本与民主的关系是不稳定的,资本既可以选择与民主政体结盟又可能拥护威权体制以压制民主力量的发展,这取决于社会阶级力量博弈的诸种条件。近年来,随着资本主义危机从经济领域扩展至政治领域,在逐渐兴起的"民主衰退"研究热潮中,一些西方学者重拾马克思主义政治经济学的认识论和方法论,深刻解剖了资本与民主的深层次矛盾关系,将"民主衰退"归因于资本逻辑之于政治的支配关系。显然,关于资本如何影响民主的认识具有明显的阶段性特征,它与民主政治的现实境遇密切相关,这也为民主理论的发展提供了经验依据。

第一节　资本与民主的"和谐论"叙事

在现代化理论的叙事模式中,作为经济因素的资本和作为政治制度的民主一直被视为两种互补的体系。在资本主义到来以前,民主的名声并不好,它被看作一种不良的、需要提防的政治统治。资本主义的文化运动——文艺复兴和启蒙运动——对民主重新进行了理论改造,使它既能够与现代民族国家的成长逻辑相适应,又能够保证公民有序政治参与。民主从而摆脱了长达千年的恶名,成为现代政治体制合法性的基本价值来源。

自由主义民主理论从近代民主的发生学出发,论证了民主的发展对于资本主义经济的依赖性。更为重要的是,受到自由主义民主理论传统的长期浸透,这种认识逐渐内化为一种普遍的社会印象。正如瑞彻迈耶等人所言:"资本主义与民主携手并进是一个获得广泛认可的看法。的确,在西方政治话语中,这可谓老生常谈。报章评论和政治公告经常强调资本主义发展,既相互竞争中由资本利益所驱动的经济发展,也会带来政治自由和对政府事务的民主参与。事实上,民主和资本主义经常被视为几近一回事。"①针对这种社会印象,我们需要结合历史和民主理论的演进来理解它之所以形成的原因。

1942年,二战中的资本主义和社会主义正在遭受生死考验,民主的未来也晦暗不明。在这种情况下,他在其著作《资本主义、社会主义与民主》中提出了他对人类社会未来走向的看法。约瑟夫·熊彼特认为,"社会主义形式的社会将不可避免地从同样不可避免的资本主义社会的瓦解中出现"②,而在谈到资本主义与民主的关系时,他明确指出:"历史清楚地证实这个说法是正确的:在历史上,现代民主政治与资本主义同时兴起,并和资本主义有因果关系。而从民主实践上看,这样说也是正确的:在我们竞争领导权理论意义上的民主政治,主持了政治和制度的改革过程,资产阶级利用这个过程重新塑造它占优势前原有的社会和政治结构,并依照自己的观点加以合理地改造。民主方法是这场重建工作的政治工具。我们知道,民主方法也在某些非资本主义和前资本主义社会中运用,而且运用得特别好。但现代的民主政治是资本主义过程的产物。"③在熊彼特看来,资产阶级成功地运用民主的方法缩减了公民政治决定的范围,限制了国家权力,其结果就是确保了资产阶级的合法性,把民主改造为与资产阶级精神相契合的政治工具。

与熊彼特历史地考察民主观念不同,同时期的哈耶克等人则从自发秩

---

① [美]迪特里希·瑞彻迈耶、[美]艾芙琳·胡贝尔·斯蒂芬森、[美]约翰·史蒂芬森:《资本主义发展与民主》,方卿译,复旦大学出版社,2016年,第1页。

② [美]约瑟夫·熊彼特:《资本主义、社会主义与民主》,吴良健译,商务印书馆,2009年,第10页。

③ 同上,第431页。

序理念出发论证了民主的自由主义价值。哈耶克认为，社会民主只能产生于一个高度竞争性的资本主义经济制度下。面对各种针对资本垄断的指责，哈耶克坚持认为，资本垄断只是一个"小问题"（a minor problem），它对公民自由和民主只造成轻微阻碍。与此相比，国家干预会对民主形成更为严重的威胁，因为干预破坏了社会民主的前提——经济自由。①在自由主义者看来，政治民主与经济自由是一致的，而且政治民主的程度取决于经济自由。在这一方面，弗里德曼强调："经济安排在促进自由社会方面起着双重作用。一方面，经济安排中的自由本身在广泛的意义上可以被理解是自由的一个组成部分，所以经济自由本身是一个目的。其次，经济自由也是达到政治自由的一个不可缺少的手段……我找不到任何例证来表明：人类社会中曾经存在着大量政治自由而又没有使用类似自由市场的东西来组织它的大部分的经济活动。"②林德布洛姆明确指出："多元民主制毫无例外都是存在于市场体制之中，并且以企业制度为基础。……两者有共同的根源，即立宪主义的自由主义的表现。"③拉多斯拉夫·塞卢奇（Radoslav Selucky）接受了"哈耶克-弗里德曼假说"，指出："除了资本主义社会以外，我们还不知道普遍的政治自由在何时何地曾存在过。"④约翰·齐泽克也强调了这一点："在历史上，资本主义是民主的朋友，自由宪政体制只能在资本主义经济的背景下才能得以兴起。"⑤显然，自由主义试图阐释并传递一种观念，即自由市场经济必然导

①　See Friedrich Hayek, *The Constitution of Liberty*, Chicago: University of Chicago Press, 1960, pp. 146-147.

②　[美]米尔顿·弗里德曼:《资本主义与自由》,张瑞玉,商务印书馆,1986年,第11页。

③　Charles Lindblom, *Politics and Markets: The World's Political-Economic Systems*, New York: Basic Books, 1977, p.162.

④　Radoslav Selucky, *Marxism Socialism and Freedom: Towards a General Democratic Theory of Labour-Managed Systems*, London: Macmillan, 1979, p.136.

⑤　John Dryzek, *Democracy in Capitalist times, Ideals, Limits and Struggles*, New York: oxford University Press, 1996, p.11.

致自由民主制,这就意味着资本与民主在本性上具有难以割舍的亲缘关系。

从 20 世纪 50 年代开始,在行为主义政治学的影响下,政治学研究方法逐渐走向经验化和实证化。受此影响,那种基于价值判断而展开的关于资本与民主关系的总体性研究已经无法与政治学科学化的趋势相适应。在这种情况下,资本与民主关系的研究议题不断分化、细化,诸多研究从探讨民主制度得以产生和维系的经济条件入手,运用比较历史分析、社会结构分析等多种研究范式,进一步论证了资本之于民主的促进关系。与熊彼特、哈耶克等人明确的意识形态话语体系不同, 这一时期的理论研究为了避免价值偏向的嫌疑,进行了叙事模式上的升级,借用"市场""发展""现代化"(与"资本"相比,这些概念的意识形态色彩更淡)与民主关系的研究,强化了背后隐藏的、实质意义上的自由主义民主"神话"。

关于现代化与民主的关系,现代化理论的奠基者罗斯托在其 1958 年的作品中指出:"如果整个社会向现代化推进, 最开始的弱势集团很可能随着识字率、高等教育、政治上的成熟、媒体的使用以及组织恐怖主义和游击战活动的能力而上升。弱势集团的上升很可能要快于统治集团,因为前者可以吸收利用较先进集团已经掌握的技术储备。"[1]根据罗斯托的理解,现代化导致迈克尔·曼意义上的社会权力的不平等增长,即弱势集团获得更多的有效制约强势集团的资源和手段,并由此促进了社会结构的平等化,这就为民主制度的形成提供了准备条件。达尔也认为,不同国家的社会经济水平与一般的竞争政治,尤其是多头政体中的竞争政治的出现率有着密切关系。简单来说,人均国民生产总值和其他与人均国民生产总值有关的"现代化"越高,多头政体的可能性就越大。[2]在其随后的著作中,达尔进一步指出:"事实上,民

---

① [美]W. W.罗斯托:《经济增长的阶段》,郭熙保、王松茂译,中国社会科学出版社,2001 年,第三版序言,第 40 页。

② 参见[美]罗伯特·达尔:《现代政治分析》,王沪宁、陈峰译,上海译文出版社,1987 年,第 115~118 页。

主现在而且一直都是与生产资料的私人所有制紧密联系在一起的。一个引人注目的事实是,即使今天,每一个由多头政体治理的国家里,生产资料的绝大部分都是'私有的'。相反,在生产资料主要国有或者(如南斯拉夫宪法一样)'社会'所有的国家中,没有一个国家是由多头政体治理的。"①

　　无独有偶,几乎与罗斯托同时,政治学家李普塞特在 1959 年提出了著名的"乐观方程式",认为"一个国家越富裕,它准许民主的可能性就越多"。②"李普塞特假说"甫一问世,就引起了学术界的广泛讨论。随后,一大批定量研究论文以检验李普塞特的民主的"经济门槛论"为问题意识展开研究。在这些作品中,虽然李普塞特的观点遭到部分学者的质疑,但是大多数学者根据经验研究的结果支持了李普塞特的结论。罗伯特·杰克曼(Robert Jackman)、肯尼斯·波伦(Kenneth Bollen)、罗伯特·巴罗(Robert Barro)、达龙·阿塞莫格鲁(Daron Acemoglu)等人进一步修正和发展了李普塞特的观点,使得强调现代化与民主正向关联的现代化理论更加深入人心。③这些理论主张的核心在于论证民主制度离不开资本主义,或曰经济的发展。因为一方面,现代化理论指出,民主化的基础动力在于经济的发展和由此带来的各种有利于民主制度的因素的形成;另一方面,这一理论又将资本主义的发展与抽象意义上的现代化概念相联系,内在地认为"经济现代化的一般趋势就是以企业家阶级为基础的资本主义商业以及后来的个人发展。……这种取向不限于经济领域,而且还逐步扩展为对广泛的政治参与以及建立新的、广阔的政治框架

---

① ［美］罗伯特·达尔:《多元主义民主的困境——自治与控制》,周军华译,吉林人民出版社,2006 年,第 95 页。

② ［美］西摩·马丁·李普塞特:《政治人》,张绍宗译,沈澄如、张华青校,上海人民出版社,2011年,第 23 页。

③ 关于对此问题的系统性学术梳理,参见刘瑜:《经济发展会带来民主化吗? ——现代化理论的兴起、衰落与复兴》,《中国人民大学学报》,2011 年第 4 期。

和标准的要求"①。为此,体现自由主义价值内核的资本与民主和谐论通过现代化理论的叙事模式呈现出来,试图强化这一话语体系的理论逻辑性和说服力。

除此之外,现代化理论还从比较历史研究的维度论证了资本发展对于民主化的积极作用。历史社会学家巴林顿·摩尔是这一研究路径的鼻祖,他在 1966 年的一项关于政治道路形成的跨国比较研究中得出结论:19 世纪"第一波"民主化国家的形成得益于资本主义的发展成功地支配农村农业部门,使之产生资本主义化的演变,并以此实现了社会阶级结构变迁的民主化。简言之,即"没有资产阶级,就没有民主"②。作为摩尔传统的现代版本,瑞彻迈耶等人运用三组广泛的历史比较——发达资本主义国家、拉丁美洲国家,以及中美洲和加勒比岛国家——检验了摩尔的结论。他们指出,虽然工人阶级也经常扮演者亲民主的角色,但是民主制度的形成主要是资本主义和资产阶级的功劳。他们认为,资本主义的发展产生了两种结构性效应:一是它加强了工人阶级和其他从属阶级的力量,削弱了大地主的力量;二是它导致资产阶级权力的提高,资产阶级的首要经济利益,就在于建立和确保资本主义发展的制度基础。③

综上所述,现代化理论从研究民主制度形成的经济条件出发,将民主制度视为资本主义发展的政治需求和必然产物,构建了自由主义本质的民主理论大厦。这种"民主资本主义"理念论证了资本主义政治秩序的合理性,并逐步上升为资本主义世界的国家哲学,通过各种政治社会化机制演化为政治学"常识"。但是这一理论所立基的历史经验是狭隘的,具有浓厚的西方中

---

① ［以色列]S. N. 艾森斯塔德:《现代化:抗拒与变迁》,张旅平译,中国人民大学出版社,1988年,第 66~67 页。

② ［美]巴林顿·摩尔:《民主和专制的社会起源》,拓夫、张东东等译,华夏出版社,1987 年。

③ 参见[美]迪特里希·瑞彻迈耶、[美]艾芙琳·胡贝尔·斯蒂芬森、约翰·史蒂芬森:《资本主义发展与民主》,方卿译,复旦大学出版社,2016 年,第 79~86 页。

心论色彩。正如亨廷顿所言:"他们主要关注于民主的先决条件和民主制的发展,这里的民主几乎完全是按西方的模式定义的。"①正因为如此,资本与民主的"和谐论"既难以解释发展中国家民主转型的曲折经历,也无法为我们理解近年来愈演愈烈的西方民主危机提供答案。

第二节　资本与民主关系的"条件论"

资本一定会支持民主吗？澳大利亚政治学者约翰·基恩对此表示怀疑,他认为西方民主理论存在一个严重的认识论偏见（这种偏见甚至可以追溯到亚里士多德）,即试图寻找走向民主和使民主巩固的某种内在规律,似乎这些统计性和比较性的知识可以被严格地应用到其他任何地方建造和改善民主制度。但他们忽略了一个简单的问题,即民主作为一种生活方式,它永远是在一个特定的环境下出生、发育和毁灭的。"不论民主以何种形式生存和或发展都取决于各种具体的不确定性:特定环境下不可预见的作用力、谨慎的计算、灵机一动的决定,还有就是永远也不要低估的、结果不可预料本身所产生的变幻无常的影响力。"②基恩的这种认识事实上正好应和了现代化理论所遭受的范式诘问,即现代化理论在本质上是一种结构—功能主义分析范式的产物,它是"关于特定选择得以发生的限制条件的研究"③,忽视了历史情境、政治主体的选择,以及国家与社会的深切互动对于政治转型的影响。在民主化研究领域,"这些研究所面临的问题就是,很容易在事后解释

---

① [美]塞缪尔·亨廷顿等、罗荣渠主编:《现代化:理论与历史经验的再探讨》,上海译文出版社,1993年,第332~333页。

② [澳]约翰·基恩:《生死民主》(上),安雯译,中央编译出版社,2016年,第140页。

③ [美]戴维·E.阿普特:《现代化的政治》,李剑、郑维伟译,上海人民出版社,2011年,第12页。

为什么某个政权'不得不'垮台,却没有在事先这样预测——各种关于东欧的著作也说明了这一点。社会科学并不长于整理出深藏着的结构原因与促发条件。根据结构条件作出的解释在事后看是很让人满意的,在事前却是无用的"①。

伴随着对于结构主义的民主转型范式的反思,现代化理论所隐含的基本结论——民主转型得益于现代资本主义制度的发展及其所产生的社会结构性变迁——也遭受质疑。奥唐奈和施密特将行动者的策略选择引入民主转型研究中,强调不同阶级精英基于多种情境所产生的行为互动过程对于转型结果的影响。他们借用经济学的一般均衡理论,认为民主的实现实际上是不同阶级在利益博弈基础上的妥协过程。"重要的是,在转型期间,不同阶级之间必须达成某种妥协,一方面向资产阶级保证他们的财产权在可预见的未来不会被威胁,另一方面向工人与其他受薪阶级保证他们对薪资与社会正义的要求终究会满足。"②林茨和巴伦苏埃拉同样认为,经济结构的变迁并不构成民主制度形成的充分条件,决定民主是否稳定的关键在于政治精英能否在相互冲突中学会如何进行广泛的磋商已达成协定和构建宪政框架。③也就是说,民主制度的生成并不取决于资本所有者的阶级结构和现代资本主义的发展,而是一种阶级博弈达到均衡的状态。

从行为者中心范式出发,民主理论家提出了与现代化理论不一样的相关解释和基本结论。根据普沃斯基的研究,二战之后资本主义民主得以发展的一个基本前提就是资产阶级与工人阶级在阶级妥协过程中形成了比较坚

---

① [美]亚当·普沃斯基:《民主与市场——东欧与拉丁美洲的政治经济改革》,藏雅钧、刘忠瑞、胡元梓译,北京大学出版社,2005 年,第 72 页。

② [美]吉列尔莫·奥唐奈、[意]菲利普·施密特:《威权统治的转型:关于不确定民主的试探性结论》,景威、柴绍锦译,新星出版社,2012 年,第 65 页。

③ See Juan Linz and Arturo Valenzuela(eds.), *The Failure of Presidential Democracy:Comparative Perspectives*,Baltimore:John Hopkins University Press,1994.

固的经济基础。一方面,资产阶级面对工人集体行动的压力,感觉到必须要让渡足够多的经济利益, 这就为政府干预的福利国家奠定了基础。另一方面,追求分配公平的社会民主党也意识到保留生产工具的私有权,与资本家合作而不是完全抵制它,也有利于雇佣劳动者经济基础的扩大,因为在资本主义民主的条件下, 资本家的利润被预期为被保存、投资和转化为生产能力,并且有一部分是作为收益分配给其他群体。另外,资本主义危机对雇佣劳动也是一种威胁,因为经济危机的负担必然会落到劳动者身上。所以普沃斯基指出,社会民主党人与私人资本的基本妥协,是促进资本主义民主发展的前提条件。[1]

不难发现, 行动者中心范式的优势在于动态地展示资本主义与社会民主相互调适的基本过程,从而打破了结构主义预设结论的范式局限性。但是在不同的社会经济和历史情境下, 资本主义与社会民主达成妥协的能力和意愿存在明显差异,这就使得资本与民主之间呈现出复杂的、不确定性的关系模式。对于二战之后的欧美国家而言,资本主义和社会民主面临的不可避免的情况是,资本主义在经历了经济危机和世界战争的重大挫败之后,为资本主义的复苏必须要借助社会民主的力量化解紧张的阶级关系。而社会民主也认识到, 通过选举实现生产资料的国有化这一传统的阶级斗争策略已经在政治上行不通,而且还要承受严重经济后果,因此一种可选择的策略就是放弃全面抵制资本主义,通过支持资本主义民主来改善利益福祉。然而需要指出的是,资本主义与社会民主的妥协并不是稳定的,达成这种妥协的条件是多种因素相互支持的结果。詹姆斯·奥康奈(James O'Connor)就指出,资本主义通过福利国家来化解工人阶级的不满, 长期来看只是资本主义的一种过渡状态, 因为这种福利国家的资本主义民主难以克服国家财政危机的

---

① 参见[美]亚当·普热沃尔斯基:《资本主义与社会民主》,丁韶彬译,吴勇校,中国人民大学出版社,2012年,第43页。

困扰,从而也无法消解阶级对抗的经济根源。①

在后发展的转型国家,资本主义与社会民主达成和解的条件被经验证明是奢侈的。阿塞莫格鲁等人运用"奥卡姆剃刀"(Occam's Razor)原则将民主政治的参与者简约地划分为两大阶级:一是资本权力的拥有者,也即权贵阶层;二是与此相反的民众阶层,并以此建立了民主制度得以转型和维持的数理模型。在这些模型中,权贵与民众围绕民主制度下潜在的利益偏好为基础而展开政治博弈,民主则直接取决于政治博弈的结果。②这些模型清楚地描绘了资本与民主之间的复杂互动关系。根据阿塞莫格鲁等人的一般假设,民众对民主的偏好要比权贵对民主的偏好更加强烈,因为民主的多数决策规则赋予了民众通过平民主义策略改善福利的机会,而资本权贵则担心利益受到民主的再分配政治的剥夺。所以在典型状态下,民众要求民主而资本权贵抵制民主。但是这并不代表资本与民主的关系是确定的,因为资本选择还是反对民主还取决于影响阶级政治博弈的多重因素的变化。

首先,取决于经济不平等的程度。一般认为,在经济不平等程度非常严重的国家很难出现民主的转机,这主要是因为任何力求缓解经济不平等程度的公共政策都会损害权贵资本者的利益,这会导致权贵资本者寻求专制权力的庇护来阻止民主。因此,只有在经济不平等并不太严重的社会,底层群众要求民主的意愿能够确保权贵资本者接受时,权贵资本者才会选择与民主结盟,因为后者判断专制权力对其财产的威胁已经超过了民众的再分配压力,而且民主制度作出了对于权贵资本者财产权保护的承诺。③罗森道夫就发现,1994 年后南非的民主化之所以成为现实,主要是由于严重的经济

---

① See James O'Connor, *The Fiscal Crisis of the State*, New Jersey: Transaction Publishers, 2001.

② 参见[美]达龙·阿塞莫格鲁、[美]詹姆士·罗宾逊:《政治发展的经济分析——专制和民主的经济起源》,马春文等译,上海财经大学出版社,2008 年,第 16~23 页。

③ See Allan H. Meltzer, Scott F. Richard, A Rational Theory of the Size of Government, *Journal of Political Economy*, Vol.89, No.5, 1981, pp.914–927.

不平等得到缓解之后使得民主对于权贵的威胁下降，权贵才接受了民主制度。①但这也并不意味着比较平等的社会更容易出现民主。在这种社会中，由于民众可以从生产性经济资源和经济增长中获益，这就弥补了民众的再分配需求，使得权贵面临的民主政治的再分配压力降低，这时候非民主的政治能够在权贵和民众所共同承受的范围内维系下去。新加坡的政治发展经验就说明了这一点。②也就是说，经济不平等与民主之间呈现出的是一种非线性的倒 U 形关系，在经济不平等非常严重和不严重的国家，权贵资本向社会民主的妥协可能性都很小，而在经济不平等比较严重的国家，权贵资本不得不对民众的再分配需求作出正式回应，而且在民主许诺了财产保护的预期下，权贵资本意识到与民主政治相适应才是最优选择。

其次，取决于资本的特定类型。卡莱斯·鲍什认为，要素的流动性与国家行为之间存在关联，资本应对再分配压力的能力受到资本类型的限制。具体来说，当一个社会的资本类型以流动性差的资本（如土地、矿产、种植园等）为主时，资本将面临被课以重税，这时资本将强烈反对民主而倾向直接掌控国家。如果一个社会的主导资本类型流动性强，那么资本可以通过资本的外逃（capital flight）来抵制重税，并且迫使选民接受更低的税率，这时对于资本所有者而言，掌控国家的成本要高于自己缴纳的税负，资本家对民主制的反抗继而消失。③也就是说，资本流动性的增强有助于民主制的实现。在这里，鲍什为"第一波"民主化国家的政治发展提供一种新的解释，即这些国家民主制得以巩固的经济动因主要是源于工商业资本、金融资本对于土地资本的替代。而在那些依赖流动性差的资本类型的国家（如海湾国家），资本就会表现出与民主的对抗关系。

---

① See B.P.Rosendorff, Choosing Democracy, *Economics & Politics*, Vol.13, No.1.2001, pp.1–29.

② See Daron Acemoglu, Suresh Naidu, Pascual Restrepo, James A. Robinson, Democracy, Redistribution and Inequality, *Ssrn Electronic Journal*, No.2, 2013, pp.1885–1966.

③ 参见[美]卡莱斯·鲍什：《民主与再分配》，熊洁译，王正毅校，上海人民出版社，2011 年，第 32-48 页。

需要指出的是，全球金融一体化进程使得资本自由选择市场的能力空前提高，贸易与资本的自由流动促进了一国范围内（最终是世界范围内）稀缺资源的有效配置，经济外向性程度的提高有益于经济增长。但是有的学者认为，资本的全球流动并不一定有益于民主的发展。已经有充分的经验表明，资本的全球流动改变了某些国家资本所有者和普通民众之间的经济地位，"在富国，那些受到良好教育、拥有金融和物质财产的人更有能力进入资本市场，所以他们有更强的动机在贸易和投资自由化体系中获取利益；而在拉美国家，低工资、无技术的劳工聚集在城市地带，至少从短期来看，他们从开放经济中获益很少"①。这种资本赋权的偏向性使得劳工群体在与资方谈判时的地位相对下降，而且政府对于资本流动所带来的经济发展的依赖迫使它因恐惧资本外流而偏袒资方，这就导致了资本权力的上升及其对于民主的压制。②也就是说，虽然在民主政治的决策结构中，民众依靠多数获得了设置公共议程的权利，但是由于各种资本所施加于国家的强制性因素的存在，导致国家无法迎合民众的民主意愿，从而带来了国家再分配能力的下降。

从以上分析可以看出，行动者中心主义范式将阶级分析和政治博弈论纳入政治过程中，消解了自由主义民主理论关于资本与民主关系的和谐论叙事。它详细描述了资本与民主之间相互适应、彼此调试的条件性机制，动态地展示了资本民主制的政治经济关系。此范式虽然为我们理解资本与民主的复杂关系提供了一种过程论视角，但是它将资本主义与民主之间的矛盾化约为达成制度均衡之前的一种过渡状态，实际上低估或忽视了现实资本主义民主困境的严重性。

---

① Vito Tanzi and Ke-young Chu(eds), *Income Distribution and High Quality Growth*, Cambridge: MIT Press, 1998, p.298.

② 德国学者克劳斯·奥菲(Claus Offe)和沃尔克·朗格(Volker Runge)详细分析了现代国家的资本依赖性，这种现象的存在阻碍了民主制的推进。See Claus Offe and Volker Runge, Theses on the Theory of the State, *New German Critique*, No.6, 1975, pp.137-148.

第三节　危机中的民主:资本与民主的冲突关系

近年来,伴随着对资本主义经济危机之政治逻辑的反思,马克思主义的政治经济学观点在西方学界得以复兴。美国学者理查德·波斯纳(Richard Posner)认为,单纯的经济学理论已经无法解释经济危机的产生与后果,这场危机实际上是一场资本主义民主危机,它不仅显现了政府放松管制背景下金融自由化的危险性,而且演化为一种政治衰败:政府的无能,以及政治结构内在的低效、分裂与冲突。①资本主义民主非但无法抵制资本主义经济危机,反而还是这场危机的一部分,这内在地体现了资本主义与民主制的深层次矛盾。

塞缪尔·鲍尔斯(Samuel Bowles)和赫伯特·金蒂斯(Herbert Gintis)系统性地批驳了所谓资本与民主关系的"和谐论"观点。他们认为,"民主的资本主义"貌似是一套和谐的和彼此支持的制度,但是资本与民主在本性上遵循相互冲突的规则,这就决定了两者之间在本质上是无法兼容的。具体来说,资本主义强调以财产权为基础的经济特权的优先性,而民主则强调以个人权利为基础的自由权和民主责任两者的优先性。资本的逻辑决定谋利成为经济活动的自觉追求,继而主张政治领域的最小干预或者运用政治机制为谋利行为服务;公民权的发展取决于民主制的进展,它时刻面临着来自资本的强制性威胁,它希望通过民主制度建构起防范资本强权的保护机制。因此,资本主义与民主的共存共生只是形式上的表现,这种"偶然的和谐"之所以能够出现依赖于一系列历史性的特定制度的调整(accommodation):洛克

---

① 参见[美]理查德·波斯纳:《资本主义民主的危机》,李晟译,北京大学出版社,2014年。

调整在政治上排斥无财产的生产者,杰弗逊调整向生产者许以财产,麦迪逊调整分裂生产者,而凯恩斯调整消化无权力的工资和工薪工人阶级。①英国学者约翰·格雷(John Gray)认为:"民主和自由市场是竞争对手,而不是伙伴。'民主资本主义'是新保守主义的到处呼喊的战斗口号,它指明(或掩盖)一种有深刻疑难问题的关系。与自由市场共存的通常不是稳定的民主政府,而是经济无保障的多变的政策。"②在格雷看来,资本主义的价值理念要求建立自由市场机制,而社会民主与资本主义的结合则是短暂的。在此,格雷还论证了资本主义的"格雷欣法则"(Gresham's Law),即社会民主对资本主义秩序的矫正试图构建一种优等资本主义,但这种努力是徒劳的,它最终会被自由化的资本主义体系这种劣等资本主义所驱逐。

其实早在 1982 年新自由主义强风正劲之时,林德布罗姆就指出了自由市场与民主机制的内在冲突。他强调,自由市场和民主制是社会的两大系统,两者之间存在的不和谐将导致严重的后果。但是对于如何解决这种冲突,人类还没有足够的方案。一方面,民主国家几乎都实行和依赖市场制;另一方面,市场制却在损害民主,因为市场禁锢着公共机构与决策,没有一个市场社会都实现完全的民主。③这就是资本主义民主制的吊诡之处。沃尔夫冈·施特雷克(Wolfgang Streeck)在关于资本主义经济危机的长期考察中指出,战后民主的资本主义制度的独特之处在于,它的政治经济中同时存在着两种相互竞争的机制化了的分配机制:市场公正和社会公正,前者由市场来决定,并且通过价格表达出来;后者则是在政治过程中由权力和动员相权

---

① 参见[美]塞缪尔·鲍尔斯、[美]赫伯特·金蒂斯:《民主与资本主义》,韩水法译,商务印书馆,2013 年,第 38~86 页。

② [英]约翰·格雷:《伪黎明:全球资本主义的幻象》,张敦敏译,中国社会科学出版社,2002 年,第 254 页。

③ See Charles E. Lindblom, The Market as Prison, *The Journal of Politics*, Vol.44, No.2, 1982, pp. 324–336.

衡,并且在形式化的或非正式的机构中得以表达。在资本主义条件下,市场公正一直试图修正社会公正,它一方面向国家设置了可征税收的界限,另一方面同时不断向国家提出越来越多的要求,最终导致国家这只"野兽"因严重负债而被饿死。在施特雷克看来,危机就是资本主义报复国家的民主化倾向的方式,它通过这种方式使得国家被驯化为受资本支配的政治机器。所以施特雷克指责那些乐观主义观点"忽视了资本主义非常局限的、几乎只在严格和有效管制下才有的民主兼容性。因此结构性的、意识形态上的民主失败以这样的方式集中体现出来。其结果在 2008 年以来尤为明显"[1]。

在另一篇文章中,施特雷克指出,资本主义的一系列经济政策隐含了遏制民主的基因:从 20 世纪 60 年代到 70 年代的高通货膨胀率,到 80 年代公共财政赤字的增长,再到 90 年代及至 21 世纪的金融去管制化政策。通货膨胀、财政赤字和金融去管制化并不仅仅是经济运行的内容,而且是一种暂时满足社会公正的民主需求和资本利润的经济需求的权宜之计。与此同时,民主国家的再分配冲突也从劳动市场、劳资关系领域,发展到家庭信贷领域,最后演化为国际金融领域的斗争。在此过程中,资本越来越远离民众意愿的制约,成为不可控的东西。由此导致的结果就是资本主义民主制的政治经济风险空前提高,这将对构成民主政治之条件的社会融合和发达市场经济所依赖的体制融洽产生了威胁。资本主义民主国家不断通过变幻经济策略来维护社会民主的幻象,但每次变幻升级都加重了维持民主幻象的成本,都使得下一步的维持更为自由主义化。[2]

近三十年来全球资本主义的政治经济表现,揭露了资本与民主是如何

---

[1] [德]沃尔夫冈·施特雷克:《购买时间:资本主义民主国家如何拖延危机》,常匡译,社会科学文献出版社,2015 年,第 86~108 页。

[2] See Wolfgang Streeck, *The Crisis in Context:Democratic Capitalism and Its Contradictions*, Social Science Electronic Publishing,2011.

试图按照相反的方向发展而展开竞争的。根据新自由主义复兴经济的方案，民主的现代化理论强调经济的增长将为民主的巩固提供稳定的物质基础。但是正如斯迪芬·海哥德（Stephan Haggard）和罗伯特·考夫曼（Robert Kaufman）所言，"无论如何，我们不能完全排除民主体制公然倒退的可能性"。"人们对民主政府处理经济问题效能的信心普遍下降，对危机的权威解决方案的诉求增加，不仅在精英间是如此，在一般公民间也是如此。"①除此之外，新自由主义试图说服民众，经济糟糕的原因在于各种歪曲市场机制的机构与政策遏制了资本活力，而民众的生活水准会随着资本利益的增长而"涓滴"式改善。②现在来看，这种论调遭受普遍质疑。新自由主义拆散了福利国家，民主的再分配能力受到限制，民众的福祉大幅下降。离开了公民权利的改善，民主的实质内容也被掏空。关于这一点，鲁伊斯·佩雷拉（Luiz Pereira）等人早就言明："只要民主政府遵从新自由主义的理念，结果必定是经济上的滞涨、贫困人口的增加、政治上的不满，以及衰弱的民主体制。"③

西方民主的现实困境更能说明问题。市场资本主义的盛行严重损害了民主质量，民主在日益严重的经济不平等表现得无能为力，再分配政策受到新自由主义意识形态的冲击，与之相伴随的是经济不平等逐渐演化为政治不平等，政治统治结构日益呈现出寡头化特征，资本主义社会规模性不平等的新镀金时代正在来临。在此方面，正如哲学家齐格蒙特·鲍曼所言："民主国家当前所遭遇到的危机部分地归因于这些国家的政府，它们不（像从前那

---

① ［美］斯迪芬·海哥德、［美］罗伯特·考夫曼：《民主化转型的政治经济分析》，张大军译，社会科学文献出版社，2008年，第374页。

② See Hollis Chenery, *Redistribution with Growth：Policies to Improve Income Distribution in Developing Countries in the Context of Economic Growth：A Joint Study*, London：Oxford University，1974.

③ Luiz Pereira, Bresser Carlos, José Maria Maravall and Adam Przeworski, *Economic Reforms in New Democracies：A Social-Democratic Approach*, Cambridge and New York：Cambridge University Press，1993.

样)保护其公民的社会作用,保护他们在社会中受尊重的地位,保护他们免受排斥、尊严不被否定及不受羞辱,而是试图通过拼命展示实力并表现他们面对无休止的、真实或假定的对人身的威胁的坚定决心,来使其统治权合法化,并要求人们遵守规则——这些是原因所在。"①现实政治的经验变化需要我们重新认识民主与再分配的复杂关系。

在资本主义发展史上,资本主义的前两次危机都为迫使资本接受民主提供了契机,2008 年以来的此次危机是否同样如此?诺尔曼·伯恩鲍姆(Norman Birnbaum)认为,至少从欧洲当前的形势来看,民主应对危机的表现并不令人满意。伯恩鲍姆指责那种主张与资本主义妥协的社会民主主义策略,它将民众广泛的政治权利和社会权利简化为要求再分配的权利,社会民主党和工会力量丧失了战后以来形成的对资方的抵制能力。"工会为了发挥作为政府合作者的作用,必须建立广泛的而又中央集权式的组织,而且维护政府的信誉。工会组织必须是广泛的:必须把大多数潜在成员联合起来。它们还必须是集权的:工会组织必须能够控制会员的行动。最后,它们还必须相信政府:相信政府能够公平地分配改革的代价和利益,并且也有能力指导改革。"②在现在的欧洲,即便是危机引起了民众的不满,社会民主党和工会力量也难以组织起有效的抗议活动,社会民主在与资本主义的妥协中被瓦解了,迷失了方向,失去了理论武装。③与中右翼政党成功吸引了选民的注意力,并赚取了选民的选票相比,左翼政党只是在有限的领域和程度上获得了支持,他们内部已经分化,未能提出替代性倡议,最后导致左翼政党的集体

---

① [英]齐格蒙特·鲍曼:《从广场到市场:由此走向何方?》,载[俄]弗拉基斯拉夫·依诺泽姆采夫主编:《民主与现代化:有关 21 世纪挑战的争论》,徐向梅等译,中央编译出版社,2011 年,第 47 页。

② [美]亚当·普沃斯基:《民主与市场:东欧与拉丁美洲的政治经济改革》,包雅钧、刘忠瑞、胡元梓译,北京大学出版社,2005 年,第 147 页。

③ See Norman Birnbaum, Is Social Democracy Dead? The Crisis of Capitalism in Europe, *New Labor Forum*, Vol.19, No.1, 2010, pp.24-31.

失语。①保守主义、民粹主义和民族主义思潮压制了社会民主,欧洲人民对民主的失望成为资本主义危机所引致的民主危机的最严重后果。当然,杰瑞·哈里斯(Jerry Harris)认为,民主的未来并非如此糟糕。他指出,民主的衰退是跨国资本主义发展的副产品,跨国资产阶级主导的全球化时期表明资本主义已经进入新阶段,它的雄心壮志试图将经济关系上升为组织人类社会的核心理念。但是作为资本主义的继承者,社会主义民主能够克服资本主义民主制的矛盾性,出路在于构建一套能够有效调节国家、市场与市民社会冲突的民主制度, 这首先要求实现社会所有的企业制度和经济民主(economic democracy),再者要促进经济和公共支出的持续增长。②

经济基础与上层建筑的辩证关系是马克思主义的基本观点。在现代社会,资本主义与民主制度构成一种深刻互动的政治经济关系。根据我们的文献梳理,关于资本与民主关系的三种认识维度刻画了两者关系的复杂性。民主的现代化理论依据西方经验, 描绘了民主制度在资本主义条件下生成发展的宏观历史过程,将资产阶级的成长视为推动民主进步的社会结构动力。这种"和谐论"叙事随着学术界对于现代化理论的整体性反思而受到质疑。促进这种转变的力量部分地来自民主化研究范式的调整, 即行动者中心主义的博弈论范式超越了现代化理论的结构主义思维, 细致分析了资本主义与社会民主相互适应以寻求基本妥协的过程, 以及在具体的社会经济条件和历史情境下资本应对民主压力的策略性问题,从而突破了民主的现代化理论的单向线性思维禁锢。即便如此,行动者中心主义的博弈论范式仍然将民主视为一种达成制度均衡的状态,低估了资本对于民主的侵蚀能力。在系

---

① 参见黄静:《经济危机对欧洲社会与思潮的影响》,《现代国际关系》,2012 年第 8 期;Peter Wagner,The Democratic Crisis of Capitalism:Reflections on Political and Economic Modernity in Europe,*Ssrn Electronic Journal*,No.44,2011.

② See Jerry Harris,*Global Capitalism and the Crisis of Democracy*,Atlanta,GA:Clarity Press,2016.

统反思资本主义经济危机的政治因素的基础上，资本与民主的敌对关系近年来不断被揭示出来，它在资本主义新的发展时期表现出新的特点，是导致民主在资本主义世界陷入衰落的重要原因。系统梳理与分析资本与民主在现实政治中表现出来的复杂关系，有助于加强我们对于民主机制的政治经济关系的理解，有助于实现对西方话语体系中的民主知识体系的"去魅"，也有助于从本国经验和现实政治经济条件出发构建合适的民主道路。

第六章　资本民主与政治衰败

关于当前西方政治衰败的分析,已经成为学术界研究的重要内容。结合资本主义政治的发展史,可以发现,资本介入政治在创造了近代以来的资本主义政治文明的同时,并没有摆脱资本统治的实质内容。资本的统治并不是一成不变的,而是随着资本主义的发展而不断演化,而且具有较强的调试性和适应能力。但是资本主导的逻辑一以贯之,是我们把握资产阶级统治实质的一条主线。当下西方国家的政治衰败究其原因在于资本逻辑主宰了政治进程,形成了资本政治的现实。资本政治放大了选举民主的局限性,隐藏着寡头政治统治的风险,形成了"否决政治",致使国家治理陷入困境。由此,资本主义政治逐渐走向封闭、僵化和保守,也越来越与现代社会的政治逻辑不相适应。

20世纪末,当西方的政治观察家还在津津乐道于福山所提出的"历史终结论"时,很少有人预料到仅仅在三十多年之后,西方资本主义国家的政治就会陷入进退维谷的境地。难民潮泛滥、国内安全的威胁、选民意志的分裂、民粹主义的抬头、寡头统治和强人政治的形成、社会福利的萎缩、社会不公的发展等,这些难题困扰着资本主义的政治家,资本主义社会面临着严峻的政治形势。这场由金融危机所引发的政治困境,从资本主义政治肌体的腠理蔓延至骨髓,成为一种难以治愈的顽疾。值得注意的是,资本主义政治病变的发展期正值新自由主义意识形态盛行、资本逻辑大行其道的时期。这并非一种巧合,两种现象之间具有实质性的关联。马克思主义的观点——经济基础决定上层建筑——深刻揭示了经济与政治的内在联系与互动关系。在资本主义社会,资本的利益为构建资本主义的经济、政治、社会、文化制度及其意识形态提供了基本逻辑。资本主义社会的政治经济关系围绕资本逻辑展开,形成了一整套以维护和发展资本为主旨的政治制度。正因为如此,洞悉当下西方国家的政治困境,必须要透过现象抓本质,理解资本机制是如何控制、影响资本主义的政治过程,继而演化为政治危机的?

第一节　资本民主的秘密

资本主义社会自诞生以来, 便谋求建立一种服膺于资本的政治统治关系。资本的逐利本性和扩张性决定了资本一旦成为一个社会的基本生产要素之后,就积极寻求与政治的结盟。这种资本统治构成了资本主义社会的政治实质,但是这种政治实质并不是显然易见的,它掩盖在形形色色的制度原则和为资本统治提供合法性论证的话语体系背后的真相中。

何以如此? 这需要我们结合资本主义的历史进程,来客观理解资本对于政治过程的影响。

需要指出的是,"资本"概念虽然不是马克思首先使用的,但是马克思第一次揭示了资本的本质。一方面,资本的本性在于增殖,资本的增殖逻辑意味着必须存在剩余价值;另一方面,资本虽然与剩余价值密切相关,但并不能产生剩余价值,剩余价值的真正来源在于雇佣劳动。在这里,马克思指出了资本的双重属性。资本出于增殖的目的而促进了生产力的发展,使得人类社会发展的动力得到空前释放。对此,马克思和恩格斯高度评价了资本的历史进步性:"资产阶级在它不到一百年的阶级统治中所创造的生产力,比过去一切时代所创造的全部生产力还要多,还要大。"[①]从政治学角度看,资本对于统一国内市场的需求促进了现代民族国家的诞生,对于世俗政治的渗透削弱了宗教势力的影响,对于限制专制权力的关切带来了近代民主的复兴,等等。这些都是资本主义文明的重要成果。但是也要看到事物的另一面,即资本增殖的维系必须通过在资本与雇佣劳动之间形成稳定的剥削关系才能实现。这就决定了资本高度依赖雇佣劳动,两者形成了一种长期的互动关系。事实上,劳动在资本主义生产方式下与生产资料相脱离,从而导致了劳动的雇佣化,劳动也只能在实现了雇佣化的情况下才能取得生活资料。劳动的雇佣化也即剥削关系的开始。因此,资本越发展,就越不可避免地导致雇佣劳动的发展。这种状况表现在阶级结构上,就是资产阶级与无产阶级随着资本主义生产方式的发展而逐渐取得阶级实质,在这个过程中,资产阶级谋求控制国家政权,而无产阶级则越来越陷入被统治的境地,从而导致两大阶级矛盾的对立和这种对立的不可调和性。

马克思主义分析范式下的资本绝不是一种简单的经济要素,其内在地包涵了人与人之间、阶级与阶级之间的社会关系。所以资本的运行除了体现经济要素的运动变化之外,还是不同阶级之间政治关系的反映。从这个意义上讲,资本具有深刻的"政治经济"内涵。马克思强调:"资本不是一种物,而是一种以物为媒介的人和人之间的社会关系。"[②]他进一步讲道:"但资本不是物,而是一定的、社会的、属于一定历史社会形态的生产关系,后者体现在

---

① 《马克思恩格斯文集》(第二卷),人民出版社,2009年,第36页。
② 《马克思恩格斯文集》(第五卷),人民出版社,2009年,第877页。

一个物上,并赋予这个物以独特的社会性质。"①也就是说,资本不仅是一种生产方式、生产关系,也是一种权力关系。资本高度依赖雇佣劳动产生剩余价值,并以此维系资本的运转,这就使得资本积累本身就是阶级剥削的过程。因此,资本主义生产方式虽然促进了人类社会的政治解放,但仍然是一种阶级统治关系。

资本统治只不过是以往人类历史上其他阶级统治的延续,但是它采取了一种更具隐蔽性的方式实现统治的目的。其中,最为显著的统治策略就是将自己的利益"普遍化",形成某种普遍化的理念与价值,来掩盖阶级统治的实质,缓解阶级统治的压力。正如马克思所言:"因为每一个企图取代旧统治阶级的新阶级,为了达到自己的目的不得不把自己的利益说成是社会全体成员的共同利益,就是说,这在观念上的表达就是:赋予自己的思想以普遍性的形式,把它们描绘成唯一合乎理性的、有普遍意义的思想。"②虽然在资本主义社会,国家沦为阶级统治的工具,但是资产阶级视图营造一种共同体归属感来消弭阶级意识,来阻碍来自无产阶级的有组织反抗与集体行动。所以马克思强调,一方面,资本主义的现代国家虽然具有共同体的外壳,但充其量是一种"虚幻共同体",它依然无法消除国家与市民社会的对立。另一方面,资本主义国家也利用市民社会领域中特殊利益之间的冲突,以共同利益的面目充当市民社会的理性裁判者,这就增强了资本主义国家所扮演的共同体角色。为此,马克思指出:"正是由于特殊利益和共同利益之间的这种矛盾,共同利益才采取国家这种与实际的单个利益和全体利益相脱离的独立形式,同时采取虚幻的共同体的形式。"③在资本主义国家,并没有实质性的共同利益和普遍价值可言,它们只是变化了面目的特殊利益与价值的呈现,

---

① 《马克思恩格斯文集》(第七卷),人民出版社,2009年,第92页。

② 《马克思恩格斯文集》(第一卷),人民出版社,2009年,第552页。

③ 同上,第536页。

只是为着资本能够获得一种稳定的剥削能力和始终维持雇佣劳动的可剥削性而服务。

马克思主义经典作家无情地揭露了资本统治的真正面目，但是也要看到，资本的形式与内容本身也经历了一个发展演变的过程。与这种发展演变过程相适应，在资本主义不同历史阶段，资本控制政治议程的范围、强度和能力也发生了显著变化。在资本主义原始积累阶段，资本的力量还十分薄弱，资本的发展在政治社会生活的各个方面受到限制。此时，资产阶级通过文艺复兴和启蒙运动唤起了人们对教权和专制王权的反抗意识，它首先与王权结盟推翻了教廷的统治，然后又与市民阶级、工人阶级结盟推翻或限制了王权的统治。在这一时期，资产阶级起到了一种十分革命的作用，推动了人类历史的发展进程。在这一过程中，代表先进生产力的资本成功地瓦解了封建生产方式，使得社会生产资本主义化，并且改造了社会整体结构。

但是当资产阶级法权建立后，资本的革命性特征随之弱化，资本主义国家作为维护资产阶级利益的统治工具本质显现出来。资本主义的经济基础成为上层建筑的基本依据，资本的逻辑也突破经济领域，全面占领政治社会生活的各个方面。在这一阶段，资本主义的政治统治逐渐成熟，代议制民主逐步完善，资产阶级实现了对国家政权的掌控。"资产阶级通常十分喜欢分权制，特别是喜欢代议制。但资本在工厂法典中却通过私人立法独断地确立了对工人的专制。"①伴随着资本主义的发展，资产阶级内部发生了工业资产阶级、土地资产阶级、贵族资产阶级、商业资产阶级之间的分化，而且工人阶级的力量不断壮大，甚至发展成了工会组织或政党组织。这种阶级结构的变化，使得资本的统治不断升级统治策略。为此，资本主义国家进行了积极调整，以缓和日益紧张的阶级矛盾。在这种情况下，资产阶级的直接统治让位

① 《马克思恩格斯文集》(第一卷)，人民出版社，2009年，第488页。

于代理人统治,他们寻找代理人来进行政治统治,然后通过选举、游说等方式控制政策议程,使之服务于自身的经济利益。资产阶级意识到,与直接统治相比,这种寻求代理人进行间接统治的方式有利于将资产阶级与无产阶级之间的矛盾转移为政权代理人与无产阶级之间的矛盾,也更有利于实现资本的利益,这是资本主义国家克服阶级统治危机的一种调适性方法。马克思评论道,"它就是承认:它本身的利益要求它逃避自身统治的危险;要恢复国内的安宁,首先必须使它的资产阶级议会安静下来,要完整地保持它的社会权力,就应该摧毁它的政治权力;只有资产阶级作为一个阶级在政治上注定同其他阶级一样毫无价值,个别资产者才能继续剥削其他阶级,安逸地享受财产、家庭、宗教和秩序;要挽救它的钱包,必须把它头上的王冠摘下,而把保护它的剑像达摩克利斯剑一样地悬在它自己的头上"①。此时,资产阶级国家获得了相对自主性,这也告诫资产阶级必须向无产阶级作出让步,阶级斗争就可以局限在合法的范围内,而不至于演化为政治危机。在这种情况下,国家虽然本质依然无法摆脱资本的控制,却依靠干预发挥着阶级矛盾调节器的作用。这也表明,资本主义国家阶级统治的进步性,资本统治进入高级阶段。

依靠间接统治的策略,资本的统治比较成功地维系了强制性剥削关系的存在,资本主义的发展也得以进入金融资本主义阶段。列宁指出:"20世纪是从旧资本主义进到新资本主义,从一般资本统治进到金融资本统治的转折点。"②一方面,工业资本主义与金融资本主义的分离,标志着资本主义内部利益的分化,也标志着资本的发展进入到最高级、最完备阶段。金融资本主义的发展以工业资本主义为基础,金融资本是资本的纯粹形式。但是金融资本脱离于生产,金融资本的特征在于投机性和风险性,在资本关系上最具

---

① 《马克思恩格斯文集》(第一卷),人民出版社,2009年,第516页。

② 《列宁专题文集·论资本主义》,人民出版社,2009年,第135页。

有冒险气质和拜物教属性。伴随着金融资本的发展,食利者阶层产生,他们运用强大的金融资本的力量,将社会裹挟进信用社会之中。"金融资本对其他一切形式的资本的优势,意味着食利者和金融寡头占统治地位,意味着少数拥有金融'实力'的国家处于和其余一切国家不同的特殊地位。"①另一方面,货币资本与工业资本或生产资本相分离,全靠货币资本的收入为生的食利者同企业家和其他一切直接参与运用资本的人相分离的资本主义剥削逻辑,在金融资本的统治下达到了最大化和完备化。金融资本演化为一种不仅剥削无产阶级,而且剥削其他资本类型的寄生性因素。"交易所并不是资产者剥削工人的机构,而是他们相互剥削的机构;在交易所里转手的剩余价值是已经存在的剩余价值,是过去剥削工人的产物。只有在这种剥削完成后,剩余价值才能为交易所里的尔虞我诈效劳。"②集中在少数人手中并拥有实际垄断权的金融资本即金融寡头,控制了国家经济命脉,不仅建立起经济上的绝对统治,而且还掌握了国家的政治权力,使国家机器完全服从于金融资本,将其影响力渗透到社会生活的各个方面中去。

在金融资本主义阶段,资本主义的政治呈现出日益保守、反动的趋势,从而成为一种阻碍社会进步的力量。列宁早就认识到这一点:"帝国主义是金融资本和垄断组织的时代,金融资本和垄断到处都带有统治的趋向而不是自由的趋向。这种统治趋势的结果,就是在一切政治制度下都发生全面的反动,这方面的矛盾也极端尖锐化。"③这种反动性政治表现在国际体系层面,就是金融资本的全球性竞争激化了帝国主义之间的矛盾,并最终引发了世界大战。而在二战之后,美国作为金融资本的最大控制国,借助其强大的金融力量和军事力量,构建起了布雷顿森林体系和以美元为中心的国际货

---

① 《列宁专题文集·论资本主义》,人民出版社,2009年,第148页。
② 《马克思恩格斯文集》(第十卷),人民出版社,2009年,第644页。
③ 《列宁选集》(第二卷),人民出版社,2012年,第681页。

币体系,成功地攫取了世界范围内的金融资本收益和技术垄断收益。而在国内政治层面,金融资本躲藏在资本主义国家背后,牢牢控制着资本主义的国家机器,鼓吹实行去管制化的自由化金融政策,主张以货币政策取代财政政策。因此,金融资本的统治使得资本的逻辑发展至鼎盛阶段,这种具有迷惑性的统治方式隐藏了资本主义体系的内在冲突,这也预示着资本主义由盛转衰的开始。

2008 年开始蔓延至全球的金融危机从次债危机发展为实体经济的危机,波及了几乎全部资本主义国家,引起了人们对资本统治模式的担忧与谴责。如上所述,资本的统治并不是一成不变的,而是随着资本主义的发展而不断演化,而且具有较强的调试性和适应能力。但是资本主导的逻辑一以贯之,是我们把握资产阶级统治实质的一条主线。而且长期来看,这种资本的统治无法实现真正的自我革命。随着群众逐渐掌握了理论,资本统治的秘诀昭然若揭,便会被自己的反面所代替。

第二节　走向封闭的资本民主

1944 年,匈牙利经济史学家卡尔·波兰尼提出了一个现在看来依然极具启发性的观点。他认为,在工业时代到来以前,人类的经济活动是服膺于社会活动的,并不具有独立性。然而资本主义的发展打破了这一历史局面,它鼓励建立能从社会中脱嵌出来的经济体制,并试图以经济逻辑反过来控制人的社会生活。波兰尼辩称,若要建立一个完全自律的市场经济,必须将人与自然环境变为商品,而这将导致两者的毁灭。他认为,自律市场论者及其盟友，都不断尝试将人类社会推往自毁的深渊。①波兰尼声称，必须建立一种保护社会的政治机制来防范经济逻辑的扩张。然而不幸的是，近年来资本主义社会的变化似乎正在沿着波兰尼所担心的方向发展。由于资本逻辑的扩张和公共领域的政治制度限制资本能力的下降，使得资本主义的政治进一步资本化。受到资本逻辑的控制，资本主义的政治正在丧失公共性，民众的政治参与遭到压制与漠视，国家权力也逐渐向纯粹为资本服务的工具性特征蜕化，从而呈现出一种阶级区隔的封闭性政治特征。

概括来说，资本政治的封闭性特征主要包括以下两个方面：

一、选举民主的局限

赫希曼呼吁我们要以一种新的方式来理解资本主义所创造的文明。他指出，资本主义的政治进步性在于创造了一种以利益来压制欲望的统治模式，在此之前的人类政治遵循则是以欲望来压制欲望。资本主义公然声明追求利益，并且为着利益的需要创制各种制衡欲望的制度，由此产生的一个意外后果就是防止人们盲目地成为欲望的奴仆，继而避免了受欲望驱使的专制权力与极端主义的产生。②赫希曼对资本主义文明的分析令人印象深刻，但是赫希曼也承认利益只不过是一种温和的欲望，它依然无法摆脱肆意横行、掌控一切的原始冲动。按照赫希曼的逻辑，利益一旦失去了制度体系的限制，就会像打开了潘多拉魔盒一样，将政治领域视为争权夺利而漠视公共利益的角斗场。

长期以来，民主都被视为公民通过制度化渠道追求利益的合适机制。选

---

① 参见［匈牙利］卡尔·波兰尼：《巨变：当代政治与经济的起源》，黄树民译，社会科学文献出版社，2013年，第27页。

② 参见［美］艾伯特·奥·赫希曼：《欲望与利益：资本主义走向胜利前的政治争论》，李新华、朱进东译，上海文艺出版社，2003年。

举是连接公民偏好与公共权力的重要机制，是体现公民民主权利的实现载体。民主理论家认为，民主归根到底是人民的权力，它可以确保国家的统治基于人民的同意，公共权力受到人民的监督，公共政策体现人民的偏好。但是近年来西方自由民主的实践却在背叛这一原则。出现这种现象的一个最主要原因就是，新自由主义的兴起纵容资本的力量渗透进入公共政治领域，改变了选举民主的基本规则，鼓励资本千方百计地寻求逃脱人民权力的控制与公共责任。资本具有强大的资源调动能力和渗透性，它通过多种方式操作国家机器的运转，实际上掏空了选举民主的实质。

资本之所以能够取得成功，得益于以下几种方式的运用：

一是资本利用民主规则将经济实力转化为选举优势，建立亲资本的代理人政治。民主实际上是一种政治权力的让渡性的代表制，现代国家的规模无法实现公民的直接参与。这就使得公民的意志在转化为公共权力时存在巨大的出入，资本的介入使得处于不同经济地位的公民个人及其利益集团在表达利益的能力方面具有巨大的鸿沟。相比而言，那些得到资本支持的利益更容易进入政治议程，上升为国家政治的内容。相反地，那些处于经济弱势地位的利益难以实现组织化表达，从而成为无代表的社会利益。

二是资本力量利用与政治精英、知识精英的联盟，实现隐蔽地操纵、引导公民选举的目的。后工业化时代，政治选举成为一项高度复杂、专业化的政治事务，它需要投入大量的经济资源以充分获悉影响选举结果的信息，以及进行必要的信息整合与转化，而且涉及纷繁复杂的政治关系并由此产生对于处理这种复杂关系的知识能力的依赖。尤其是涉及复杂的公共事务的选举活动，作为个体的公民在搜集与利用信息方面无法与有组织的资本力量相抗衡。大量的证据已经表明，通过改变选举策略、重新划分选区、改变计票方式、调整政治传播策略等技术性手段，可以达到准确预知选举结果的目的。除此之外，资本从来就没有外在于资本主义社会的知识生产过程，学术与政治的紧密联系形成了资本利益的话语体系与论证逻辑，资本话语通过学术研究、公共论坛、大众媒介等政治社会化方式塑造了公民对于公共事务的理解，巧妙地转移与置换了公民的利益诉求，从而为资本赢得政治提供了基础。

三是资本以威胁国家利益的方式，俘获国家，逼迫国家化解来自反资本力量的抗议。当前，资本主义的深入发展使得资本利益与国家利益密不可分，这就削弱了国家权力限制资本急速扩张的动机与能力。相反地，国家权力基于国际竞争的需要甚至依赖于资本力量的发展。在全球化时代，资本面临民主化的压力，天然地惧怕多数人权力对产权所可能造成的威胁，在这种情况下资本往往以撤出国内市场作为筹码，逼迫国家建立一种保护资本而限制社会抗争的稳定制度。

显然，资本与民主之间具有复杂的相互关系。在资本主义发展前期，资本力量的壮大促进公民民主意识的提升和国家民主制度的建立。但是近年来资本的疯狂渗透使得资本的经济逻辑与民主的政治逻辑之间的矛盾与张力不断增强。正如恩格斯所言："贿赂代替了暴力压迫，金钱代替刀剑成了社会权力的第一杠杆。"[①]在资本的冲击下，国家的自主性下降，国家活动的公共性特征减弱，这就造成了西方国家自由民主制度的萎靡不振。选举民主越来越呈现出剧目化特征，公民虽然被赋予选举权，但并非选举舞剧中的主角，他们获得的只是充当主角的虚假印象，主宰政治舞台剧的隐形力量是资本利益。剧目化的选举民主损害了公民的投票热情和对民选政府的信任。

---

① 《马克思恩格斯文集》(第九卷)，人民出版社，2009 年，第 273 页。

二、寡头统治的倾向

一般而言，人们很难将寡头统治与民主政治联系在一起。因此，民主声称是人民的统治，而在亚里士多德那里，寡头政体被视作贵族政体的变态政体。对于民主政体，亚里士多德担忧的是不受制约的平民权力会损害民主政体的美德。这种担忧被托克维尔继承，成为近代以来民主理论家的共同话题。他们认为，民主政治面临的主要危险是贪恋、狂热、野心勃勃的多数人民，因为他们倾向于剥削、压迫着脆弱的少数。因此，资本主义政治文明十分重视防范"多数人的暴政"，并以此进行了细致、翔实的制度设计，这构成了自由主义民主的基本特征。

需要指出的是，民主与不受约束的权力之间的敌对关系毫无疑问是确切的。但是不受约束的权力往往来自两个方面：一方面是不受约束的多数人权力，另一方面封闭性的寡头统治的危险同样有可能在民主社会出现（现代政治学基于狭隘的民主–非民主政体二元对立的观点，认为寡头统治是非民主政体面临的通病，而有意无意地忽视了西方民主国家存在的寡头统治的风险）。我们有理由思考民主政治蜕化为寡头统治的可能性，并找出其中导致寡头政治的内核。

回归到资本主义民主制建立之时，政治学者达尔在对自诩为当代民主典范的美国建国史和制宪史的考察中，就直截了当地指出："开国元勋们（包括制宪者们）的想法是创立一个共和政体，而不是民主政体。这一意见在美国人当中并不罕见，从这一前提出发，人们会顺理成章地认为，合众国不是民主政体，而是共和政体。"[①]因此，可以说，从源头上看，民主并非美国宪政

---

① ［美］罗伯特·达尔：《美国宪法的民主批判》，佟德志译，东方出版社，2007年，第4~5页。

制度的初衷理念。那种将民主视为美国国家特质的观点是后来的事。与建设一个人民权力的国家相比，美国国父们更推崇具有贵族气质的共和政体。历史学家比尔德指出，发起和推动美国制宪运动的是动产利益的集团，即货币、公债券、制造业、贸易和航运业。①美利坚合众国是经济利益集团合谋的结果，它代表了经济贵族构建现代国家和政治秩序的基本思路，也包含了美国自由主义民主缺陷的先天基因。

时至今日，在资本主义经济逻辑突飞猛进之时，寡头统治的幽灵依然困扰着资本主义社会。资本主义主流意识形态一直视不加限制的民主为洪水猛兽，他们更乐于接受熊彼特概念体系中的"程序性民主"的定义。应该说，熊彼特意义上的"程序性民主"已经远离了古典的希腊意义上的民主制，后者以公民的广泛的、深入的政治参与为前提。但是现在即便是依据"程序性民主"和精英民主的价值判断，资本主义社会的民主程度也令人担忧。因为资本主义的精英民主正在向更具封闭性的、保守性的寡头统治靠近，这种统治秩序不是基于人民的同意，而是基于人民难以抗拒的无奈，以及民主制度在面临这种蜕变转折时的无能。

"如果财产权得到保障，那么在民主进程中有权做的事情就会受到严格限制。从这个意义上来说，这种矛盾是真实的、持久的。再者，大量财富被聚集在极少数人手里将有害于作为民主核心目标的政治平等。"②推动实现这种转变的核心要素正是资本。政治精英、经济精英、文化精英凭借资本提供的纽带紧密地连接在一起，控制了资本主义国家的公共部门与公共决策。一些具有强劲资本实力的经济集团在市场和国家的双重庇护下，成长为对公共政治持有强大影响力的寡头，各类精英聚拢在资本寡头周边形成稳固的、

---

① 参见[美]查尔斯·A.比尔德：《美国宪法的经济观》，何希齐译，商务印书馆，2010年，第113~115页。

② [美]凯斯·孙斯坦：《自由市场与社会正义》，金朝武等译，中国政法大学出版社，2002年，第279页。

僵化的小集团。以资本能力为标准,社会成员被划分为掌握权力的少数富人与只拥有民主最低限度的政治权利但无法对公共政策施加影响的多数人。

在新自由主义强风劲吹的今天,资本的统治更是试图渗透进国家政权的每一根毛细血管。以2016年的美国总统大选为例,商人出身的、缺乏从政经验的特朗普赢得了选举,并且毫不避讳地任命多位华尔街高管、经济巨鳄出任政府关键职位,特朗普内阁成为华尔街"富人俱乐部"。特朗普内阁掌握着美国政府的关键部门,由经济寡头组成的小团体占据这些部门的决策岗位为资本与政治的联姻提供了最好的注解。"财政部和白宫的许多官员来自于一家顶级投资银行——高盛(Goldman Sachs)。美国前十大银行控制着所有金融资产的60%,其高管人士部分都供职于政府顾问的要职……企业集权到威胁民主的水平,尤其是它严重偏向于富人的利益。"①在资本主义的发展过程中,一直伴随着个人权利扩张与资本逻辑扩张的矛盾,如鲍尔斯、金蒂斯等人的分析:"随着而来的各种权利的冲突由于两个基本的历史趋势而上升为自由民主资本主义社会的核心动力。第一个趋势是个人权利扩张的逻辑,逐步地把社会愈益广大的领域——比如,经济管理和家庭的内在关系——置于自由主义民主的如非实质的,至少是形式的成规之下。第二个趋势涉及资本主义生产的扩张逻辑,根据这个逻辑,资本主义厂商对于利润的持续追逐渐渐地吞食了社会生活的所有领域,几乎没有留下什么未被积累和市场的绝对命令触及的生活领域。"②在新自由主义盛行期,资本逻辑压制个人权利的扩张,使得自由民主成为一种形式主义民主。显然,这种形式的自由主义民主制度已经远离人民的权利。

---

① [英]迈克尔·曼:《社会权力的来源:全球化(1945—2011)》(第四卷)(下),郭忠华、徐法寅、蒋文芳译,上海人民出版社,2015年,第408页。

② [美]塞缪尔·鲍尔斯、[美]赫伯特·金蒂斯:《民主与资本主义》,韩水法译,商务印书馆,2013年,第41页。

　　脱离了人民权力控制的寡头统治符合资本的利益，有助于垄断资本的自由流动,却严重伤害了资本主义政治文明。资本与民主的结合客观导致了阶级政治的重生,激化了社会大众与少数精英群体的矛盾。综观资本主义的美国政治,"美国公众的大多数实际上对政府采纳的政策几乎没有影响。美国人确实享有许多围绕着民主治理的政治特征,比如定期选举、言论和集会自由、广泛的(如果仍然有争议的)公民权。但是我们认为,如果政策制定是由强大的商业机构和小部分富有的美国人主导,那么美国所声称的民主社会正受到严重的威胁"①。选举民主的局限和寡头统治的趋势,都表明资本主义民主正在丧失开放性和包容性,加速强化资本主义民主作为一种以资本、权力、地位为区分的封闭性的阶级政治的特征。

第三节　远离"善治"的资本政治

　　资本政治除了在输入端与人民的意愿渐行渐远之外, 它在输出端的表现近年来也乏善可陈,资本支配的政治制度及其公共政策在复杂交错的国家治理问题面前显得束手无策。正如萨缪尔森所言:"收入不公平在政治上或道德上也许不能为人们接受。一个国家没有必要将竞争市场的结果作为既定的和不可改变的事实接受下来；人们可以考察收入分配并判断它是否公平。"②综合来看,资本主义政治制度绩效的显著下降源于资本逻辑的支配损害了制度的可实施性与有效性,使得它无法应对复杂的国家治理难题。我们主要从以下两个方面来分析。

---

　　① 〔美〕马丁·季伦思、〔美〕本杰明·佩奇:《美国政治理论检验:精英、利益集团和普通民众》,载本书编写组编:《西式民主怎么了》(Ⅲ),学习出版社,2015年,第238页。

　　② 〔美〕保罗·萨缪尔森、〔美〕威廉·诺德豪斯:《经济学》,萧琛主译,商务印书馆,2012年,第63页。

一、否决政治的形成

何谓"否决政治"（vetocracy）？这一概念最早来自美国学者乔治·切贝里斯（George Tsebelis）的"否决者"（veto players）理论。这一理论被用来解释为什么某些政体容易出现政治效能低下这一问题。切贝里斯认为，所谓否决者是指当改变现状时那些可以针对现状改变表示同意与否的行动者。不管是哪种政治制度，都用宪法的形式规定了不同权利之间的归属与相互关系，这种权力关系之间蕴藏着制度化的否决点和否决者。一般认为，某种政治制度如果其否决点和否决者的数量越多，那么就意味着在这种政治制度规则下产生的公共政策的稳定性就越差，不同权力之间产生龃龉以牵制对方谋求利益的可能性就越大。在这种情况下，其优点在于权力的刚性约束限制了专制权力的出现，缺点则会带来否决政治的出现，即不同权力主体从特殊利益出发绑架公共政策，造成公共利益的丧失，从而带来政治衰败。[①]

应该说，任何政治制度都有沦为否决政治的风险，但是由于制度设计原则和制度运行逻辑的差异，某些政治制度更容易形成否决政治。在资本逻辑的支配下，资本存在足够的动机利用政治制度的否决点与否决者机制，造成特殊利益在制度领域内的纷争，近年来资本主义国家的政治低效问题充分说明了这一点。

福山认为，当前美国宪法对行政权力的制衡已经发生了变异，现在的美国奉行的是一种"否决政治"。根据美国宪法，国会拥有决定政府开支的绝对权力，国会议员都可以用手中握着的否决权来换取某种妥协。除了宪法授予的制衡机制以外，美国国会还给了议员们许多其他机会，让他们可以使用否

---

① See George Tsebelis, *Veto Players: How Political Institutions Work*, Princeton, N.J.: Princeton University Press, 2002.

决权来要挟政府,比如 100 名参议员中的任何一人,都可以对行政部门的某项任命使用"匿名阻止表决权"。美国预算过程的开放性和漫无终期,给说客和利益集团发挥影响力开了多道方便之门。美国的委员会主席和党领导都有修改法案的巨大权力,也就顺理成章地成了游说活动的对象。立法上缺乏连贯性,造成往往不愿负责任的庞大政府。国会的许多委员会经常发布重复的任务,或创建执行类似任务的多个机构。在中央已是毫无条理的体系,作为联邦主义的结果,在地方就变得更加支离破碎。由此带来的一个意想不到的结果就是,随着群体变的越发多元和规模越发增大,协商一致的决策效率急剧降低。这就意味着,对大多数群体来说,决策不再以协商一致为基础,而是以群体中的部分成员的同意为基础。①因此,这种权力制衡的制度设计在实际政治过程中就容易造成特殊利益相互扯皮而置公共利益于不顾的问题,这是对所谓民主政治的一种讽刺。

需要指出的,在形式多样的、频繁上演的否决政治游戏中,最主要的玩家是利益集团。在利益集团看来,这种阻碍公共政策形成的决策体制更容易实现资本的利益,更有助于取得资本自由化的目标。除了通过政治献金左右选举走势以外,利益集团还在具体问题上对国会议员和政府官员展开游说,从而影响政府决策。当然,否决政治反映的除了党派之间利益无原则、无休止的纠缠之外,还体现了政治极化现象。政治极化现象并不仅仅限于政治党派与精英,美国选民的政治态度和价值选择也呈现出明显的极化趋势。随着经济全球化、人口结构变化、网络和新媒体兴起,美国社会分裂程度逐渐加深,民意越来越呈现多元分散状态。

面对当前资本主义政治制度绩效不佳的局面,英国前首相布莱尔讲道:"民主仍然是我们选择的制度——是自由者自由选择的结果。但民主制度遭

① 参见[美]弗朗西斯·福山:《政治秩序与政治衰败:从工业革命到民主全球化》,毛俊杰译,广西师范大学出版社,2015 年,第 445~460 页。

到了挑战,我称之为'功效'挑战:民主的价值是正确的,但民主制度往往无法兑现这些价值。在风云变幻的世界中,国家、社区、企业都必须不断调整自己去适应这些变化,民主制度显得迟缓、官僚而又脆弱。在这个意义上,民主国家对不起自己的公民。"①因此,资本主义政治有必要反思自己的体制。在我们看来,资本主义政治制度的变革出路在于抑制资本,建立一种保护社会、属于人民的政治制度。从这个意义上讲,资本主义政治需要向东方社会、向社会主义寻求智慧。

二、国家治理能力的下降

国家治理能力是检验政治制度绩效的重要标准。在这一方面,资本主义政治制度呈现出来的国家治理危机正在显现。长期研究民主治理问题的挪威学者斯坦·林根发表评论说,在考察了世界上制度最健全的民主国家之后,发现这些国家的民主制度漏洞百出,甚至正在走向衰落。民主制度在量上强大无比,因为民主国家的数量在世界上处于压倒性优势,但从质上看它虚弱不堪。尽管民主也许才刚刚开始衰落,但这已经是一个非常紧迫和现实的危险。民主国家很可能会在民主的外衣下蜕变为事实上的专制国家,也就是成为"柔性专制主义"国家。②联系资本主义政治制度近年来在国家治理问题上的表现,就可以看出,资本主义社会的政治困境正在一步步滑向泥淖。

20 世纪 70 年代末,美国和英国率先开始了用新自由主义方案拯救资本主义危机的尝试。在新自由主义思想的鼓励下,资本主义国家向福利国家开

---

① [英]托尼·布莱尔:《民主已死? ——真正的民主体制不仅仅是赋予民众投票权》,载本书编写组:《西式民主怎么了》(Ⅲ),学习出版社,2015 年,第 181~182 页。

② 参见[挪威]斯坦·林根:《民主是做什么用的——论自由与德治》,孙建中译,新华出版社,2012 年,第 1~3 页。

刀,拒绝承认国家向社会公众作出的福利承诺,并进一步摆脱政治家和公共部门的责任。在信息由主义思潮的主导下,资本主义政治制度为资本的营利与逃避社会责任提供了很好的环境。在这种环境下,社会成员的财富水平被进一步拉大,一种被制度创制出来的阶级矛盾不断生发。资本主义政治成为利益集团们的舞台,他们凭借强大的经济能力在舞台上游刃有余,甚至取代了民选政府成为政治的主导者。恰如福布斯等人所言:"游说意在逐利,主要围绕获得特殊待遇和税额优惠而展开。目前,游说国会的总成本比运行国会的成本还要高。每年,用于游说的资金约 26 亿美元,而运行国会这个国家立法机关只需要 20 亿美元。"①

除了在这种体制中得尽便宜之外,利益集团还时常跳出来反对民主,因为它时刻担心民主力量的成长损害他们的财富。"富人的野心及其所占有的资源经常被视为对共和政体的稳定与自由的主要威胁,有时候甚至被视为最大威胁。除非受到正式约束,最富裕公民总是倾向于动用特权压迫同胞公民而不受惩罚,总是倾向于将政府运作引向满足他们自己而非全体公民的利益。"②民主作为报复的手段就是把资本主义拖入经济危机,让资本主义陷入经济困难的境地,使得资本主义难以维持长期的增长。这样一来,"如果整顿国家的资本主义制度就连能够带来社会公正的经济增长的幻想都难以营造的话,就真的到了资本主义和民主制度分道扬镳的时刻了"③。

新自由主义的资本政治制造了大量的穷人,正是这些社会底层在为资本政治的代价埋单。令人奇怪的是,人们对新自由主义所造成的社会不平等

---

① [美]史蒂夫·福布斯、[美]伊丽莎白·埃姆斯:《美国的难题》,马睿译,中信出版集团,2016年,第48页。

② [美]约翰·麦考米克:《抑富督官:让精英重新对大众政府负责》,载王绍光主编:《选主批判:对当代西方民主的反思》,欧树军译,北京大学出版社,2014年,第11页。

③ [德]沃尔夫冈·施特雷克:《购买时间:资本主义民主国家如何拖延危机》,常姮译,社会科学文献出版社,2015年,第231页。

的严重程度浑然不知。大部分美国人能精确地估计他们熟识的人的收入水平，但他们对顶层收入者的了解却很模糊。在 2007 年的一项调查中，被调查者估计一家国内大型企业首席执行官的收入是每年 50 万美元，是一名工厂技工（他们对这类人的收入预测相当准确）的 12 倍。他们认为首席执行官应该只能获得 5 倍，即 20 万美元的收入。实际上首席执行官平均年收入是 1400 万美元，是技工收入的 350 倍！①资本政治并没有改善人们的生活，相反却使很多人的生活陷入窘迫。根据盖洛普公司 2012 年所作的美国民众关注度事项调查中，71% 的受访者认为生计问题是他们最头疼的事，22% 的人认为生计问题不大，只有 7% 的人感觉不存在生计问题。59% 的非白人公民还在担心挨饿或无家可归，这一数字在白人群体中则占 39%。②皮尤研究中心 2016 年发布报告称，从 2000 年到 2014 年，美国中产阶级规模在 90% 的大城市缩减。相比 2000 年，美国家庭收入中值 2014 年减少了 8%。就中产阶级而言，其占比从 2000 年的 55% 降至 2014 年的 51%。在 25% 的大城市，中产阶级已不足城市半数人口，如纽约、洛杉矶、波士顿和休斯敦。而在 2000 年，中产阶级"非主流"的城市不到 10%。③这些现象出现在作为"富裕社会"的资本主义国家，实际上是对资本政治所造成的阶级差距扩大的控诉。这也从另一个侧面说明，资本政治的危机正在把资本主义社会拖入国家治理失败的边缘。

当前，已经有越来越多的证据表明，资本主义的政治危机已经在其经济危机之后伴随而来。甚至有西方政治评价家用"政治衰败"来描述这场政治危机的严重性。究其根本原因，主要在于资本逻辑的全面渗透，使得资本

---

① 参见[英]迈克尔·曼：《社会权力的来源：全球化（1945—2011）下》（第四卷）（下），郭忠华、徐法寅、蒋文芳译，上海人民出版社，2015 年，第 426 页。

② 参见盖洛普官方网站：http://www.gallup.com/poll/153485/economic-issues-dominate-americans-national-worries.aspx，最终访问日期为 2020 年 4 月 6 日。

③ 参见《贫富分化加剧：美国中产阶级"空心化"》，http://news.xinhuanet.com/world/2016-05/12/c_128978478.htm，最终访问日期为 2020 年 4 月 6 日。

主义的政治、经济、文化和社会制度难以摆脱资本支配的命运。在资本逻辑的支配下，近代资本主义政治文明取得的成果在当今时代也大打折扣，资本主义国家在当下所遭遇的现实难题也暴露了其阶级统治的实质。资本的逐利性和扩张性本质对政治过程的控制，促使拜物教主义和赤裸裸的功利政治绑架了公共政治，资本主义政治也由此走向封闭、僵化和保守，也越来越与现代社会的政治逻辑不相适应。因此，资本逻辑的政治困境难以为继、遭人唾弃，必然被扫进时代的垃圾堆。从这个意义上讲，当前人类政治文明发展的一项重要任务就是超越资本逻辑的政治，真正创制一种以人民权力为基础的开放性的现代政治制度模式。

参考文献

一、中文文献

1.[美]艾伯特·奥·赫希曼:《欲望与利益:资本主义走向胜利前的政治争论》,李新华、朱进东译,上海文艺出版社,2003年。

2.[美]S.N.艾森斯塔特:《反思现代性》,旷新年、王爱松译,生活·读书·新知三联书店,2006年。

3.[美]S.N.艾森斯塔特:《现代化:抗拒与变迁》,张旅平等译,中国人民大学出版社,1988年。

4.[美]安东尼·唐斯:《民主的经济理论》,姚洋等译,上海人民出版社,2005年。

5.[丹]奥勒·诺格德:《经济制度与民主改革:原苏东国家的转型比较分析》,孙友晋等译,上海人民出版社,2007年。

6.[美]巴林顿·摩尔:《民主和专制的社会起源》,拓夫、张东东译,华夏出版社,1987年。

7.包刚升:《被误解的民主》,法律出版社,2015年。

8.包刚升:《民主崩溃的政治学》,商务印书馆,2014年。

9.包刚升:《民主的逻辑》,社会科学文献出版社,2018年。

10.[美]保罗·F.拉扎斯菲尔德、[美]伯纳德·贝雷尔森、[美]黑兹尔·高德特:《人民的选择——选民如何在总统选战中做决定》,唐茜译,中国人民大学出版社,2012年。

11.[英]保罗·皮尔逊:《拆散福利国家——里根、撒切尔和紧缩政治学》,舒绍福译,吉林出版集团有限责任公司,2007年。

12.[加]贝淡宁:《超越自由民主》,李万全译,上海三联书店,2009年。

13.[美]本杰明·巴伯:《强势民主》,彭斌、吴润洲译,吉林人民出版社,2011年。

14.[比]达维德·范雷布鲁克:《反对选举》,甘欢译,社会科学文献出版社,2018年。

15.[美]彼得·H.史密斯:《论拉美的民主》,谭道明译,译林出版社,2013年。

16.[美]C.E.布莱克:《现代化的动力》,段小光译,四川人民出版社,1988年。

17.[美]布赖恩·卡普兰:《理性选民的神话:为何民主制度选择不良政策》,刘艳红译,上海人民出版社,2010年。

18.[美]查尔斯·蒂利:《民主》,魏洪钟译,上海人民出版社,2009年。

19.陈尧:《新兴民主国家的民主巩固》,上海人民出版社,2011年。

20.[美]道格拉斯·诺思、[美]罗伯斯·托马斯:《西方世界的兴起》,厉以平、蔡磊译,华夏出版社,2010年。

21.[美]迪特里希·瑞彻迈耶、[美]艾芙琳·胡贝尔·斯蒂芬森、[美]约翰·史蒂芬森:《资本主义发展与民主》,方卿译,复旦大学出版社,2016年。

22.[加]阿尔伯特·加来顿等编:《理解民主——经济的与政治的视角》,毛丹等译,学林出版社,2000年。

23.[美]菲利普·施密特:《威权统治的转型:关于不确定民主的试探性结论》,景威、柴绍锦,新星出版社,2012年。

24.[俄]弗拉基斯拉夫·伊诺泽姆采夫主编:《民主与现代化》,徐向梅等译,中央编译出版社,2011年。

25.[美]弗朗西斯·福山:《历史的终结及最后之人》,黄胜强、许铭原译,中国社会科学出版社,2003年。

26.[美]弗朗西斯·福山:《政治秩序与政治衰败:从工业革命到民主全球化》,毛俊杰译,广西师范大学出版社,2015年。

27.复旦大学陈树渠比较政治发展研究中心:《民主、制度与福利——2015年比较政治发展报告》,复旦大学出版社,2015年。

28.[美]戈登·塔洛克:《论投票:一个公共选择的分析》,李政军、杨蕾译,西南财经大学出版社,2007年。

29.郭定平主编:《文化与民主》,上海人民出版社,2010年。

30.[荷]汉斯·范登·德尔、[荷]本·范·韦尔瑟芬:《民主与福利经济学》,陈刚等译,中国社会科学出版社,1999年。

31.何包钢:《民主理论:困境与出路》,法律出版社,2008年。

32.[美]胡安·林茨、[美]阿尔弗莱德·斯泰:《民主转型与巩固的问题:南欧、南美和后共产主义欧洲》,孙龙等译,浙江人民出版社,2008年。

33.[美]霍华德·威亚尔达主编:《民主与民主化比较研究》,榕远译,北京大学出版社,2004年。

34.[美]基恩·佩恩:《断裂的阶梯:不平等如何影响你的人生》,李大白译,中信出版集团,2019年。

35.[阿根廷]吉列尔莫·奥唐奈:《现代化和官僚威权主义:南美政治研究》,王欢、申明民译,北京大学出版社,2008年。

36.江宜桦:《自由民主的理路》,新星出版社,2006年。

37.［美］杰克·奈特:《制度与社会冲突》,周伟林译,上海人民出版社,2010年。

38.［匈］卡尔·波兰尼:《巨变:当代政治与经济的起源》,黄树民译,社会科学文献出版社,2013年。

39.［美］卡尔·科恩:《论民主》,聂崇信、朱秀贤译,商务印书馆,2007年。

40.［美］卡莱斯·鲍什:《民主与再分配》,熊洁译,王正毅校,上海人民出版社,2011年。

41.［美］肯尼斯·阿罗:《社会选择与个人价值》,陈志武、崔之元译,四川人民出版社,1987年。

42.［美］拉里·巴特尔斯:《不平等的民主:新镀金时代的政治经济学分析》,方卿译,上海人民出版社,2012年。

43.［美］拉里·戴蒙德:《民主的精神》,张大军译,群言出版社,2013年。

44.［美］理查德·波斯纳:《资本主义民主的危机》,李晟译,北京大学出版社,2014年。

45.刘建飞:《美国"民主联盟"战略研究》,当代世界出版社,2013年。

46.刘军宁编:《民主与民主化》,商务印书馆,1999年。

47.［美］德隆·阿西莫格鲁、［美］詹姆斯·罗宾逊:《国家为什么会失败》,李增刚译,湖南科学技术出版社,2015年。

48.［美］鲁恂·W.派伊:《政治发展面面观》,任晓、王元译,天津人民出版社,2009年。

49.［美］阿伦·李帕特:《选举制度与政党制度:1945—1990年27个国家的实证研究》,谢岳译,上海人民出版社,2008年;

50.［美］阿伦·利普哈特:《民主的模式:36个国家的政府形式和政府绩效》,陈崎译,北京大学出版社,2006年。

51.［美］罗伯特·达尔:《多元主义民主的困境》,周军华译,吉林人民出版社,2006年。

52.[美]罗伯特·帕特南:《我们的孩子》,田雷、宋昕译,中国政法大学出版社,2017年。

53.[美]罗纳德·德沃金:《自由的法:对美国宪法的道德解读》,刘丽君译,上海人民出版社,2001年。

54.[美]罗素·哈丁:《自由主义、宪政主义和民主》,王欢、申明民译,商务印书馆,2009年。

55.[印]阿马蒂亚·森、[美]詹姆斯·福斯特:《论经济不平等》,王利文、于占杰译,中国人民大学出版社,2015年。

56.[美]曼瑟·奥尔森:《国家的兴衰》,李增刚译,上海人民出版社,2009年。

57.[美]曼瑟·奥尔森:《权力与繁荣》,苏长河、嵇飞译,上海人民出版社,2011年。

58.[美]尼考劳斯·扎哈里亚迪斯主编:《比较政治学:理论、案例与方法》,宁骚、欧阳景根等译,北京大学出版社,2008年。

59.[美]乔尔·米格代尔、[美]阿图尔·柯里、[美]维维恩·苏主编:《国家权力与社会势力:第三世界的统治与变革》,郭为桂、曹武龙、林娜译,江苏人民出版社,2017年。

60.[美]乔万尼·萨托利:《民主新论》,冯克利、闫克文译,上海人民出版社,2010年。

61.[瑞典]阿萨·林德贝克:《新左派政治经济学》,张自庄、赵人伟译,商务印书馆,2013年。

62.[美]塞缪尔·鲍尔斯、[美]赫伯特·金蒂斯:《民主和资本主义》,韩水法译,商务印书馆,2003年。

63.[美]塞缪尔·亨廷顿:《变动社会中的政治秩序》,王冠华、刘为等译,上海人民出版社,2008年。

64.[美]塞缪尔·亨廷顿:《第三波:20世纪后期的民主化浪潮》,欧阳景根译,中国人民大学出版社,2013 年。

65.[美]塞缪尔·亨廷顿、劳伦斯·哈里森主编:《文化的重要作用:价值观如何影响人类进步》,程克雄译,新华出版社,2002 年。

66.[美]L.桑迪·梅塞尔:《美国政党与选举》,陆赟译,译林出版社,2017 年。

67.[英]斯坦·林根:《民主是做什么用的:论自由与德政》,孙建中译,新华出版社,2012 年。

68.[美]唐·沃特金斯、[美]亚龙·布鲁克:《平等不公正:美国被误导的收入不平等斗争》,启蒙编译所译,上海社会科学院出版社,2019 年。

69.[美]阿图尔·科利:《印度民主的成功》,牟效波等译,译林出版社,2013 年。

70.[法]托克维尔:《论美国的民主》,董良果译,商务印书馆,1995 年。

71.[法]托马斯·皮凯蒂:《不平等经济学》,赵永升译,中国人民大学出版社,2016 年。

72.[法]托马斯·皮凯蒂:《21 世纪资本论》,巴曙松等译,中信出版社,2014 年。

73.[美]托马斯·斯坎伦:《为什么不平等至关重要》,陆鹏杰译,中信出版集团,2019 年。

74.[瑞典]托斯坦·佩森、[意]吉多·塔贝林尼:《制度的经济效应》,廉晓红译,商务印书馆,2019 年。

75.王绍光:《民主四讲》,生活·读书·新知三联书店,2008 年。

76.王绍光主编:《选主批判:对当代西方民主的反思》,欧树军译,北京大学出版社,2014 年。

77.[美]文森特·奥斯特罗姆:《复合共和制的政治理论》,毛寿龙译,上海三联书店,1999 年。

78.[德]沃尔夫冈·施特雷克:《购买时间:资本主义民主国家如何拖延危机》,常咺译,社会科学文献出版社,2015 年。

79.[美]沃尔特·沙伊德尔:《不平等社会:从石器时代到 21 世纪,人类如何应对不平等》,颜鹏飞等译,中信出版集团,2019 年。

80.[美]西摩·马丁·李普塞特:《政治人:政治的社会基础》,张绍宗译,上海人民出版社,2011 年。

81.[美]亚当·普热沃尔斯基:《资本主义与社会民主》,丁韶彬译,吴勇校,中国人民大学出版社,2012 年。

82.[美]亚当·普沃斯基:《民主与市场:东欧与拉丁美洲的政治经济改革》,包雅钧等译,北京大学出版社,2005 年。

83.[美]伊恩·夏皮罗:《民主的价值》,刘厚金译,中央编译出版社,2015 年。

84.余逊达、徐斯勤主编:《民主、民主化与治理绩效》,浙江大学出版社,2011 年。

85.[英]约翰·米尔斯:《一种批判的经济学史》,高湘泽译,商务印书馆,2005 年。

86.[英]约翰·米克尔思韦特、[英]阿德里安·伍尔德里奇:《右派国家:美国为什么独一无二》,王传兴译,中信出版社,2014 年。

87.[美]约瑟夫·斯蒂格利茨:《不平等的代价》,张子源译,机械工业出版社,2014 年。

88.[美]约瑟夫·熊彼特:《资本主义、社会主义与民主》,吴良健译,商务印书馆,1999 年。

89.曾毅:《政体新论:破解民主——非民主二元政体观的迷思》,中国社会科学出版社,2015 年。

90.[美]詹姆斯·博曼、[美]威廉·雷吉:《协商民主:论理性与政治》,陈家刚等译,中央编译出版社,2006 年。

91.[美]詹姆斯·布坎南:《财产与自由》,韩旭译,中国社会科学出版社,2002 年。

92.［美］詹姆斯·布坎南、［美］戈登·塔洛克：《同意的计算——立宪民主的逻辑基础》，陈光金译，中国社会科学出版社，2000年。

93.［美］詹姆斯·F.霍利菲尔德、［美］加尔文·吉尔森主编：《通往民主之路：民主转型的政治经济学分析》，何志平、马卫红译，社会科学文献出版社，2012年。

94.［美］詹姆斯·M.斯通：《美国社会经济五个基本问题》，忠华译，中信出版集团，2017年。

95.张飞岸：《被自由消解的民主：民主化的现实困境与理论反思》，中国社会科学出版社，2015年。

96.张树华等：《民主化悖论：冷战后世界政治的困境与教训》，中国社会科学出版社，2015年。

97.赵忆宁：《探访美国政党政治——美国两党精英访谈》，中国人民大学出版社，2014年。

98.［日］猪口孝、［英］爱德华·纽曼、［美］约翰·基恩：《变动中的民主》，林猛等译，吉林人民出版社，1999年。

二、外文文献

1.A.Cooper Drury,Jonathan Krieckhaus,Michael Lusztig,Corruption,Democracy,and Economic Growth,*International Political Science Review*,Vol.27,No.2,2006.

2.Aaron Katz,Matthias vom Hau and James Mahoney,Explaining the Great Reversal in Spanish America:Fuzzy-Set Analysis versus Regression Analysis,*Sociological Methods Research*,Vol.33,No.4. 2005.

3.Abraham Diskin,Hanna Diskin,Reuven Y. Hazan,Why Democracy Collapse:The Reason for Democratic Failure and Success, *International Political Science Review*, Vol.26, No.3, 2005.

4.Adam Przeworski and Fernando Limongi, Modernization:Theories and facts, *World Politics*, Vol.49, No.2, 1997.

5.Adam Przeworski, Michael Alvarez, Jose Antonio Cheibub and Fernando Limongi, *Democracy and Development*, New York:Cambridge University Press, 2000.

6.Adam Przeworski, The Game of Transition, in Scott Mainwaring, Guillermo O'Donnell, J.Samuel Valenzuela(eds.), *Issues in Democratic Consolidation: The New South American democracies in Comparative Perspective*, Indiana:University of Notre Dame Press, 1992.

7. Albert O. Hirschmann., The Changing Tolerance for Income Inequality in the Course of Economic Development(with a Mathematical Appendix by Michael Rothschild), *Quarterly Journal of Economics*, Vol.87, No.4, 1993.

8.Alberto Alesina, Nouriel Roubini, Jerald D. Cohen, *Political Cycles and the Macroeconomy*, New York:MIT Press, 2002.

9.Alfred Stepan, *Democratizing Brazil:Problems of Transition and Consolidation*, New York:Oxford University Press, 1989.

10.Alfred Stepan, *Rethinking Military Politics:Brazil and the Southern Cone*, Princeton University Press, 1988.

11.Amartya Sen, Democracy as a Universal Value, in Larry Diamond and Marc F. Plattner, eds., *The Global Divergence of Democracies*, Baltimore:Johns Hopkins University Press, 2001.

12.Amel Ahmed, *Democracy and the Politics of Electoral System Choice: Engineering Electoral Dominance*, Cambridge:Cambridge University Press, 2013.

13.Amy Chua, *World on Fire:How Free Market Democracy Breeds Ethnic Hatred and Global Instability*, New York:Doubleday, 2003.

14.Anand Giridharadas, *Winners Take All:The Elite Charade of Changing the World*, Random House Audio, 2018.

15.Andre Blais, The Classification of Electoral System, *European Journal of Political Research*, Vol.16, 1988.

16.Angus Stewart Deaton, and Jacques Dreze, Poverty and Inequality in India:A Re-Examination, *Economic and Political Weekly*, Vol.37, No.36, 2002.

17.Anirudh Krishna, *Poverty, Participation and Democracy:A Global Perspective*, New York:Cambridge University Press, 2008.

18.Arthur Denzau, Robert Parks, Existence of voting -market equilibria, *Journal of Economic Theory*, Vol.30, No.2, 1983.

19.Ashutosh Varshney, India's Democracy at 70:Growth, Inequality, and Nationalism, *Journal of Democracy*, 2017.

20.Beetham David, Stuart Weir, Sarah Raching, and Lan Kearton, *International IDEA Handbook on Democracy Assessment*, Hague:Kluwer Law International, 2001.

21.Bo Rothstein, Jan Teorell, What is Quality of Government? A Theory of Impartial Government Institutions, Governance:An Institutional Journal of Policy, *Administration, and Institutions*, Vol.21, No.2. 2008.

22.Boix, Carles, Democracy, Development, and the International System, *American Political Science Review*, Vol.105, No.4, 2011.

23.Bratton Micheal and Robert Mattes, Support for Democracy In Africa: Intrinsic or Instrumental? *British Journal of Political Science*, Vol.31, No.3, 2001.

24.Brigitte Unger and Frans van Waarden, Interest Associations and Economic Growth:A Critique of Mancur Olson's *"Rise and Decline of Nations"*, *Review of International Political Economy*,Vol.6,No.4,1999.

25.Carles Boix and Susan Stokes,Endogenous Democratization,*World Politics*,Vol.55,No.4,2003.

26.Charles E. Lindblom,The Market as Prison,*The Journal of Politics*,Vol. 44,No.2,1982.

27.Charles Kurzman,Regina Werum,and Ross E. Burkhart,Democracy's Effect on Economic Growth:A Pooled Time-Series Analysis,1951-1980,*Studies in Comparative International Development*,Vol.37,No.1,2002.

28.Cheibub,Jose Antonio,*Presidentialism,Parliamentarism,and Democracy*, New York:Cambridge University Press,2007.

29.Cheol-Sung Lee,Income Inequality,Democracy,and Public Sector Size, *American Sociological Review*,Vol.70,No.1,2005.

30.Christopher Hewitt,The Effect of Political Democracy and Social Democracy on Equality in Industrial Societies,*American Sociological Review*, Vol.42,No.3,1977.

31.Christopher Pierson,*Beyond the Welfare State?:The New Political Economy of Welfare*,Cambridge Polity Press,1998.

32.Christopher Wlezien,On the Salience of Political Issues:The Problem with Most Important Problem,*Electoral Studies*,Vol.24,No.4,2005.

33.Collier David and Steven Levitsky,Democracy with Adjectives:Conceptual Innovation in Comparative Research,*World Politics*,Vol.49,No.3,1997.

34.Condoleezza Rice,Rethinking the National Interest:American Realism for a new world,*Foreign Affairs*,Jul/Aug 2008.

35.Constantine C. Menges,An Initial Assessment of US Aid to Russia,

1992 –95:A Strategy for More Effective Assistance,*Demokratizatsiya*,Vol.43, No.4,1996.

36.Cox Gary and Matthew McCubbins,The Institutional Determinants of E- conomic Policy Outcomes,Stephan Haggard and Matthew McCubbins(eds), *Presidents,Parliaments,and Policy*,Cambridge and New York:Cambridge University Press,2001.

37.Daniel Lederman,Norman V. Loayza,Rodrigo R. Soares.,Accountability and Corruption:Political Institutions Matter,*Economics and Politics*,Vol.17,No. 1,2005.

38.Daniel Levine,Paradigm Lost:From Dependency to Democracy,*World Politics*,Vol.40,No.2,1988.

39.Dankwart A. Rustow,Transitions to Democracy:Toward a Dynamic Model,*Comparative Politics*,Vol.2,No.3,1970.

40.Daron Acemoglu and James Robinson,Why Did the West Extend the Franchise? Democracy,Inequality,and Growth in Historical Perspective,*Quarterly Journal of Economics*,Vol.115,2000.

41.Daron Acemoglu,Simon Johnson,James A. Robinson,Pierre Yared,From Education to Democracy? *American Economic Review*,Vol.95,No.2,2005.

42.David A. Leblang,Property Rights,Democracy and Economic Growth, *Political Research Quarterly*,Vol.49,No.2,1996.

43.David Beetham and Kevin Boyle,*Introducing Democracy:80 Questions and Answers*,London:Polity,1995.

44.David Beetham,Market Economy and Democratic Polity,*Democratization*,Vol.4,No.1,1997.

45.David Potter,eds,*Democratization*,Cambridge:Polity Press,1997.

46.Dawood Yasmin,The New Inequality:Constitutional Democracy and the Problem of Wealth,*Maryland Law Review*,Vol.67,Issue 1,2007.

47.Dietrich Rueschemeyer,Evelyne Huber Stephens and John D.Stephens, *Capitalist Development and Democracy*,Chicago:University of Chicago Press, 1992.

48.Doh Chull Shin,On the Third Wave of Democratization:a Synthesis and Evaluation of Recent Theory and Research,*World Politics*,Vol.47,No.1,1994.

49.Donald L. Horowitz,Comparing Democratic Systems,*Journal of Democracy*,Vol.1,No.4,1990.

50.Donald Share,Transition to Democracy and Transition through Transaction,*Comparative Political Studies*,Vol.19,No.4,1987.

51.Douglass North,Institutions,*Institutional Change and Economic Performance*,Cambridge:Cambridge University,1990.

52.Edward N. Muller,Economic Determinants of Democracy,*American Sociological Review*,Vol.60,1995.

53.Edward R. Tufte,Determinants of the Outcomes of Midterm Congressional Elections,*American Political Science Review*,Vol.69,No.3,1975.

54.Edward R. Tufte,*Political Control of the Economy*,Princeton,NJ:Princeton University Press,1978.

55.Evelyne Huber and John D. Stephens,The Bourgeoisie and Democracy: Historical and Contemporary Perspectives,*Social Research*,Vol.66,No.3,1999.

56.Francisco L. Rivera-Batiz,and Luis A. Rivera-Batiz. Democracy,Participation,and Economic Development:An Introduction,*Review of Development Economic*,Vol.6,No.2,2002.

57.Francisco L. Rivera-Batiz,Democracy,Governance,and Economic Growth:

Theory and Evidence, *Review of Development Economics*, Vol.6, No.2, 2002.

58.Francois Bourguignon, *Christian Morrison. External Trade and Income Distribution*, Development Centre Studies. Paris: Organisation for Economic Co-operation and Development, 1989.

59.G. Esping-Andersen, *The Three Worlds of Welfare Capitalism*, Cambridge: Polity Press, 1990.

60.G.John Ikenberry, Why Export Democracy? The 'Hidden Grand Strategy' of American Foreign Policy, *The Wilson Quarterly*, Vol.23, No.2, 1999.

61.Gasiorowski, Mark J. and Timothy Power, The Structural Determinants of Democratic Consolidation: Evidence from the Third World, *Comparative Political Studies*, Vol.31, No.6, 1998.

62.Geoffrey Pridham, Tatu Vanhanen, *Democratization in Eastern Europe: Domestic and International Perspectives*, London: Routledge, 1994.

63.Gerald H. Kramer, Short-Term Fluctuations in US Voting Behavior, 1896-1964. *American Political Science Review*, Vol.65, No, 1, 1971, pp.131-43.

64.Giovanni Sartori, *Comparative Constitutional Engineering, An Inquiry into Structures, Incentives and Outcomes*, London: Macmillan, 1994.

65.Guillermo A.O' Donnell and Philippe C.Schmitter, *Transition from Authoritarian Rule: Tentative Conclusions about Uncertain Democracies*, Baltimore: The Johns Hopkins University Press, 1986.

66.Guillermo O'Donnell, Philippe C. Schmitter, and Laurence Whitehead, eds., *Transitions from authoritarian rule: Prospect for democracy*, Baltimore, MD: The Johns Hopkins University Press, 1992.

67.Hanna Back, Axel Hadenius: Democracy and State Capacity: Exploring a J-Shaped Relationship, *Governance: An International Journal of Policy, Admin-*

istration, *and Institutions*, Vol.21, No.1, 2008.

68.Hanna Diskin and Reuven Y. Hazan, Why Democracies Collapse: The Reasons for Democratic Failure and Success, *International Political Science Review*, Vol.26, No.3, 2005.

69.Haynes, J, Sustainable Democracy in Ghana? –Problems and Prospect, *Third World Quarterly*, Vol.14, No.3.1993.

70.Hendriks Carolyn. Integrated Deliberation: Reconciling Civil Society's Dual Role in Deliberative Democracy, *Political Studies*, Vol.54, No.3, 2006.

71.Henry Rowen, The Tide underneath the Third Wave, *Journal of Democracy*, Vol.6, No.1, 1995.

72.Hussein Solomon and Ian Liebenberg(ed.), *Consolidation of Democracy in Africa: a View from the South*, Ashgate Publishing Limited, 2000.

73.Jack Knight, Models, Interpretations and Theories: Constructing Models of Institution Emergence and Change, Jack Knight and I. Send(eds), *Explaining Social Institutions*, Ann Arbor: University of Michigan Press, 1998.

74.Jacob S. Hacker, Paul Pierson, *Winner−Take−All Politics: How Washington Made the Rich Richer−and Turned Its Back on the Middle Class*, Simon & Schuste, 2010.

75.James M. Scott and Carie A. Steele, Assisting Democrats or Resisting Dictators? The Nature and Impact of Democracy Support by the United States National Endowment for Democracy, 1990 −1999, *Democratization*, Vol.12, No. 4, 2005.

76.Jeffrey F. Timmons, Does Democracy Reduce Economic Inequality? *British Journal of Political Science*, Vol.40, No.4, 2010.

77.Jeffrey Timmons, Does Democracy Reduce Economic Inequality? *British*

Journal of Political Science, Vol.40, No.4, 2010.

78.Jess Benhabib and Adam Przeworshi, The Political Economy of Redistribution under Democracy, *Economic Theory*, Vol.29. No.2, 2006.

79.Jocelyne Couture, Cosmopolitan Democracy and Liberal Nationalism, *Monist*, Vol.82, No.3, 1999.

80.John Dryzek, *Democracy in Capitalist times, Ideals, Limits and Struggles*, New York: oxford University Press, 1996.

81.John Gerring, Philip Bond, William T. Barndt, Carola Moreno, Democracy and Economic Growth: A Historical Perspective, *World Politics*, Vol.57, No.3, 2005.

82.John McCormick, Contain the Wealthy and Patrol the Magistrates: Restoring Elite Accountability to Popular Government, *American Political Science Review*, Vol.100, No.2, 2006.

83.Jonathan Krieckhaus, The Regime Debate Revisted: A Sensitivity Analysis of Democracy's Economic Effect, *British Journal of Political Science*, Vol.34, No.4, 2004.

84.Jonathan Woon, Democratic Accountability and Retrospective Voting: A Laboratory Experiment, *American Journal of Political Science*, Vol.56, No.4, 2012.

85.Jose H. Tavares, Romain Wacziarg, How democracy affects growth, *European Economic Review*, Vol.45, No.1, 2001.

86.Joseph Stiglitz. *Democratic Development as the Fruits of Labour, Keynote address*, Boston, MA: Industrial Relations Research Association, 2002.

87.Joshua Kurlantzick, *Democracy in Retreat: The Revolt of the Middle Class and the Worldwide Decline of Representative Government*, New Haven: Yale University Press, 2013.

88.Juan Linz,The Virtues of Parliamentarism,*Journal of Democracy*,Vol. 11,No.14,1990.

89.Juan Linz. The perils of presidentialism. *Journal of Democracy*,Vol.1, No.1,1990.

90.Katharina Pistor,*The Code of Capital:How the Law Creates Wealth and Inequality*,Princeton University Press,2019.

91.Kiser,Larry L.,and Elinor Ostrom,The Three Worlds of Action:A Metatheoretical Synthesis of Institutional Approaches,In *Strategies of Political Inquiry*,edited by Elinor Ostrom,Beverly Hills,CA:Sage Publications,1982.

92.Lagos Cruz–Coke Marta,A Road with No Return? *Journal of Democracy*, Vol.14,No.2,2003.

93.Larry Diamond and Morlino Leonardo(eds.),*Assessing Quality of democracy*,The Hopkins University Press,2005.

94.Larry Diamond,Facing up to the Democratic Recession,*Journal of Democracy*,Vol.26,No.1,2015.

95.Larry Diamond,The Democratic Rollback:The Resurgence of the Predatory State,*Foreign Affairs*,Vol.87,No.2,2008.

96.Larry Diamond,*The Spirit of Democracy:The Struggle to Build Free Societies Throughout the World*,Henry Holt And Company,2008.

97.Larry Diamond,*Developing Democracy:Toward Consolidation*,Baltimore, MD:Johns Hopkins University Press,1999.

98.Larry Diamond,Thinking About Hybrid Regimes,*Journal of Democracy*, Vol.13,No.2,2002.

99.Laurence Whitehead,International Aspects of Democratization,Guillermo A.O'Donnell,Philippe C.Schmitter,Laurence Whitehead(eds.),*Transitions from*

Authoritarian Rule:Comparative Perspectives,Washington D. C:Johns Hopkins University Press,1986.

100.Laurence Whitehead,Three International Dimensions of Democratiza-tion,Laurence Whitehead,ed., *The International Dimensions of Democratiza-tion:Europe and the Americas*,Oxford University Press,2001.

101.Lopez-Calva, Luis F. and Nora Lustig(eds.), *Declining Inequality in Latin American:A Decade of Progress?* New York and Washington DC:United Nations Development Programme and Brookings Institution Press,2010.

102.Mainwaring,Scott and Mathew Shugart,Conclusion:Presidentialism and the Party System,In Scott Mainwaring and Mathew Shugart eds., *Presidentialism and Democracy in Latin America*,New York:Cambridge University Press,1997.

103.Mancur Olsen,Big Bills Left on the Sidewalk:Why Some Nations are Rich,and Others Poor, *The Journals of Economic Perspectives*,Vol.10,No.2,1996.

104.Margaret Cannon,Trust the People! Populism and the Two Faces of Democracy, *Political Studies*,Vol.47,1999.

105.Martin Gilens, *Affluence and Influence:Economic Inequality and Po-litical Power in America*,Princeton:Princeton University Press,2014.

106.Martin Powell and Martin Hewitt, *Welfare State and Welfare Chang*, Buckingham:Open University Press,2002.

107.Marvin Olsen,Multivariate Analysis of National Political Development, *American Sociological Review*,Vol.33,No.,1968.

108.Matthew A. Baum and David A. Lake,The Political Economy of Growth: Democracy and Human Capital, *American Journal of Political Science*,Vol.47, No.2,2003.

109.Maurice Duverger, *Political Parties:Their Organization and Activity in the Modern State*, London：Methuen, 1964.

110.Meltzer Allan and Scott F. Richard, A Rational Theory of the Size of Government, *Journal of Political Economy*, Vol.89, No.5, 1981.

111.Michael Bernhard；Timothy Nordstrom；Christopher Reenock, Economic Performance, Institutional Intermediation, and Democratic Survival, *The Journal of Politics*, Vol.63, No.3. 2001.

112.Michael Comiskey, Electoral Competition and the Growth of Public Spending in 13 Industrial Democracies, *Comparative Political Studies*, Vol.26, No.3, 1993.

113.Michael Gallagher, Proportionality, Disproportionality and Electoral Systems, *Electoral Studies*, Vol.10, No.1, 1991.

114.Michael Mackuen, Peasant or Bankers? The American Electorate and the U.S. Economy, *American Political Science Review*, No.3, 1992.

115.Micheal Bernhard, Civil Society and Democratic Transition in East Central Europe, *Political Science Quarterly*, Vol.108, No.2, 1993.

116.Ming Sing, Explaining Democratic Survival Globally(1946--2002), *The Journal of Politics*, Vol.72, No.2, 2010.

117.Neil Gilbert, *Capitalism and the Welfare State*, NewHaven, CT：Yale University Press, 1983.

118.Nicholas Charron, Victor Lapuente. Does Democracy Produce Quality of Government? *European Journal of Political Research*, Vol.49, No.4, 2010.

119.Nils−Christian Bormann & Matt Golder, Democratic Electoral Systems around the World, 1946−2011, *Electoral Studies*, Vol.32, No.2, 2013.

120.Pasquino Gianfranco, Semi−Presidentialism：A Political Model at Work, *European Journal of Political Research*, Vol.31, No.1−2, 1997.

121.Paul R.Abramson, *Political Attitudes in America:Formation and Change*, W.H. Freeman and Company, 1983.

122.Peter H. Lindert.. Voice and Growth:Was Churchill Right? *The Journal of Economic History*, Vol.63, No.2, 2013.

123.Peters B. G. *The Policy Capacity of Government*, Ottawa:Canadian Centre for Management Development, 1997.

124.Philippe Aghion, Alberto Alesina and Francesco Trebbi. Democracy, Technology and Growth. Discussion Paper Number 2138, *Harvard Institute of Economic Research*, Harvard University, 2007.

125.Philippe C. Schmitter and Imeo Brouwer, Conceptualizing, Researching and Evaluating Democracy Promotion and Protection, European University Institute, *Department of Political and Social Science*, Florence, Italy, Working Paper, 1999.

126.Philippe C. Schmitter, The Influence of the International Context upon the Choice of National Institutions and Policies in Neo-Democracies. Laurence Whitehead(eds.), *The International Dimensions of Democratization:Europe and the Americas*, Oxford University Press, 2001.

127.Philippe C. Schmitter. Transitology :The Science or the Art of Democratization?, Joseph S. Tulchin(ed.). *The Consolidation of Democracy in Latin America*, London:Lynne Rienner Publisher, 1995.

128.Pranab Bardhan, Symposium on Democracy and Development, *Journal of Economic Perspectives*, Vol.7, No.3, 1993.

129.Raj M. Desai, Anders Olofsg?rd, Tarik M. Yousef, Democracy, Inequality, and Inflation. *The American Political Science Review*, Vol.97, No.3, 2003.

130.Raymond D. Gastil, The Past, Present and Future of Democracy. *Jour-*

nal of International Affairs, Vol.38, No.2, 1985.

131.Richard B. Freeman, *The New Inequality: Creating Solutions for Poor America*, Boston: Beacon Press, 1999.

132.Richard D. Wolff, *Democracy at Work: A Cure for Capitalism*, Haymarket Books, 2020.

133.Richard Rose, Doh Chull Shin, Democratization Backwards: The Problem of Third-Wave Democracies, *British Journal of Political Science*, Vol.31, No.2, 2001.

134.Richard Rose, William Mishler, and Christian Haerpfer, *Democracy and its Alternatives: Understanding Post-Communist Societies*, The John Hopkins University Press, 1998.

135.Robert Barro.Determinants of Democracy. *Journal of Political Economy*, Vol.107, No.6, 1999.

136.Robin Luchman, The Military, Miniaturization and Democratization in Africa: A Survey of Literature and Issue, *African Studies Review*, Vol.37, No.2, 1994.

137.Rose. R, Tikhomirov. E, Mishler. W., Understanding Multi-Party Choice: The 1995 Duma Election, *Europe-Asia Studies*, Vol.49, No.5. 1997.

138.Rosemary O'Kane, *Paths to Democracy: Revolution and Totalitarianism*, London and New York: Routledge, 2004.

139.Ruth Berins Collier, *Paths toward Democracy: The Working Class and Elites in Western Europe and South America*, Cambridge: Cambridge University Press, 1999.

140.Samuel P. Huntington, Democracy's Third Wave, *Journal of Democracy*, Vol.2, No.1, 1991.

141.Samuel. P Huntington and Nelson M Joam.. *No Easy Choice:Political Participation in Developing Countries*,Cambridge,MA:Harvard University Press, 1976.

142.Sangmpam,S. N. Politics Rules:The False Primacy of Institutions in Developing Countries,*Political Studies*,Vol.55,No.1,2007.

143.Schedler Andreas and Rodolfo Sarsfield,Democracy with Adjectives, *Afrobarmeter Working Paper*,No.45,2004.

144.Seva Gunitsky,From Shocks to Waves:Hegemonic Transitions and Democratization in the Twentieth Century. *International Organization*,Vol.68,No. 3,2014.

145.Seymour Martin Lipset,Some Social Requisites of Democracy:Economic Development and Political Legitimacy,*American Political Science Review*,Vol.53,No.1,1959.

146.Shugart M Soberg and Carey M John,*Presidents and Assemblies:Constitutional Design and Electoral Dynamics*,Cambridge:Cambridge University Press,1992.

147.Shugart Matthew Soberg. The Inverse Relationship between Party Strength and Executive strength:A Theory of Politicians' Constitutional Choices. *British Journal of Political Science*,Vol.28,No.1,1998.

148.Sonja Zmerli,Juan Carlos Castillo,Income inequality,distributive fairness and political trust in Latin America,*Social Science Research*,No.52,2015.

149.Stephan Haggard and Robert R. Kaufman,*Political Economy of Democratic Transitions*,Princeton:Princeton University Press,1995.

150.Stephan Haggard,Institutions and Growth in East Asia,*Studies in Comparative International Development*,Vol.38,No.4,2004.

151.Stephan Litschig, María Lombardi, Which Tail Matters? Inequality and Growth in Brazil, *Journal of Economic Growth*, Vol.24, No.2, 2019.

152.Stephan, Alfred and Cindy Skach..Constitutional Frameworks and Democratic Consolidation, *World Politics*, Vol.46, No.1, 1993.

153.Stephen Dobson. Why is Corruption Less Harmful to Income Inequality in Latin America?. *World Development*, Vol.40, No.8, 2012.

154.Steven Levitsky, Daniel Ziblatt, *How Democracies Die*, New York: Crown, 2018.

155.Stewart Patrick. Weak States and Global Threats: Fact or Fiction? *The Washington Quarterly*, Vol.29, No.2, 2006.

156.Tang. Shiping, *A General Theory of Institutional Change*, Routledge, 2011.

157.Terry Lynn Karl, *The Paradox of Plenty: Oil-Booms and Petro-States*. University of California Press, 1997.

158.Thomas Carothers, *Aiding Democracy Abroad: The Learning Curve*, Washington, DC: Carnegie Endowment for International Peace, 1999.

159.Thomas Plümper and Christian W. Martin, Democracy, Government Spending, and Economic Growth: A Political-Economic Explanationof the Barro-Effect, *Public Choice*, Vol.117, No.1/2, 2003.

160.Uk Heo and Alexander C. Tan, Democracy and Economic Growth: A Causal Analysis, *Comparative Politics*, Vol.33, No.4, 2001.

161.V.O. Key, *Southern Politics in State and Nation*, New York: Alfred A. Knopf, 1949.

162.V.O. Key, *The Responsible Electorate: Rationality in Presidential Voting 1936-1960*. Cambridge, MA: Harvard University Press, 1966.

163.Valerie Bunce,Rethinking Recent Democratization:Lessons from the Post-communist Experience, *World Politics*, Vol.55, No.2, 2003.

164.Von Mettenheim, *Presidential Institutions and Democratic Politics*, Baltimore MD:Johns Hopkins University Press, 1996.

165.William Rike. *Liberalism Against Populism*, San Francisco:Freeman Press, 1982.

166.Wilson, Graham K. Interest Groups and the Constitution, In Peter F. Nardulli(Ed.), *The Constitution and American Political Development:An Institutional Perspective*, Urbana:University of Illinois Press. 1992.

167.Wolfgang Merkel, Revisiting the Democratic Rollback Hypothesis, *Contemporary Politics*, Vol.16, No.1, 2010.

168.Woodrow Wilson, *Congressional Government:A Study in American Politics*, Cleveland:World Publishing, 1956.

169.Yi Feng, Democracy, Political Stability and Economic Growth, *British Journal of Political Science*, Vol.27, No.3, 1997.

170.Young, *Iris Marion, Inclusion and Democracy*, Oxford University Press, 2000.

后 记

　　本书是我所承担的国家社科基金青年项目"民主投票机制与社会阶层收入分配的比较政治分析"的主要内容。2014年2月，进入中共中央党校（国家行政学院）科学社会主义教研部工作后，我申请了国家哲学社会科学基金青年项目。由于在读博士期间，所攻读的是政治学博士，尤其对当年非常流行的民主的比较政治学研究非常感兴趣，读书期间也发表过几篇自己觉得满意的文章，所以我毅然选择了以民主投票机制与社会阶层收入分配的关系为主题，申请政治学领域的社科基金。让我感到意外的是，评审专家比较垂青这个选题，我第一次申请国家社科基金就"光荣中标"，对当时初入职场的我来说是极大的鼓励。

　　但是在项目的研究阶段遇到了一些问题需要我去克服：一是学术研究的转向问题。进入中央党校科社部工作后，需要向中央党校的主业主课靠拢，尽快弥补自己在党的基本理论层面的研究短板，政治学理论研究的空间就受到了挤压，政治学的学术积累也受到影响。二是研究主题在现实政治领域的巨大变化。2016年底"特朗普现象"所代表的民粹主义思潮在西方社会兴起，学术界关于民主与再分配关系的许多观点遭受质疑，这就需要调整课题研究的观点、结构和思路，对课题研究进行新的审视。这两个方面的原因，使得课题研究的进展比较缓慢，为此我专门向社科基金管理部门申请了两次延期。

感谢中共中央党校（国家行政学院）科研部的理解与支持，课题研究得以两次顺利延期。课题延期后，我就可以比较从容地调整研究的视角和思路，比较全面地搜集一些重要数据。从 2019 年初课题研究进入快车道，特别是 2019 年底至 2020 年 4 月份期间，我有大量富余的、整块的时间对课题进行认真研究。在那段时间，可以说我又找到了难得的学术研究的激情与热情，每天几乎是起早贪黑，在中央党校西配楼的办公室中静心写作。终于在 2020 年 4 月份完成了这份研究报告的写作，并且提交科研管理部门进行课题结项。

在课题写作的过程中，我得到了许多领导和同事的支持。我的博士生导师复旦大学国际关系与公共事务学院郭定平教授经常关心、鼓励和鞭策我，并且从学术层面进行指导。2015 年 6 月，我参加了由华东师范大学和国家哲学社会科学规划办联合主办的"全国（国家社科基金项目）青年学者研究思路论坛"。2017 年 7 月，参加了由中国政法大学和天津师范大学主办的第七届政治社会学讲习班会议。这两次重要会议对我提升研究能力、拓展研究视野、开展学术交流都起到了重要推动作用。可惜的是，由于工作繁忙和疫情防控的原因，近年来参加政治学领域学术会议的机会不多。

2020 年 6 月，课题顺利结项后，我又根据五位评审专家的意见进行了修改，有的意见是充分吸收，有的则是整合借鉴。这些意见建议都是非常中肯的，对课题的深化研究多有裨益，但是由于本人学术水平有限，只能进行一定程度的修改。在此，对五位匿名专家的评审表示感谢。

课题结项成果要通过一定的形式表现出来。我所提交的研究报告只是为结项评审的需要，得到了五位专家的帮助和建议，如果这份研究报告能够出版,则可以得到更多学界同行的帮助。2020年9月,我积极联系天津人民出版社,希望这部不成熟的研究报告能够有机会得到大家的批评与帮助。经过综合考虑,为了出版和交流的方便,我把书稿的题目修改为"西式民主的再分配危机和经济不平等的发展"。我的愿望得到天津人民出版社的支持,将本书纳入"青年学者文库",出版社领导和王佳欢老师,以及其他编审老师对稿子进行了认真的、细致的审读、修改和编辑,让我很受感动。

在课题研究和本书出版过程中,我所在的科学社会主义教研部历任主任——王怀超教授、秦刚教授、刘海涛教授、曹普教授——都通过各种形式对我们这些青年学者的发展进行了指导,科社部的其他老师也给予了大力帮助,使得研究能够顺利进行,此书能够顺利问世。2016年中央党校"创新工程"青年成长计划和2020年中央党校青年教师基本文献研读工程的实施,为青年学者的成长提供了重要契机和推动力,这些都体现出学校层面对青年教师的关心与厚爱。当然,我也要向我的家人表示感谢,他们的无私付出支持了我的科研工作,成就了我的事业发展。

需要指出的是,本书的研究仅仅是初步的,研究水平还不高,许多问题还需要深化,学理性程度还需要提高,渴盼得到广大学界同仁的批评和帮助。

郇　雷

2021年12月

北京大有庄